समकालीन कविता :
संवेदना और शिल्प
(1980 - 2000)

(अरुण कमल, मंगलेश डबराल, चंद्रकांत देवताले, कुमार अंबुज,
महेंद्र कार्तिकेय, प्रयाग शुक्ल, राजेश जोशी और कैलाश वाजपेयी
द्‌वारा प्रकाशित 1980 से 2000 तक की रचनाओं
के विशेष संदर्भ में ...)

डॉ. अश्विनी कुमार ओझा

**(M.A-Hindi, M. Phil-Hindi. Ph. D- Hindi, PGDFH&T,
Adv. Diploma in German, M.A-English)**

समकालीन कविता :

संवेदना और शिल्प

डॉ. अश्विनी कुमार ओझा(M.A, M.Phil)

Mobile: +91 79819 52182

Email: akojha281174@gmail.com

ISBN: **978-81-988184-1-6**

Print On Demand

Published in April 2026.

Book Available

Ph: 0091-9515054998

Email: Kasturivijayam@gmail.com

Amazon, Flipkart.

"श्रद्धांजलि"

पिता- स्वर्गीय श्री लालता प्रसाद ओझा तथा माता - स्वर्गीय श्रीमती माया देवी

" आप दोनों की स्मृतियाँ मेरे जीवन की सबसे बड़ी पूँजी हैं।

आपके आशीर्वाद और संस्कार ही मेरी हर उपलब्धि की नींव हैं। "

यह पुस्तक आपके चरणों में समर्पित है !!

Dr. P. Manikyamba "Mani"
Prof & Head (Retd.)
Department of Hindi,
Osmania University,
Hyderabad.

डॉ. अश्विनी कुमार ओझा ने उस्मानिया विश्वविद्यालय में अध्ययन किया। उन्होंने एम . फ़िल एवं पी.एच डी मेरे निर्देशन में किया। एम.ए (हिन्दी) अध्ययन काल से ही अध्ययनशील , मेधावी एवं सुधी छात्र डॉ. अश्विनी कुमार मेरा प्रिय विद्यार्थी रहा। शोधकार्य के समय भी उनकी निष्ठा एवं लगन , आज भी मुझे स्मरण है। आज लगभग २५ वर्ष से अधिक एक ही प्रतिष्ठित डिग्री कॉलेज में अध्यापन कार्य में लगे हैं। यह उनके अध्यापन के प्रति दायित्व बोध एवं अध्यापन की विशिष्टता का प्रमाण है । भाषाओं के अध्ययन के प्रति उनकी विशेष रुचि है। उन्होंने अंग्रेज़ी में एम.ए और जर्मन भाषा में डिप्लोमा कोर्स किया - इन भाषाओं का शिक्षण कार्य भी किया! इस प्रकार की अभिरुचि के साथ उनकी कर्मठता से भी मैं परिचित हूँ।

प्रस्तुत पुस्तक डॉ. अश्विनी कुमार के शोध प्रबन्ध का संशोधित रूप है । इस पुस्तक का प्रकाशन १५ वर्ष पूर्व ही होना था। इस के अपने कारण थे। मुझे प्रसन्नता है कि अब पाठकों के हाथों में होगी। यह पुस्तक डॉ. अश्विनी कुमार के अथक प्रयास एवं गंभीर अध्ययन का परिणाम है। समकालीन कविता की संवेदना एवं शिल्प की चर्चा करते हुए डॉ. अश्विनी कुमार ने अपने मनोयोग एवं सूझबूझ का परिचय दिया, शोध

कार्य के दौरान उन को कवि केदारनाथ सिंह से मिलने का सौभाग्य मिला। डॉ. अश्विनी कुमार चित्रकार भी है । इस विशेषता का लाभ काव्य शिल्प को समझने में अवश्य मिला होगा।

मैं, डॉ. अश्विनी कुमार ओझा के उज्ज्वल भविष्य की कामना करती हूँ। आशा करती हूँ कि यह पुस्तक सुधी पाठकों के द्वारा समादृत होगी।

"निरन्तर साहित्य साधना में लगे रहो,
तुम्हारा पथ मंगलमय हो,
यह मंदिर का दीप,
इसे नीरव जलने दो! "

मंगल कामनाओं के साथ ....

प्रोफेसर. माणिक्याम्बा "मणि"

J V D MOORTY

Associate Professor & Head (Retd.)
Dept. of German
Arts College, Osmania University,
Hyderabad

Writing this takes me back well-nigh thirty years when Dr. Ashwani Kumar Ojha first showed up to learn German at Osmania University.

Over three years, he more than successfully completed all the courses on offer with consummate ease and a hunger to master what was taught that gave me an opportunity to observe him at close quarters.

As his teacher I am really glad he decided to learn German. He's that kind of student - the sort to be liked and respected by his classmates, but really appreciated by his teachers who will see what is so clear to any adult paying attention – Dr Ashwani Kumar Ojha has the soul of an academic.

He had simultaneously chosen Hindi for his Post-graduate studies to run parallel with German. His learning featured a well-researched approach make his efforts seem effortless. He was extremely creative and shared a few poems he had penned down which were really thought-provoking.

He built with words his M. Phil and Ph.D. dissertations and subsequently obtained his degrees with ease.

This book, titled "*Samkaleen Kavita: Samvedana aur Shilp*" is a reworked version of his Ph.D thesis, that ought to have been published long ago. His dealing of contemporary poetry with his unique perspective has stood him in good stead in his approach to understanding the nuances expressed in the poems, aided by the fact that he is a poet of sorts himself. Besides his artistic talents are to be lauded for their use in the book.

I am absolutely positive that this book will bring a strong echo among all the students of Hindi across India and abroad.

While wishing Dr. Ojha all the very best in all his endeavours and success that he so richly deserves, my only question to him is: "When is your book of poems coming out?"

JVD MOORTY

Professor Kousar J Azam

Professor Emerita (Retd.)

Dept. of Political Science

Osmania University,

Hyderabad

It gives me great pleasure to pen these lines for Dr. Ashwani Kumar Ojha, whom I came to know while looking for a knowledgeable and capable academic to help in the publication of an edited collection of Hindi poems written by the late Prof. Radhe Shyam Sharma, titled "Sanjh Se Bhor Tak: Ek Kavi Ka Safar."

While working on my project, I discovered Dr. Ojha and his academic dedicated to the world of Hindi literature. His help in the transcription of poems and in translating English passages into simple, clear, and elegant Hindi was highly appreciable. What impressed me most was his dedication to the work that he had taken up and his ability to retain the original meaning, emotions, and spirit of the text while making it easy and pleasant to read in Hindi.

During these interactions, I also realized that Dr. Ojha is not only an effective teacher but also a poet himself, whose poems are soon going to be published. His academic background further adds to his literary abilities. Along with his specialization in Hindi, he has completed a master's degree in English literature from Osmania University and also holds a Advanced Diploma in German.

I believe that a knowledge of different languages broadens a person's understanding of literature, culture, and ideas. Dr. Ojha's knowledge of English and German language enriches his understanding of Hindi language and literature, giving greater depth and elegance to his literary works. Dr. Ojha's dedication towards literature, language, and academic work is truly admirable.

His present book, "Samakaleen Kavita: Samvedana aur Shilipa," under publication by Kasturi Vijayam reflects the emotions and creative expression of eight poets whose works were published over the two decades beginning from 1980-2000. I am confident that this book will prove useful and meaningful for lovers of literature and research scholars alike across linguistic communities.

I sincerely hope that this publication will add to the laurels of Dr. Ojha and enhance his reputation as an academic. I wish him success in all his academic pursuits.

Professor Kousar J Azam

प्राकथन

समकालीन कविता ने हिंदी साहित्य को एक नई दृष्टि, संवेदना और अभिव्यक्ति प्रदान की है। आधुनिक काव्य के प्रति मेरी विशेष रुचि तथा स्वयं काव्य-सृजन की प्रवृत्ति ने मुझे इस शोध-कार्य के लिए प्रेरित किया था |यह पुस्तक मेरे लघु शोध - प्रबंध और शोध - प्रबंध का सुफल परिणाम है | अपने लघु शोध-प्रबंध "समकालीन कविता: वस्तु और शिल्प (1981-1990)" में मैंने सन् 1981 से 1990 के दशक के मध्य प्रकाशित चार कवियों (नरेश मेहता, लीलाधर जगूड़ी, अशोक वाजपेयी और केदारनाथ सिंह) द्‌वारा रचित मुक्तक काव्यों को आधार बनाकर उनकी वस्तु एवं शिल्प का अध्ययन किया था।

उस अध्ययन-प्रक्रिया के दौरान यह अनुभव हुआ कि समकालीन कविता के वस्तु एवं शिल्प संबंधी पक्षों पर और अधिक गहन एवं व्यापक शोध की संभावनाएँ विद्‌यमान हैं। यह क्षेत्र न केवल साहित्यिक दृष्टि से महत्वपूर्ण है, अपितु इसके माध्यम से समाज के विविध आयामों को भी अधिक निकटता से समझा जा सकता है। इसी विचार को केंद्र में रखते हुए अपने शोध-प्रबंध "समकालीन कविता: संवेदना और शिल्प (1980-2000)" में सन् 1980 से 2000 के मध्य दो दशकों के भीतर रचित काव्य-साहित्य का अध्ययन किया गया है। इस शोध में चंद्रकांत देवताले, महेंद्र कार्तिकेय, प्रयाग शुक्ल, राजेश जोशी, अरुण कमल, मंगलेश डबराल, कुमार अंबुज तथा कैलाश वाजपेयी जैसे प्रमुख समकालीन कवियों के प्रकाशित काव्य-संग्रहों को आधार बनाया गया है। इनके माध्यम से उक्त कालखंड की काव्य-संवेदना तथा शिल्पगत विशेषताओं को उद्‌घाटित करने का प्रयास किया गया है। यह पुस्तक उसी शोध - प्रबंध की प्रतिलिपि है |

सर्वप्रथम, मैं अपनी निर्देशिका डॉ. पी. माणिक्यांबा जी (प्रोफेसर एवं अध्यक्ष - सेवानिवृत्त - हिंदी विभाग, उस्मानिया विश्वविद्‌यालय, हैदराबाद) के प्रति हृदय से कृतज्ञता व्यक्त करता हूँ, जिनके मार्गदर्शन एवं सान्निध्य में शोध-प्रबंध पूर्ण हो सके। उन्होंने न केवल इस कार्य को दिशा दी, बल्कि इसे पुस्तक-रूप में प्रकाशित करने के लिए भी सतत् प्रेरित किया। साथ ही, मैं अपनी पत्नी श्रीमती पिंकी शर्मा तथा अपने पुत्र श्री राम ओझा के प्रति भी हार्दिक आभार व्यक्त करता हूँ, जिनके सहयोग, प्रोत्साहन एवं धैर्य ने इस कार्य को पूर्णता तक पहुँचाने में महत्त्वपूर्ण भूमिका निभाई।

मैंने इस पुस्तक को यथासंभव संक्षिप्त एवं सारगर्भित रूप में प्रस्तुत करने का प्रयास किया है। इस पुस्तक को पूर्ण करने के कार्य में जिन ग्रंथों एवं विद्वानों से प्रेरणा एवं सहयोग प्राप्त हुआ है, उनके प्रति मैं अपनी विनम्र कृतज्ञता ज्ञापित करता हूँ। अंत में, उन सभी व्यक्तियों के प्रति पुनः आभार व्यक्त करता हूँ, जिनके मार्गदर्शन, सहयोग एवं आशीर्वाद से यह कार्य सफलतापूर्वक संपन्न हो सका।

- डॉ. अश्विनी कुमार ओझा

Contents

समकालीन कविता :
संवेदना और शिल्प
(1980 – 2000)

प्रथम अध्याय

समकालीन कविता: एक आकलन

1.1 समकालीन कविता की भूमिका:

हिंदी साहित्य में सन् 1960 के बाद की कविताएँ 'समकालीन कविता' मानी जाती हैं। समकालीन कविता का पूर्ण विकास लगभग सन् 1961-62 के आसपास दिखाई देता है। छायावाद में प्रगतिवाद के समान्तर हिंदी कविता में व्यक्तिवाद की परिणति, घोर अहम्वादी, स्वार्थ प्रेरित, असामाजिक उच्छृंखला और असंतुलित मनोवृत्ति के रूप में प्रस्तुत हुई है। यही कारण है कि अभी तक कविता के इस रूप का अंतिम रूप से नामकरण नहीं हो पाया है। यही कारण है कि इसे अनेक नाम से अभिहित किया गया है। प्रयोगवाद, प्रतीकवाद, प्रपद्यवाद, रूपवाद और नई कविता या समकालीन कविता इसके विविध नाम हैं। सन् 1943 से 1953 तक साहित्य में जो प्रयोग हुए हैं उन्हीं का विकसित परिणाम है 'समकालीन कविता'। प्रयोगवाद समकालीन कविता की पूर्व पीठिका है, भूमिका है अथवा प्रारंभिक अवस्था है।

'समकालीन कविता' भारतीय स्वतंत्रता के बाद लिखी गयी उन कविताओं को कहा गया, जिनमें परम्परागत कविता से आगे नये भाव बोधों की अभिव्यक्ति के साथ ही नये मूल्यों और नये शिल्प-विधानों का अन्वेषण किया गया है।

समकालीन कविता समसामयिक कविता, वर्तमान कविता, आज की कविता और साठोत्तरी - सातवें - आठवें दशक की कविताओं का प्रतिनिधित्व करती है। सारांश में कहा जाए कि समकालीन कविता अपने समय के मुख्य अंतर्विरोधों और द्वंदों की कविता है। समकालीन कविता यथार्थ के धरातल पर सामाजिक, आर्थिक, राजनीतिक परिप्रेक्ष्य में व्यक्ति की भाषा को संवेदनात्मक अभिव्यक्ति प्रदान करती है।

समकालीन कविता का ऐतिहासिक परिवेश सन् 1962 के भारत-चीन सीमा संघर्ष के मोहभंग, विसंगतिबोध से प्रारंभ होता है। इस कारण समकालीन कविता को दो भागों में बाँटा जा सकता है। पूर्व समकालीन कविता काल और समकालीन कविता काल। सन् 1936-62 तक की छायावादोत्तर नयी कविता (प्रगतिवाद और प्रयोगवाद का द्वन्द) पूर्व समकालीन कविता कही जा सकती है और सन् 1962 से वर्तमान काल तक की कविताओं को समकालीन कविता काल कहा जा सकता है।

समकालीन कविता के संबंध में साहित्यकारों ने अलग-अलग विचार प्रस्तुत किए हैं। श्री बालकृष्ण राव के अनुसार "छायावाद नयी कविता (समकालीन कविता) का उषाःकाल अथवा छायावाद कतिपय विशिष्ट काव्य प्रवृत्तियों का सामूहिक नाम है।"[1]

---

[1] रोहिताश्व, समकालीन कविता और सौंदर्यबोध- पृ.22

परंतु मुक्तिबोध नयी कविता (समकालीन कविता) के सौंदर्यपक्षों व विविध रूपों को मार्क्सवादी सौंदर्यबोध के तहत ही विश्लेषित कर सके हैं- "नयी कविता (समकालीन कविता) के भीतर कई स्वर हैं, कई शैलियाँ हैं, कई शिल्प हैं, और कई भाव पद्धतियाँ। नयी कविता (समकालीन कविता) में स्वयं कई भाव धाराएँ हैं, एक भावधारा नहीं ! इनमें से एक भावधारा प्रगतिशील तत्त्व पर्याप्त है। उनकी समीक्षा होनी आवश्यक है। मेरा अपना मत है कि आगे चलकर नयी कविता (समकालीन कविता) में प्रगतिशील तत्त्व और भी बढ़ते जायेंगे और वह मानवता के अधिकाधिक समीप आती जायेंगी।"[2]

डॉ, शम्भुनाथ के अनुसार- "समकालीन कविता जीवन के सौंदर्य और संघर्ष की कविता है, जीवन के वास्तविक सौंदर्य की पहचान ही संघर्ष की प्रेरणा देती है, क्योंकि तभी पता चलता है कि जीवन की किस सुंदरता से विच्छिन्न होने के कारण मेहनतकश जनता का जीवन दुःख व कष्ट से बोझिल है। उपभोक्तावादी समाज में जनता जीवन की उस सुंदरता से विच्छिन्न कर दी जाती है, जिसे वह खुद अपने हाथों से रचती है । ऐसे समाज में वैज्ञानिक और प्रौद्योगिक उपलब्धियों का नियोजन जितना अधिक होता है, विच्छिन्नता बोध बढ़ जाता है। रचनाकार का काम इस विच्छिन्नताबोध से लड़ना है यह दृष्टि कविता के सौंदर्यबोध को एक मूल्य बोध से भर देती है ।"[3]

---

[2] रोहिताश्व, समकालीन कविता और सौंदर्यबोध - पृ. 23

[3] रोहिताश्व, समकालीन कविता और सौंदर्यबोध- पृ.19-20

समकालीन कविता युगीन यथार्थ वास्तविकता को अभिव्यक्ति प्रदान करती है। यह काव्य अपनी ऐतिहासिकता में, समसामयिक युग के अंतर्विरोधों, अंतद्वन्द्वों, विसंगतियों, विषमताओं एवं विभिन्न विडंबनाओं का खुला रूप प्रस्तुत करती है। समकालीन कविता में वर्तमान को अतीत की अपेक्षा कुछ अधिक महत्व प्राप्त है। समाज में रहता हुआ, वर्तमान नई समस्याओं से उलझता हुआ, व्यक्ति समय को स्वीकारता हुआ भी हर क्षण के प्रति अति सजग हो गया है।

समकालीन कविता की प्रवृत्तियों के देखने के बाद उसकी सबसे पहली विशिष्टता जीवन के प्रति उसकी आस्था में दिखाई पड़ती है। जिसमें आज का क्षणवादी और लघु- मानवतावादी दृष्टि जीवन मूल्यों के प्रति नकारात्मक नहीं, स्वीकारात्मक दृष्टि है। समकालीन कविता जीवन का पूर्ण स्वीकार करके उसे भोगने की लालसा प्रदान करता है।

समकालीन कविता में दो तत्वों को प्रधानता दी गई है - अनुभूति की सच्चाई और बुद्धिमूलक यथार्थवादी दृष्टि। वह अनुभूति क्षण की हो या एक समूचे काल की, किसी सामान्य व्यक्ति की हो या विशिष्ट पुरुष की, आशा की हो या निराशा की, अपनी सच्चाई में कविता के लिए और जीवन के लिए भी मूल्य है । समकालीन कविता में बुद्धिवाद नवीन यथार्थवादी दृष्टि के रूप में भी है और नवीन जीवन-चेतना की पहचान के रूप में भी है।

समकालीन कविता द्विवेदी कालीन कविता, छायावाद या प्रगतिवाद की तरह अपने बने बनाये मूल्यों को प्रस्तुत नहीं करती,

वह तो उसे जीवन की सच्ची व्यथा के भीतर पाना चाहते हैं। इस कारण समकालीन कविताओं में व्यंग्य के रूप में कहीं पुराने मूल्यों को स्वीकार नहीं किया है। समकालीन कविता में धर्म, दर्शन, नीति, आचार सभी प्रकार के मूल्यों को चुनौती दी है और जीवन जीवन की नवीन अनुभूति, नवीन चिंतन, नवीन गति के मार्ग में आने वाले मूल्यों का सृजन करता है।

1.2 समकालीन कविता की प्रगतिशील चेतनाः

समकालीन कविता में प्रगतिशीलता का स्वरूप स्पष्ट देखा जा सकता है, क्योंकि प्रगतिशीलता एक सामाजिक प्रक्रिया है, गतिशील और विकासमान यथार्थ का अंग है। यथार्थ द्वन्द्वात्मक होता है, क्योंकि इस प्रगतिशीलता के कम-से-कम दो पहलू होते हैं, एक का मुँह अतीत की ओर होता है और दूसरे का भविष्य की ओर अर्थात् एक वस्तु को या तो यथास्थिति में रखने को प्रयत्नशील रहता है। लेकिन इन दोनों को सह-अस्तित्व और टकराव के बिना यथार्थ का स्वरूप नहीं बन सकता। लेकिन इसमें एक सच्चाई है कि इन पहलुओं के टकराव से ही यथार्थ का विकास होता है। यह प्रक्रिया निरन्तर चलती रहती है और यही प्रक्रिया प्रगतिशीलता है। और इस प्रक्रिया को विभिन्न विषयों में स्पष्ट देखा जा सकता है। समाज में, प्रकृति में, साहित्य में, संस्कृति में, हर जगह। इसका मुख्य कारण यह है कि इस दुनिया में कुछ भी स्थिर नहीं है, हर चीज़ गतिशील है और अंततः गतिशीलता उसे निम्नतर अवस्था से उच्चतर अवस्था की ओर ले जाता है, इसलिए स्पष्ट है कि समाज और उसका यथार्थ सब कुछ बदलते रहते हैं ।

प्रगतिशीलता का संदर्भ भी परिवर्तनशील है और इससे जुड़े सभी विषय बदलते ही रहते हैं । यथार्थ की यह व्यवस्था अस्थायी ही होती है। प्रगतिशीलता को प्रायः 'मार्क्सवाद' की भाषा में समझा जाता है। डॉ, रामविलास शर्मा ने भी प्रगतिशीलता का अभिप्राय उस साहित्य से लिया है "जो समाज को आगे बढ़ाता है, मनुष्य के विकास में सहायक होता है।"[4]

भारत में प्रगतिशील लेखक संघ का प्रथम अधिवेशन सन् 1936 में लखनऊ में उपन्यास सम्राट मुंशी प्रेमचंद के सभापतित्व में हुआ। दूसरा अधिवेशन सन् 1938 में कलकत्ता में आयोजित हुआ जिसके घोषणापत्र की निम्नोद्धृत अंश प्रगतिशील भावना के प्रसार की दृष्टि से पर्याप्त महत्वपूर्ण है- "प्रत्येक भारतीय लेखक (साहित्यकार) का कर्तव्य है कि वह भारतीय जीवन में होने वाले परिवर्तनों को अभिव्यक्ति दे और साहित्य में वैज्ञानिक बुद्धिवाद का समावेश करके देश में क्रांति की भावना में सहायता पहुँचाएगा ।"[5]

प्रगतिशील कविताओं में ग्राम्य- प्रकृति के साथ-साथ लोक जीवन की सजीव भूमिका का बहुत ही स्पष्ट रूप से चित्रण प्रस्तुत किया गया है। जिसमें इस युग के कवियों ने मानव जीवन के दैनंदिन जीवन में होने वाली लगभग समस्त घटनाओं को प्रस्तुत किया है। सामाजिक यथार्थ की यही चेतना प्रगतिशील कवि को जीवन के साथ जोड़ती है। जीवन के प्रति, मनुष्य अथवा मानव समाज के नए भविष्य के प्रति प्रगतिशील कवि अधिक सजग

---

[4]'भाषा', वर्ष-22, अंक-2, दिसंबर : 1982- पृ.10

[5] ''भाषा', वर्ष-22, अंक-2, दिसंबर: 1982- पृ.10

दिखाई पड़ा है। इस युग की प्रगतिशील कविता में मानववाद की व्याख्या को भी नए आधार तथा संदर्भ दिए हैं। मानववाद के नाम पर घोर व्यक्तिवाद का दृश्य दिखाने वाली तथा मानव मूल्यों के नाम पर अराजकता का प्रचार करनेवाले विचारों की वास्तविकता स्पष्ट करते हुए प्रगतिशील कविता का स्वरूप प्रस्तुत किया गया है। जिसका मुख्य उद्‌देश्य मनुष्य में उसकी शक्ति का अहसास पैदा कर, उसे समर्थ न देकर, उसमें नया आत्मविश्वास भरने का प्रयास करना है।

प्रगतिशील कविता की यह मानवतावादी विचारणा किसी एक भूभाग तक सीमित नहीं है, इसका क्षेत्र संपूर्ण विश्व है। मनुष्य जहाँ भी पीड़ित है, मनुष्य जहाँ भी अपनी तथा समाज की नई रूपरेखा के लिए संघर्ष कर रहा है, प्रगतिशील कवि की संवेदना का प्रसार बिना रुकावट वहाँ तक अवश्य पहुँच जाती है। प्रगतिशील कविता में सामाजिक चेतना को दृष्टिपात करने का यह एक प्रयास मात्र है । इस कविता की अपनी सीमाएँ भी हैं, परंतु महत्व सीमाओं का नहीं, उन सीमाओं के बावजूद की गई उपलब्धियों की है।

1.3 समकालीन कविता की जनवादी चेतना:

समकालीन कविता में जनवादी काव्य से तात्पर्य सामंतवाद विरोधी काव्य से ही है, किंतु भिन्न-भिन्न समयों में भिन्न-भिन्न देशों की सामाजिक, आर्थिक, राजनीतिक और राष्ट्रीय-अंतर्राष्ट्रीय स्थितियों एवं चुनौतियों के अनुरूप इसका स्वरूप परिवर्तित होता रहा है। इसलिए कभी यह सामंतवाद विरोधी, कभी सामंतवाद, साम्राज्यवाद विरोधी तथा कभी सामंतवाद - साम्राज्यवाद -

पूँजीवाद विरोध रूप में प्रस्तुत हुआ है। इससे यह पूर्ण रूप से स्पष्ट होता है कि जनवादी काव्य का तात्पर्य व्यवस्था विरोधी काव्य से है।

छायावादी काव्यांदोलन अपनी सामंतवाद - साम्राज्यवाद विरोधी भूमिका के कारण एक आधुनिक काव्यांदोलन था और इससे अपनी सीमाओं में जनवादी परंपरा का ही विकास किया था। तभी से कविता में जनता की भावनाओं को किसी न किसी रूप में स्पष्ट जगह मिलने लगी थी और व्यक्ति - स्तर से ही सही, जातीय-सामाजिक वेदना का स्वर अधिक उग्र रूप में प्रकट होने लगा। जनवादी काव्य के बारे में डॉ, शिवकुमार मिश्र का कहना है-"जनवादी कविता का आधार किसी राष्ट्र या देश की जनता का मुख्य जीवन प्रवाह होता है और इस जनता के अंतर्गत किसी राष्ट्र या देश के निवासियों का मुख्यांश आता है जो समाज के प्रभु वर्गों के विपरीत अपने श्रम के आधार पर अपनी जीविका का निर्वाह करता है: यह श्रम शारीरिक भी होता है और मानसिक भी और यही कारण है कि उत्पादन के साधनों पर एकाधिकार कायम कर दूसरों के श्रम को खरीदने वालों और उनका शोषण कर मुनाफा कमाने वालों के अलावा किसी राष्ट्र या देश के निवासियों का अधिसंख्य हिस्सा जनता का निर्माण करता है । जनवादी कविता इस जनता की जिंदगी को उसकी संपूर्ण प्रतिनिधिकता तथा समग्रता से प्रस्तुत करती है और अपने इसी व्यापक और पुष्ट जनाधार के कारण किसी भी समय तथा किसी भी युग में शासक-शोषक वर्गों के समक्ष चुनौती के रूप में प्रस्तुत होती रही है। जनवादी कविता की जिंदगी के बीच उसे उगते हुए

उसकी आशाओं - आकांक्षाओं, उसके स्वप्नों तथा संघर्षों को वाणी देती है। किसी भी राष्ट्र या देश की जनता की अपनी संस्कृति, उसके कर्म तथा आचरण को हम बड़े सहज रूप में उसमें प्रतिबिंबित देख सकते हैं।

वह एक स्तर पर जनता से उसकी कर्मठता तथा कर्मठता से प्रेरणा लेती है; दूसरे स्तर पर जनता को शिक्षित तथा जागृत चित्रमयता तथा पैनेपन के साथ प्रस्तुत करते हुए उसे अपने इस प्राप्तव्य तक पहुँचने में मदद करती है।"[6]

जनवादी कविता की विशेषताओं के आधार पर उसे कुछ विशेष भागों में विभाजित किया जा सकता है। जनवादी कविता की पहली प्रवृत्ति है - आम आदमी का चित्रण। जनवादी कविता के केंद्र में वह आदमी है, जो हर तरह के शोषण दमन और अत्याचार का शिकार है, जो हर तरफ से उपेक्षित और तिरस्कृत है। जनवादी कविता निम्न वर्ग और उस निम्न मध्य वर्ग की स्थितियों का चित्रण है जिस पर व्यवस्था की मार सर्वाधिक पड़ती है। अरुण कमल की 'होटल' शीर्षक कविता में होटल में काम करनेवाले बच्चे की दयनीय स्थिति का मार्मिक चित्रण प्रस्तुत किया है

"जैसे ही कौर उठाया
हाथ रुक गया
सामने किवाड़ से लगकर
रो रहा था वह लड़का

[6] डॉ. शिवकुमार मिश्र, उत्तरार्द्ध, सं. सव्यसाची, अंक- 20, अक्तूबर 1962, जनवादी साहित्य विशेषांक - पृ. 21

जिसने मेरे सामने रखी थी थाली।"[7]

जनवादी कविता में व्यवस्था के दमन और तानाशाही का चित्रण भी प्राप्त होता है। जिसमें अपने मुनाफे को बढ़ाने के लिए जनता का हर तरह से शोषण और शोषण की व्यवस्था को बनाये रखने के लिए रोज नये-नये काले कानूनों के जरिये जनता के अधिकारों में कटौती, हक और न्याय के लिए आवाज़ उठानेवालों का पुलिस और फ़ौज के द्वारा दमन, लाठी चार्ज, जनता के लीडरों की हत्या फर्जी मुठभेड़ों आदि के नाम पर बेकसूर लोगों की हत्या आदि के नाम पर साधारण जनता के जीवन पर व्यवस्था का अत्याचार स्पष्ट दिखाई देता है। अरुण कमल की 'खबर' नामक कविता में आंध्र प्रदेश की दो नक्सलबंदी, किश्ता गौड़ और भूमैया, जिन्हें आपातकाल के दौरान फाँसी दे दी गयी थी उसका चित्रण प्रस्तुत किया है-

"अखबारों में खबर थी:
कैलिफोर्निया की एक कुतिया ने तेरह बच्चे एक साथ जने
अखबारों में खबर थी:
युवराज ने कंगालों में कंबल बाँटे ।
अखबारों में खबर थी :
विश्वसुंदरी का वजन 39 किलो है।
अखबारों में खबर थी:
राजनेता ने दाढ़ी मुड़ाई ।
एक खबर जो कहीं नहीं थी:

[7] 'अरुण कमल, अपनी केवल धार - पृ. 18

किश्ता गौड़ को फाँसी हो गई। भूमैया को फाँसी हो गई।" [8]

'बच्चा हँसता क्यों है' में अरुण कमल ने संकटग्रस्त तानाशाही व्यवस्था के भय को मानव जीवन में प्रस्तुत किया है-

"खतरा बढ़ रहा है
अब उन्हें साथ सोयी पत्नी के करवट बदलने
से भी डर लगता है
पत्ता हिलने से
बच्चों के हँसने से
अब अपनी ही साँस से डर लगता है
खतरा बढ़ता जा रहा है।" [9]

जनवादी कवियों ने सामंती मूल्यों-ईश्वरीय सत्ता और अंधविश्वास को नकारा है। जनवादी कवि का वैज्ञानिक सोच पर विश्वास के कारण वे इस तरह के तथ्यों और तर्कों पर विश्वास नहीं करता। इसलिए इन कवियों के अनुसार ईश्वर, देवी-देवता, कर्मकाण्ड, धर्म, पुनर्जन्म और भाग्य आदि सारे झूठे विधान है जिससे आम जनता को केवल भ्रमित या गुमराह ही किया जा सकता है।

जनवादी कविताओं में आज़ादी, लोकतंत्र, संविधान और कानून का खोखलापन आदि विषयों का भी चित्रण किया गया है। आज के समाज का आम आदमी केवल मात्र कहने को आज़ाद है। उसके लिए आज भी आज़ादी का वह रूप नहीं है जो अन्य वर्ग के लोगों

[8] अरुण कमल, अपनी केवल धार- पृ.17

[9] अरुण कमल, अपनी केवल धार - पृ. 75

में दिखाई पड़ता है। आज़ादी, लोक तंत्र, संविधान और कानून समाज के उच्च वर्ग (अमीर वर्ग) तक ही सीमित होकर रह गई है । जनवादी कवियों ने अपनी कविताओं में इन सभी का मज़ाक उड़ाया है और व्यंग्य भी किया है।

जनवादी कविता के केंद्र में जो 'जन' है इसमें उसका संघर्ष और क्रांति का चित्रण प्राप्त होता है जिसमें वह गरीबी, भुखमरी, बेरोजगारी एवं शोषण दमन, अन्याय, अत्याचार और जुर्म का शिकार होता हुआ भी कमज़ोर दिखाई नहीं देता। वह जानता है कि जिस दिन वह संगठित होकर अपने हक के लिए आवाज़ उठायेगा, उस दिन दुनिया का कोई भी तानाशाह उसकी आवाज़ को दबा नहीं पाएगा। और इसी आशा, विश्वास और आकांक्षा के साथ वह क्रांति की घोषणा भी करता है।

चंद्रकांत देवताले ने अपनी कविता 'थोड़े से बच्चे और बाकी बच्चे' में समाज के अन्य बच्चों की तुलना कुछ दूसरे बच्चों के जीवन में आनेवाले दुख से की है-

"अखबार के चेहरे पर जिस वक्त
तीन बच्चे आइस्क्रीम खाते हँस रहे हैं
उसी वक्त
बस पैसे में समान ढोने के लिए
लुकाछिपी करते बच्चों के पुट्ठों पर
पुलिस की बेंतें उमच रही हैं।"[10]

कवि ने बाल मजदूरों के जीवन के दुख, शोषण, कष्ट आदि को अन्य बच्चों से तुलना करते हुए प्रस्तुत किया है। देवताले की

---

[10] चंद्रकांत देवताले, उसके सपने (लकडबग्घा हँस रहा है) - पृ.69

कविता 'दो लड़कियों का पिता होने से' में पिता के दो लड़कियों का पिता होने से उसके जीवन में असुरक्षा बढ़ गई है। वह सामाजिक व्यवस्था से पूरी तरह परिचित है और ऐसी सामाजिक व्यवस्था में दो लड़कियों का पिता होना ही उसके मन में भय भर देती है-

"सिर्फ बेटियों का पिता होने से
कितनी हया भर जाती है शब्दों में.....

***

एक सुबह
पहाड़ ही दिखती है बेटियाँ
कलेजा कवि का चट्टान - सा होकर
भी थर्राता है पत्तियों की तरह
और अचानक
डर जाता है कवि
चिड़ियाओं से
चाहते हुए उन्हें इतना
करते हुए बेहद प्यार।"[11]

'लकडबग्घा हँस रहा है' कविता में कवि ने समाज में वेश बदलकर दलितों पर सामाजिक अत्याचार करते हैं और व्यवस्था उन पर हँसती है-

[11] चंद्रकांत देवताले, उसके सपने (लकड़बग्घा हँस रहा है)- पृ.60

"हत्यारे सिर्फ मुअत्तिल आज
और घुस गये हैं न्याय की लंबी सुरंग में
वे कभी भी निकल सकते हैं साबुत
और किसी दूसरे मुकाम पर
तैनात खुद मुख्त्यार
कड़काते अस्पृश्य हड्डियों को
हंस सकते हैं
अपनी स्वर्ण हंसी
उनकी कल की हंसी के समर्थन में
अभी लकडबग्घा हंस रहा है ।"[12]

1.4 समकालीन कविता की दलित चेतना:

समकालीन कविता में दलित चेतना को प्रकाशित करने के लिए अनेक विषयों पर प्रकाश डालना आवश्यक है। हिंदी काव्य-धारा में दलित चेतना का विषय कब और कहाँ से आरंभ हुआ। जिस प्रकार सृष्टि के आरंभ में न कोई अमीर था न कोई गरीब ठीक उसी प्रकार हिंदी कविता के आरंभ में 'दलित साहित्य' या 'सवर्ण साहित्य' जैसी कोई बात नहीं थी। साहित्य शब्द अपनी भावना, अर्थ और उद्देश्य में पूर्ण और पर्याप्त था। लेकिन धीरे-धीरे साहित्य में 'दलित साहित्य' का प्रवेश हो गया।

'दलित साहित्य' डॉ, अंबेडकर की विचारधारा को अपना मूल स्रोत मानता है, इस कारण 'दलित साहित्य' की परिभाषा या सीमाओं पर विचार करते समय, डॉ, अंबेडकर के मूल विचारधाराओं

[12] चंद्रकांत देवताले, उसके सपने (लकड़बग्घा हँस रहा है) - पृ.64

की विवेचना करना भी आवश्यक है। डॉ, अंबेडकर की विचारधारा का केंद्र मनुष्य था इसलिए उसकी दायरे में पूरी मानवता आ जाती है। शरण कुमार लिम्बाले के अनुसार- "दलित साहित्य अपना केंद्र बिंदु मनुष्य को मानता है। बाबा साहब के विचारों से दलित को अपनी गुलामी का एहसास हुआ उनकी वेदना को वाणी मिली, क्योंकि उस मूल समाज को बाबा साहब के रूप में अपना नायक मिला। दलितों की वेदना दलित - साहित्य की जन्म- दात्री है। दलित साहित्य की वेदना 'मैं' की वेदना नहीं, वह बहिष्कृत सामाज की वेदना है।"[13]

आज समकालीन कविता में दलित चेतना, मराठी दलित कविता की तर्ज पर अधिक उग्र रूप धारण कर रही है। समकालीन कविता का अधिकांश दलितों, उपेक्षितों के इर्द-गिर्द ही रचा जा रहा है। समकालीन कविता में जो दो-तीन विषय हैं, उनमें उत्पीड़ित वर्ग प्रमुख है। देखा जाए तो यह उत्पीड़ित वर्ग ही दलित का पर्याय है, लेकिन समयानुसार 'उत्पीड़ित' या 'उत्पीड़क' आज के अर्थ में केवल वही नहीं रह गए जो पचास साल पहले थे। पचास वर्ष पहले उत्पीड़ित केवल नीची जाति का व्यक्ति ही होता था। आज उत्पीड़ित कोई भी हो सकता है।

मार्क्स के अनुसार भी यह एहसास होने पर कि उसके पास गंवाने को कुछ नहीं, सिवाय अपनी बेड़ियों के, क्रांति होगी। दलित साहित्यकार अपनी क्रांतियों में इन्हीं विषयों को प्रमुखता देता है और गुलाम समाज को मुक्त कराने, शिक्षित करने, संघर्ष पर उतारने, संगठित करने का सपना पालता है, खुद नायक बनकर

[13] पश्यन्ती, अक्तूबर-दिसंबर, 2001 - पृ.89

अपने को मानवता के समकक्ष खड़ा करने का मंसूबा पालता है। वह सामाजिक - बराबरी ही नहीं आर्थिक बराबरी, पेशा चुनने की स्वतंत्रता, सत्ता में भागीदारी, सब चाहता है। डॉ, एन, सिंह ने इसे ऐसे कहा है-

"सतह से उठते हुए मैंने जाना कि
इस धरती पर किये जा रहे
श्रम में जितना हिस्सा मेरा है
उतना ही हिस्सा
इस धरती के हवा पानी और इससे उत्पन्न
होनेवाले
अन्न
और धर्म में भी है।"[14]

समकालीन कविता 'पुराने शोषित' या 'नये शोषित' का भेदभाव छोड़कर समान रूप से उत्पीड़ित व्यक्ति तक ही सीमित होकर रह गया, जिससे एक संतुलित वातावरण निर्मित हो गया। जिस कारण 'दलित' नीची जाति तक सीमित न रहकर, इसका अर्थ समाज के हर उस व्यक्ति से जुड़ गया जो अपने जीवन में किसी के द्वारा पीड़ित हुआ हो । आज इस 'दलित' को अब संकीर्ण राजनीति भ्रष्टाचार इनके फलते- फूलते शोषण के रूप में भी देखा जा रहा है। जिसमें वर्षों तक ईमानदारी का पालन करनेवाला व्यक्ति किस प्रकार शोषण का शिकार हो जाता है और जीवन किसी 'दलित' के जीवन से कम नहीं होता ।

---

[14] पश्यन्ती, अक्तूबर-दिसंबर, 2001 - पृ. 97

"पिस रही जनता चक्की में
पिसे,
मर रही जनता भूख से
मरे,
चारों ओर लूट-खसोट है
रहे,
राजा क्या-क्या करे ।" [15]

'राजा राज करेगा' शीर्षक कविता में साधारण जनता पर होनेवाले अत्याचार का चित्रण प्रस्तुत किया गया है। हर प्रकार की स्थिति में केवल निम्न वर्ग का व्यक्ति ही पीड़ित होता है और उसकी सहायता करनेवाला भी कोई नहीं होता ।

"ये झूठे हैं
उनके पिछलग्गू हैं।
उनके नुमाइंदें हैं।
उनकी सरकार है।
बोरे हो सकते सावधान
बोरे नहीं बचा सकते हैं प्राण,
बोरे- बोरे हैं
परखी परखी है।" [16]

'परखी' शीर्षक कविता में समाज के उच्च वर्गों के द्वारा निम्न वर्गों पर होनेवाले अत्याचार का चित्रण किया गया है। बोरे के माध्यम से निम्न वर्ग के जीवन का चित्रण किया गया है,

---

15 'महेंद्र कार्तिकेय, ठहरी हुई लहर - पृ.34

16 महेंद्र कार्तिकेय, ठहरी हुई लहर - पृ.70

जहाँ वह अपने जीवन को बचा पाने में पूर्णतया असमर्थ ही दिखाई देता है।

"स्त्रियाँ लाती थीं
मीलों दूर से
भरकर घड़े ।
बच्चियाँ माँजती थीं
सुबह से रात का बर्तन
दूसरों के ।"[17]

'स्त्रियाँ लाती थीं मीलों दूर से भरकर घड़े' शीर्षक कविता में स्त्रियों पर होनेवाले अत्याचार के माध्यम से दलित चेतना को प्रस्तुत किया गया है।

"वह मूक था
और सह रहा था
वह मूक था
और कह रहा था ।"[18]

'मूक' शीर्षक कविता में मानव जीवन पर हो रहे अत्याचार और उस अत्याचार को चुपचाप सहने का चित्रण प्रस्तुत किया गया है।

"सामने सड़क पर एक औरत की इज्जत जा रही है
और लोग अपने-अपने ओटों पर खड़े हैं चुपचाप ।"[19]

[17] प्रयाग शुक्ल, बीते कितने बरस - पृ.63
[18] प्रयाग शुक्ल, बीते कितने बरस- पृ. 70
[19] अरुण कमल, सबूत - पृ.50

'ऐसा क्यों हो रहा है' शीर्षक कविता में दिन दहाड़े हो रहे स्त्री पर अत्याचार का चित्रण और स्त्री की सहायता के लिए आगे न बढ़ने वाले डरे लोगों का चित्रण प्रस्तुत किया गया है।

"कोई अपनी पत्नी को पीट रहा है बेतहाशा
कहता है- मेरी पत्नी है
कोई अपने नौकर की नन्ही पीठ जूते से
... हुमच रहा है
कहता है-मेरा नौकर है।" [20]

'तुम चुप क्यों हो' शीर्षक कविता में स्त्री जीवन और निम्न वर्ग (नौकर) पर होनेवाले अत्याचार का चित्रण प्रस्तुत किया गया है।

"हो सकता है
वे बच्चे को मारें
या एक बार फिर
बच्चे को मार डालें।

***

बच्चे के पाँव के पीछे-पीछे आती
जंजीरों के टूटने और दरवाजें के
खुलने की आवाज़ से
वे डरते हैं।" [21]

---

[20] अरुण कमल, सबूत - पृ.60

[21] राजेश जोशी, धूप घड़ी (एक दिन बोलेंगे पेड़)-पृ.45-46

'बच्चा पाँव ले रहा है' शीर्षक कविता में बच्चों के जीवन में अत्याचार और बच्चों के जीवन में बढ़ते हुए भय का चित्रण प्रस्तुत किया गया है।

हिंदी समकालीन कविता में दलित चेतना का नया मानदंड स्थापित हो चुका है। आक्रोश और उत्पीड़न के खिलाफ़ आवाज़ आज सशक्त स्वरूप में समाने आ रही है। मानवीय विवेक को झंझोड़ने का काम दलित समकालीन कविता की पहचान बन गयी है, इसे अपना संकल्प दृढ़ बनाकर समाज में स्थापित होना है। समकालीन कवियों का यही प्रयास है कि ऐसे समाज की स्थापना की जाए। जहाँ सभी को बराबर जगह और स्थान प्राप्त हो।

1.5 समकालीन कविता की स्त्री चेतना:

प्रायः विश्व साहित्य में ही नारी को जीवन की ज्योति, प्रेरणा और शक्ति की प्रतिमूर्ति, उल्लास एवं आनंद की केंद्र बिंदु माना है। सभी देशों में वह कवियों की काव्य - चेतना को विकसित करने में सहायक रही है, अतः कवियों का किसी न किसी रूप में उसको अवश्य चित्रित करना स्वाभाविक ही है। वैदिक युगीन समाज में नारी को सर्वोच्च स्थान प्राप्त हुआ तथा वह ज्ञान एवं गौरव की मूर्ति रही है। लेकिन आध्यात्मिक क्षेत्र में भक्ति के पथ पर वह नरक का द्वार घोषित की गयी, फलतः प्राचीन काव्य में नारी दोनों रूपों में अंकित की गयी ।

आधुनिक काल में कवियों ने नारी के एक नए रूप को प्रस्तुत किया। नारी को एक मानवी रूप में चित्रित कर कवियों ने उसे बंधन मुक्त कर गौरव प्रदान करने की चेष्टा प्रदान की है।

समकालीन कविता में कवि ने तो स्वयं नारी में चेतना जागृत करने के उद्देश्य से पौराणिक संदर्भों को आधार बनाकर नारी पात्रों के ही माध्यम से समसामयिक परिस्थिति और उसमें नारी के स्थान को दर्शाया है।

नारी के बिना साहित्य की कल्पना उसी प्रकार निर्जीव है जैसे शिवा के बिना व शव है। इसी कारण नारी प्रत्येक युग के काव्य का विषय रही है।

प्रत्येक युग में कवियों ने उसे भिन्न-भिन्न दृष्टिकोण से देखा है। लेकिन अर्थव्यवस्था तथा सामाजिक व्यवस्था में परिवर्तन हो जाने के कारण नारी की स्थिति में भी परिवर्तन हुआ और नारी पुरुष समाज के लिए मात्र एक वस्तु ही बनकर रह गई । वीर गाथा युग और रीतिकाल में नारी के भोग्या रूप को ही प्रधानता मिली और भक्तिकाल में सामान्यतः उसे साधना मार्ग की बाधा माया के रूप में देखा गया। लेकिन आधुनिक काव्य तक पहुँचते-पहुँचते नारी संबंधी दृष्टिकोण में क्रांतिकारी परिवर्तन देखा गया। मैथिलीशरण गुप्त ने 'उर्मिला और यशोधरा' को अपने काव्य की नायिका बनाकर उपेक्षित नारियों के प्रति अपनी उदार, उदात्त और श्रद्धा भावना का परिचय लिए दिया है।

छायावाद युग में नारी के पवित्र रूप प्रस्तुत किया गया है। पंत ने तो उसे उसके रोम-रोम से अपना स्नेह प्रकट करते हुए उसे एक पवित्र सत्ता के रूप में प्रस्तुत किया है-

"तुम्हारे छूने में था प्राण
संग में पावन गंगा स्वान

तुम्हारी वाणी में कल्याण जा
त्रिवेणी की लहरों का गान ।" [22]

जयशंकर प्रसाद ने भी 'कामायनी' में नारी जीवन विषमता में समरस बनानेवाली 'श्रद्धा' के रूप में अंकित किया।

"नारी तुम केवल श्रद्धा हो विश्वास रजत नगपल तल में
पीयूष स्त्रोत सी बहा करो जीवन के सुंदर समतल में। "[23]

नारी के प्रति यह परिवर्तित दृष्टिकोण ही समाज की चेतना का कारण बनी। इसी चेतना को कवियों ने अपनी रचनाओं में अभिव्यक्ति प्रदान की। जिस कारण नारी जीवन को पुरुष जीवन में बराबर का स्थान प्राप्त हुआ और समाज ने इस तथ्य को स्वीकार भी किया।

समाज में जहाँ नारी सहचरी के रूप में प्रस्तुत की गई वहीं यथार्थ में अधिकांश स्त्रियाँ उपेक्षित तथा शोषिता ही बनी हुई थीं। उनका जीवन भी मजदूर और किसान वर्ग की ही भांति एक विशिष्ट शोषित वर्ग के अंतर्गत प्रस्तुत किया गया।

"जब कोई भी माँ छिलके उतार कर
चने, मूँगफली या मटर के दाने
नन्हीं हथेलियों पर रख देती है
तब मेरे हाथ अपनी जगह पर
थरथराने लगते हैं ।

[22] पंत, पल्लव - पृ.65

[23] प्रसाद, कामायनी (एकादशक), लज्जा वर्ग - पृ. 116

माँ ने हर चीज़ के छिलके उतारे मेरे लिए
देह, आत्मा, आग और पानी तक के छिलके उतारे
और मुझे कभी भूखा सोने नहीं दिया।"[24]

'माँ पर नहीं लिख सकता कविता' शीर्षक कविता में माँ के माध्यम से स्त्री जीवन और उसके कर्तव्य का चित्रण प्रस्तुत किया गया है।

"तभी सायकिल से आया वह मर्द
कालिख पुते कमीज़ और पजामे में और बिन कुछ पूछे
लेटी हुई औरत पर टूट पड़ा
'हरामजादी खटिया तोड़ती रहती है रात-दिन'
कहते हुए

***

वह औरत
पृथ्वी को मथ रही थी
कोसते हुए जनम और जिंदगी को
आकाश के चिथड़े नोंच रही थी।" [25]

'शाम को लगभग पाँच बजे' शीर्षक कविता में कवि ने पुरुष प्रधान समाज में नारी पर शोषण और स्त्री जीवन से अभिशप्त जीवन का चित्रण प्रस्तुत किया है।

"मैं आकाश में इतने ऊपर कभी नहीं उड़ा
कि स्त्री दिखाई ही न दे
इसलिए मैं उन लोगों के बारे में कुछ नहीं जानता

---

[24] चंद्रकांत देवताले. आग हर चीज़ में बताई गयी थी- पृ.13

[25] चंद्रकांत देवताले, आग हर चीज़ में बताई गयी थी - पृ.32-33

कि वे किस तरह सोचते हैं जो ईश्वर के साथ रहते हैं
वैसे मेरी आत्मा आकाश में बहुत ऊँचे तक उड़ी है।
पर डोर हमेशा किसी स्त्री के हाथ में रही
और सब जानते हैं कि औरत ज्यादह ढील नहीं देती।" [26]

'स्त्री के साथ' शीर्षक कविता में स्त्री जीवन को पुरुष के अस्तित्व के रूप में प्रस्तुत किया गया है ।

"अफीम के खेलों में इलाके में बाँछेड़ औरतें
अपने बोदे पतियों की मौजूदगी में
देह का धंधा करती हैं
और बीड़ी के लिए माचिस माँगने के बहाने
मर्द धुँधलके में डूबी सड़कों पर
अपनी औरतों के लिए पानी के भाव
ग्राहक ढूँढ़ते हैं।" [27]

'इस पठार पर' शीर्षक कविता में पुरुष प्रधान समाज में स्त्री की विविशता और पुरुष के स्वार्थ का चित्रण प्रस्तुत किया गया है।

"तुम हमेशा अकेली छूट जाती हो
बहुत पीछे
लोहे के फाटक को हुआ है।
सँभालती हुई
तुम हमेशा रह
उसी कमरे में

---

[26] चंद्रकांत देवताले, आग हर चीज़ में बताई गयी थी - पृ. 35
[27] द्रकांत देवताले, उसके सपने (लकड़बग्घा हँस रहा है)- पृ.49

उन्हीं चीज़ों के बीच
अपनी परछाई के साथ।" [28]

'तुम हमेशा अकेली छूट जाती हो' शीर्षक कविता में पुरुष समाज में स्त्री जीवन का चित्रण किया गया है।

"भौजी, डोल हाथ में टाँगे
मत जाओ नल पर पानी भरने
तुम्हारा डोलता है पेट
झूलता है अंदर बँधा हुआ बच्चा
गली बहुत रुखड़ी है।" [29]

'धरती और भार' शीर्षक कविता में नारी जीवन में विवशता का चित्रण किया ।

"सब कुछ सी दूँगी बीबी जी
बेबियों का गरारा जम्पर समीज
आपका ब्लाउज पेटी कोट साम करती गयी
सब कुछ सीती हूँ बीबीजी ।

***

यही रोजी-रोटी है।
शौहर से जुदा हुए दो बरस हो गए
बस दो छोटे बच्चे हैं खुदा की देनी से
के जीव और आप लोगों की दुआ है ।"[30]

'दरजिन' शीर्षक कविता परिवार के लिए संघर्ष करती स्त्री के जीवन का चित्रण प्रस्तुत करती है।

---

[28] चंद्रकांत देवताले, उसके सपने (लकड़बग्घा हँस रहा है) - पृ.62
[29] अरुण कमल, अपनी केवल धार - पृ. 20
[30] अरुण कमल, अपनी केवल धार - पृ. 36

"चेहरे पर बाँहों पर
खुल रहा था रंध्र रंध्र
कि सहसा मेरे कंधे से
लग गया
उस युवती का माथा
लगता है बहुत थकी
वह कामगर औरत
काम से वापस लौट रही थी
एक डेली पैसेन्जर।" [31]

'डेली पैसेन्जर' शीर्षक कविता में स्त्री जीवन की व्यस्तता के कारण होनेवाली थकान का चित्रण किया गया है।

"मैंने उसे इतना डाँटा
गालियाँ दीं
दो तीन बार पीटा भी
फिर भी वह चुपचाप सारा काम करती गयी
मैंने उसे जब भी जो कहा
जानते हुए भी बहुत बार कि यह गलत काम है
उसने वही किया जो मैंने कहा।"[32]

'एक बार भी बोलती' शीर्षक कविता में भारतीय स्त्री जीवन का विवाह के बाद के जीवन का चित्रण प्रस्तुत किया गया है, जहाँ वह पति द्वारा सताई जाती है, फिर भी वह अपने पति की सारी बातें स्वीकार करती है।

[31] अरुण कमल, अपनी केवल धार - पृ. 77

[32] अरुण कमल, सबूत - पृ. 18

"सामने सड़क पर एक औरत की इज्जत जा रही है
और लोग अपने-अपने ओटों पर खड़े हैं चुपचाप।" [33]

'ऐसे क्यों हो रहा है' शीर्षक कविता में स्त्री जीवन पर होनेवाले अत्याचार का चित्रण किया गया है।

"पिछले कुंभ मेले से
अपने विछोह गणना करते हुए जंगल नहीं गया
दो बूढ़ी स्त्रियाँ अपनी उम्र की
अंतिम सीढ़ी पर मिलती है

***

उनकी विधवा - पीड़ा बेहद समान
बहुत पारदर्शी होती है
उनकी भाषा
शब्द - विहीन दुःखों की भाषा होती है।" [34]

'दो बूढ़ी स्त्रियों का मिलन' शीर्षक कविता में विधवा जीवन के दुःख के माध्यम से स्त्री जीवन के दुःख को प्रस्तुत किया गया है।

"तब से मैं यही सवाल पूछ रहा हूँ-
'क्या अपनी जाति से बाहर
प्रेम कर रही लड़की
एक पका हुआ फल होती है?" [35]

'पंद्रह साल पहले बिछड़ गयी शहनाज़ के लिए कविताएँ' शीर्षक

---

[33] अरुण कमल, सबूत- पृ.59 1

[34] कुमार अंबुज, किवाड- पृ.51

[35] 'कुमार अंबुज, किवाड - पृ.61

कविता में स्त्री जीवन की स्वतंत्रता पर लगे प्रश्न का चित्रण प्रस्तुत किया गया है ।

"जब ढह रही हों आस्थाएँ
जब भटक रहे हों रास्ता
तो इस संसार में एक स्त्री पर कीजिए विश्वास
वह बताएगी सबसे छिपाकर रखा गया अनुभव
अपने अँधेरों में से निकालकर देगी वह एक कंदील।" [36]

'एक स्त्री पर कीजिए विश्वास' शीर्षक कविता में पुरुष समाज में स्त्री जीवन का रूप और हर परिस्थितियों में उस पर विश्वास करने का चित्रण प्रस्तुत किया गया है ।

"मैं कभी घास या लकड़ी लाने जंगल नहीं गया

कभी आग नहीं जलायी

मैं अक्सर एक ज़माने से चली आ रही
पुरानी नक्कासीदार कुर्सी पर बैठा रहा ।" [37]

'माँ की तस्वीर' शीर्षक कविता स्त्री-पुरुष जीवन के अंतर को प्रस्तुत करती है।

"वह कंकड़ बीन रही थी
कुछ-न-कुछ बीनते, धुनते रहने की
नियति की गिरफ़्त
ला खड़ा किया था मुझे
वहाँ जहाँ मैंने आना न चाहा था।" [38]

---

[36] 'कुमार अंबुज, अनंतिम - पृ. 90

[37] मंगलेश डबराल, हम जो देखते हैं - पृ. 27

[38] कैलाश वाजपेयी, भविष्य घट रहा है - पृ. 58

'आटाचक्की पर 'शीर्षक कविता में स्त्री जीवन में न होने वाले परिवर्तन का चित्रण प्रस्तुत किया है।

समकालीन भारतीय कविता में नारी चेतना को व्याख्यायित करने के लिए नयी दृष्टि की नितांत आवश्यकता है, जिससे नारी जीवन के पारिवारिक, आर्थिक, राजनैतिक आदि संदर्भों को अच्छी प्रकार से समझा जा सके, क्योंकि स्त्री इसी समाज की प्राणी है।

द्वितीय अध्याय

समकालीन कविता का परिदृश्य

2.1 समकालीन कविता राजनीति के संदर्भ में:

समकालीन कविता पर राजनीति का प्रभाव प्रत्यक्ष या परोक्ष रूप से स्पष्ट परिलक्षित होता है। रचनाकार अपनी वर्गगत अभिरुचियों और प्रवृत्तियों के आधार पर उस प्रभाव को ग्रहण करता है। इसलिए रचनाकार प्रतिबद्ध या तटस्थ होकर राजनीति के समाजगत स्थितियों को अभिव्यक्त करता है। समकालीन कवियों ने साहित्य और राजनीति के आपसी संबंधों को अपने-अपने ढंग से देखा है। मनुष्य एक सामाजिक प्राणी है, इसी कारण मनुष्य का राजनीति से संबंध होते ही उसे हम 'राजनीतिक प्राणी' भी कह सकते हैं। साहित्य मानव की रचना है इसलिए उसकी रचना में राजनीतिक दृष्टि का होना भी स्वाभाविक लगता है। इस आधार पर यह नहीं कहा जा सकता कि साहित्य पूर्ण रूप से

राजनीतिक होता है अथवा उसका अंग होता है, लेकिन उसमें राजनीतिक प्रेरणा का प्रभाव हो सकता है।

समकालीन साहित्यकारों (कवियों) के साहित्य सृजन में राजनीति के साथ दर्शन, धर्म, नैतिकता आदि का विचारधारा पर प्रभाव परिलक्षित होता है। इन साहित्यकारों ने राजनीति के महत्व को अनुभव किया और अपने चारों ओर फैले हुए संसार को जो राजनीति का संसार है और राजनीति जिसका आधार है, उसे अपने काव्य में प्रस्तुत किया है।

समकालीन कविता राजनीतिक प्रचार में विश्वास नहीं करती। अतः यह मानव-मुक्ति एवं उसके मंगलमय जीवन का समर्थन करती है। समकालीन कविता में सन् 1960 के आसपास की कविताओं में राजनीति के विषय का आरंभ किया गया, जिसमें मनुष्य के संघर्ष और अपेक्षाओं का तनाव भरा चित्रण भी प्राप्त होता है, लेकिन धीरे-धीरे राजनीति के इस रूप में भी परिवर्तन शुरू हुआ। समकालीन कविता में राजनीति में संसद, संविधान, सभा, प्रदर्शन, घेराव, आँसू गैस, कर्फ्यू, चुनाव, हड़ताल, पथराव, जुलूस आदि का चित्रण भी प्राप्त होने लगा, जो तत्कालीन परिस्थितियों को उद्घाटित करता है। मनुष्य एक सामाजिक प्राणी है और मनुष्य समाज एक विशेष वर्ग का चित्रण प्रस्तुत करता है। मानव जीवन का वह विशेष वर्ग साहित्य के साथ राजनीति पर भी आधारित होता है, लेकिन साहित्य यहाँ साहित्यकार के विचारों पर आधारित होता है वही राजनीति समाज में होनेवाले क्रियाकलापों, संघर्षों तथा सत्ता के लिए किए जानेवाले संघर्षों पर आधारित होता है। साहित्यकार भी उसी समाज का हिस्सेदार होता

है, जिस समाज और उसमें रहनेवाला मनुष्य का चित्रण वह अपनी रचना में प्रस्तुत करता है। साहित्यकार जब भी अपने इर्द-गिर्द होनेवाले क्रियाकलापों की ओर दृष्टि उठाकर देखता है, उसे राजनीति, धर्म, दर्शन, नैतिकता आदि के विषय भी दिख पड़ते हैं, जिसे वह अपनी रचनाओं में प्रस्तुत कर देता है। जिसके आधार पर कभी-कभी साहित्य और राजनीति में संबंध दिखाई देने लगता है, जिस पर सामाजिक जीवन का पूर्णतः प्रभाव होता है।

किसी भी साहित्य की रचना केवल राजनीतिक सिद्धांत पर आधारित नहीं होती वरन् उसमें राजनीति के साथ-साथ जीवन में घटित विषयों का भी चिट्ठा होता है। जो मानव जीवन के साथ-साथ राजनीतिक मूल्यों का भी चित्रण प्रस्तुत करता है। समकालीन समय में राजनीति का प्रभाव व्यक्ति और पूरे समाज पर दिखाई पड़ता है। जिस कारण मानव जीवन राजनीति और उसके अन्य रूपों में उलझकर ही रह गया है। मानव जीवन के यथार्थ को पहचानना भी असंभव सा हो गया है। जिसका प्रभाव समकालीन कवियों पर भी स्पष्ट रूप से पड़ा है, समकालीन कविता का कोई भी सार्थक कवि राजनीति के प्रभाव से बच नहीं पाया, उसकी रचनाओं में राजनीति का प्रभाव बड़ी ही आसानी से देखा जा सकता है।

काव्य सृजन में कवि के लिए राजनीति एक स्तर तक इंसान के वास्तविक जीवन का चित्रण प्रस्तुत करती है, वहीं दूसरी ओर यही राजनीति उसी मानव-जीवन के वास्तविक जीवन का कारण भी होती है। समकालीन कवियों ने मानव जीवन और राजनीति के इस विषय को काफी गंभीरता से जाँचने का प्रयास किया है।

जिसके माध्यम से साहित्यकार ने समकालीन कवियों ने विभिन्न परिप्रेक्ष्य को प्रस्तुत किया है। साहित्यकारों के लिए अब केवल मानव जीवन का यथार्थ ही नहीं बल्कि उस यथार्थ के पीछे राजनीति का प्रभाव भी महत्वपूर्ण विषय बन गया है और उसके साथ ही साधारण मानव जीवन में राजनीति के कारण पड़ रहे गंभीर प्रभावों से मुक्ति के विषयों को भी प्रस्तुत किया है। इस प्रकार समकालीन कवियों के साहित्य और विचारधारा में राजनीति का सक्रिय प्रभाव दिखाई पड़ता है, जो उन कवियों की रचनाओं के लिए कुछ हद तक सहायक भी रही है।

समकालीन कविता समसामयिक राजनीतिक सामाजिक यथार्थ की सच्ची अनुभूति की कविता है। स्वतंत्रता के बाद जिन सपनों की कामना आम आदमी ने की थी |

वे सारे सपने धराशायी हो गये। यह मोह भंग की स्थिति थी। सत्ताधारी वर्ग का चरित्र कुछ इस प्रकार से तेजी से उभर रहा था कि उनमें देश तथा जन सामान्य के हित की भावना लुप्त होते जा रही थी और उसके स्थान पर चरित्रहीन, स्वार्थलोलुपता, भ्रष्टाचारी कुर्सी के प्रति आसक्ति, भाई-भतीजावाद आदि कुभावनाएँ बढ़ती जा रही थीं। पूंजीपति वर्ग भी पूरी शक्ति से सामान्य जनता का लगातार शोषण करने पर तुला हुआ था। परिणाम स्वरूप देश की आम जनता गरीब से और अधिक गरीब होती जा रही थी और दूसरी ओर पूंजीपति वर्ग और अधिक पूंजी का मालिक होता जा रहा था। राजनीतिक-आर्थिक संकट ने समकालीन कवियों के मानस को झकझोर कर रख दिया। इसलिए समकालीन कविता विद्रोह, आक्रोश, असंतोष, संघर्ष आदि की

कविता है। यह काव्य तथा जीवन के स्तर पर समकालीन परिस्थितियों से जूझते हुए कवियों की कविता है। इन कवियों ने समकालीन भारतीय परिवेश की राजनीतिक, सामाजिक, आर्थिक आदि परिस्थितियों की विडम्बनाओं व विषमताओं को यथार्थ रूप में चित्रित किया है। समकालीन कविता में राजनीति एक मुख्य विषय के रूप में उभर कर सामने आई। देश के आम आदमी के जीवन में बदलाव न आने का एक प्रमुख कारण देश के राजनेताओं की भ्रष्ट राजनीति है। समकालीन कवियों ने राजनीतिक यथार्थ का अत्यन्त सजीव एवं मार्मिक चित्रण प्रस्तुत किया है। भ्रष्ट राजनेताओं की स्वार्थपूर्ण राजनीति का खुलकर पर्दाफाश जितनी सच्चाई और ईमानदारी के साथ समकालीन कविता में किया गया है, इससे पहले शायद ही किसी कविता में किया गया हो।

"यह कितनी अजीब बात है कि
आदमी पीपल के सूखे पत्ते की तरह
लोकतंत्र और समाजवाद
दो पन्नों के बीच सुरक्षित है।".[1]

'असंवैधानिक मौत' शीर्षक कविता में भारतीय संविधान में साधारण जनता के हितकारी राजनीतिक सिद्धांत लोकतंत्र और समाजवाद को स्वीकार किया गया है। लेकिन देश के हर आम आदमी का जीवन सूखे पत्ते की तरह सूखा हुआ है। इस कविता में लोकतंत्र और समाजवाद जैसे राजनीतिक सिद्धांतों पर व्यंग्य करके समकालीन राजनेताओं के स्वार्थपूर्ण और शोषणपूर्ण चित्रण का पर्दाफाश किया गया है।

---

[1] अरुण कमल, अपनी केवल धार-पृ.62

"ऐसा ही वक्त आ गया है
जब गुंडे बेला के फूलों की माला पहन
जै-जैकार करा रहे हैं
जब जहर-माहुर फल-फूल रहे हैं
और फूलों की क्यारियों में जल नहीं।".[2]

'वक्त' शीर्षक कविता में लोकतंत्र के महान मूल्यों का अंत और छल-कपट, झूट-फरेब के रोजगार करनेवालों का फलता-फूलता जीवन प्रस्तुत किया गया है।

"चमकदार हरी आँखों वाली बिल्ली
बिल्ली सामने सुरमई बादलों से रंग का
कबूतर।
आँखें मूंदों मैं तुम्हें एक जादू दिखाऊँगी।
कहा बिल्ली ने।
चटपट, आँखें मूंद ली
कबूतर ने।
ज्वार का पूरा खेत मिलने वाला हो जैसे उसे।
दूसरे क्षण कबूतर नहीं था
तीसरे क्षण पंख गायब
गायब कबूतर की गुटर गूँ।".[3]

'लोक-कथा' शीर्षक कविता में कवि ने सत्ताधारियों व राजनेताओं को बिल्ली का प्रतीक तथा आम व्यक्ति को कबूतर

---

[2] अरुण कमल, सबूत-पृ.68

[3] राजेश जोशी, धूपधड़ी (एक दिन बोलेंगे पेड़)-पृ.105

का प्रतीक मानकर राजनेताओं के शोषणपूर्ण चक्रव्यूह का चित्रण प्रस्तुत किया गया है।

"हाय! कुत्तों से भरी इस धरती पर

कितना मुश्किल का एक-सा धारण-सा घोंसला बाँधना।"[4]

'घोंसला' शीर्षक कविता में कुत्ता राजनेताओं का प्रतीक है और एक साधारण-सा घोंसला' वस्तुतः आम आदमी का सपना के रूप में प्रस्तुत किया गया है।

सारांश रूप में कहा जा सकता है कि समकालीन कविता में राजनीतिक व्यवस्था में व्याप्त विडंबनाओं एवं विसंगतियों का यथार्थ रूप में चित्रण किया गया है। भ्रष्ट राजनेताओं की स्वार्थलोलुपता, चरित्रहीनता, शोषणवृत्ति, सत्ता के प्रति आसक्ति, जनतंत्र का दुरुपयोग, समाजवाद का झूठा दंभ, आम जनता की गरीबी, भुखमरी आदि की बड़े ही सटीक और सही ढंग से समकालीन कविता में अभिव्यक्ति की गई है। समकालीन कविता को राजनीतिक इतिहास का दस्तावेज कहा जाये तो अतिशयोक्ति नहीं होगी।

2.2 विचारधारा और प्रतिबध्दता:

समकालीन काव्य में साहित्यकार की प्रतिबद्धता राजनीतिक दृष्टि से जुड़ी हुई है। यही उसकी जीवन दृष्टि का एक अंश भी है। साहित्यकार चाहे तो किसी भी मत, वाद, स्वतंत्र नीति या समाज के विशेष का पक्ष लेकर साहित्य की रचना कर सकता है।

---

[4] राजेश जोशी, नेपथ्य में हंसी-पृ.2

रचनाकार जहाँ एक ओर विचारधारा को जीवन और जगत को बेहतर रूप से समझने के लिए आवश्यक तत्व माना है वहीं दूसरी ओर साहित्यकार को जनता से जुड़े रहने के लिए प्रतिबद्धता को भी बनाए रखना पड़ता है।

समकालीन काव्य में प्रतिबद्धता को जहाँ एक ओर राजनीतिक दृष्टि से जोड़ा गया है वहीं दूसरी ओर मार्क्सवादी विचारधारा भी प्रतिबद्धता से जुड़ी हुई है। साहित्यकार के लिए यदि प्रतिबद्धता आवश्यक है, तो वह प्रतिबद्धता साहित्यकार को किसी-न-किसी स्तर पर जीवन के साथ, मानव भविष्य के साथ प्रतिबद्ध होकर उससे अनुभव प्राप्त करता है, राजनीति की इसी प्रतिबद्धता के लिए आवश्यक है। मार्क्सवाद मनुष्य की अनुभूति को ज्ञानात्मक प्रकाश प्रदान करता है। वास्तव में विचारधारा एक वर्ग-विशेष से जुड़ी चिंतन पद्धति और समक्ष को कहते हैं और इसके आधार पर किसी विशेष समय पर वस्तुस्थिति का जो विश्लेषण किया जाता है वह विचारधारा के विशिष्ट रूप को प्रस्तुत करता है। साहित्यकार को किसी भी अनुभव को समझने के लिए अथवा प्रेषित करने के लिए एक निश्चित चिंतन पद्धति अथवा दृष्टिकोण को अपनाना पड़ता है।

विचारधारा किसी एक संस्कृति की वैचारिकता न होकर समूचे जीवन को सामान्य रूप से प्रस्तुत करती है, जिसमें कला, नीति, दर्शन, राजनीति और कानून में एक ही विचारधारा विभिन्न रूप से प्रकट होती है। समयानुसार विचारधारा प्रभावित होती है और विचारधारा ही युग का प्रभाव विषय बन जाता है और इसके

माध्यम से तर्कपूर्ण विश्लेषण द्वारा सुव्यवस्थित निष्कर्षों तक पहुँचने में सहायता मिलती है।

2.3 यथार्थ और आधुनिकता:

समकालीन कविताओं का समय मानव जीवन की उलझी हुई संवेदनाओं और संघर्षशील जीवन को प्रस्तुत करता है। इस कारण इस युग का साहित्यकार सजग एवं सतर्क है, वह अपनी रचनाओं में व्यक्ति की अनुभूतियों को अभिव्यक्त करता है और उस मानवीय अनुभूतियों को व्यक्त करने के लिए यथार्थ का सहारा लेता है। कवि यथार्थ के माध्यम से मानव जीवन का सही चित्रण प्रस्तुत करता है, ऐसी स्थिति में साहित्यकार की कल्पना शक्ति का विशेष योगदान दिखाई ही नहीं पड़ता। साहित्यकार अपनी रचना के माध्यम से सामाजिक जीवन की सच्चाई, समस्याओं और समाधानों को भी प्रस्तुत करता है।

समकालीन कविता में जन-जीवन के संघर्षों का यथार्थमय दृष्टिकोण प्रस्तुत किया गया है। ऐसी स्थिति में साहित्यकार का चित्रण वस्तुगत, अमिश्रित और अकृत्रिम होता है। इसका मुख्य कारण मध्यवर्गीय व्यक्ति की सदा समान रहनेवाली प्रवृत्ति ही है, जो समकालीन काव्य को उसके और भी निकट पहुंचा देती है।

समकालीन कवि मध्यवर्गीय जीवन के संघर्षपूर्ण जीवन का यथार्थ प्रस्तुत करने के लिए आधुनिकता का भी सहारा लेता है और आधुनिकता के विभिन्न रूपों के माध्यम से अपने विचारों को व्यक्त करता है। आधुनिकता के स्वरूप पर हिंदी के अनेक

कवि-समीक्षकों के मन्तव्य प्राप्त होते हैं। डॉ, जगदीश गुप्त की मान्यता के अनुसार आधुनिकता का मूल आधार 'मानववादी जीवन-दृष्टि' है। इनके अनुसार "मेरे विचार से आधुनिकता अपने सही अर्थों में उस विवेकपूर्ण दृष्टिकोण से उपजति है और व्यक्ति की वास्तविक युग-बोध प्रदान करने के साथ-साथ दायित्वशील, सक्रिय और मानवीय बनाता है।"[5]

समकालीन कवि इस बात से पूर्ण रूप से परिचित है कि व्यक्ति का सारा संघर्ष वर्तमान से है, उसके सामने अनेक समस्याएँ हैं, लेकिन वह व्यक्ति अपने दैनंदिन समस्याओं के प्रति उसकी क्या प्रतिक्रिया है, वह कैसे समाधान ढूँढ़ता है, क्या वह उन्हें जीवन की वास्तविकता मानकर स्वीकारता है या और कोई अलग रास्ता अपना लेता है। कुछ ऐसी ही स्थिति के आधार पर साहित्यकार परिवार, समाज और देश की स्थिति को भी सिद्‌ध कर सकता है। इन वास्तविकताओं को सकारात्मक रूप से ही प्रस्तुत करना यथार्थ है और यथार्थ को पहचानना और उसे व्यावहारिक रूप प्रदान करना आधुनिक चेतना का मुख्य लक्ष्य है। समकालीन कवियों ने इस संदर्भ में मुख्य तथ्य को पहचाना कि आधुनिकता की चेतना यथार्थ पर आधारित है अर्थात् यथार्थ को संदर्भों के सही परिप्रेक्ष्य में देखना ही आधुनिकता है और समकालीन कवियों ने मानव जीवन को केंद्रित किया है जिससे मानव जीवन स्पष्ट रूप से पूरे संसार के सामने प्रस्तुत हुआ है।

समकालीन कविता में सामाजिक यथार्थबोध का अधिक व्यावहारिक रूप में चित्रण हुआ है। वस्तुतः सच्ची कविता में

---

[5] रविंद्रनाथ सिंह, नयी कविता की भाषा-पृ.51-52

मनुष्य को केंद्र में रखकर अपने युग के सार्थक और भविष्य को आगे बढ़ाने वाले तत्वों को प्रस्तुत किया गया है। अरुण कमल के काव्य-संग्रह 'अपनी केवल धार' की यह पंक्तियों केंद्र में मनुष्य को रखने पर जोर देती है-

"जो आदमी को प्यार नहीं करते
उनकी कोई गंगा नहीं
कोई मातृभूमि नहीं
कोई अपना तारा नहीं।"[6]

राजेश जोशी के कवि-हृदय ने भोपाल की नागरिक दुनिया के साथ शहर के भूगोल को काफ़ी बारीब ढंग से पकड़ने की कोशिश की है। भू-मंडलीकरण के इस दौर में बाजारवाद का जो हमला हुआ है उसका असर वर्तमान भोपाल शहर पर आधारित कविताओं में स्पष्ट रूप में प्राप्त होता है।

राजेश जोशी में यथार्थवादी चेतना के साथ-साथ कल्पना और 'जादू' का आकर्षण शुरू से ही यह आकर्षण प्रायः 1985 से पहले की कविताओं में चमत्कार-वृत्ति से संबंधित है। भोपाल गैस हत्याकांड के बाद यथार्थ चेतना और जादू आपस में कहीं भी टकराते नहीं। गैस त्रासदी के बाद लिखे गये वृक्षों की प्रार्थनागीत एक में पेड़ वसंत से कहते हैं-

"तुम छुओ और हम उड़ जाएँ।
अंतरिक्ष में
लुक जाएँ किसी नक्षत्र, कि ग्रह, उपग्रह

[6] अरुण कमल, अपनी केवल धार-पृ.58

या तारे की आड़ में
हमें डस लिया है एक विषैली रात ने
मत छुओ, हमें मत छुओ बसंत !"[7]

समकालीन कविता में यथार्थ को देखें तो ऐसा लगता है कि कविता की उपेक्षा जीवन की उपेक्षा है। यह सच्चाई है कि आज के युग में चेतना को जागृत करने के लिए कविता ही संजीवनी के रूप में जीवन प्रदान कर सकती है। समकालीन कवियों ने इसी विषय को ध्यान में रखकर यथार्थवादी चेतना को अपने काव्य का मुख्य विषय बनाया है।

2.4 संप्रेषण के संदर्भ:

किसी भी साहित्यकार की रचना तभी पूर्ण रूप से सार्थक हो सकती है, जब समाज पर उसका कुछ प्रभाव भी हो जैसा कहा भी गया है कि किसी भी रचनाकार की रचना 'स्वन्तः हिताय' न होकर 'बहुजन हिताय' होना चाहिए, जो हमें समकालीन कविता में स्पष्ट दिखाई देता है। समकालीन कवि अपनी रचनाओं को लिखते समय अपने आसपास के समाज के हित का भी विशेष ध्यान रखते थे, साथ ही वे अपनी रचना के कथ्य, विषय-वस्तु, शैली आदि महत्वपूर्ण विषयों को संप्रेषित करते थे। जिसके अभाव में किसी भी रचना का महत्व प्रभावहीन-सा दिखाई पड़ने लगता है।

[7] राजेश जोशी, मिट्टी का चेहरा-पृ.187

साहित्यकार जब भी स्वातः की बात करता है तब उसे इस बात का ज्ञान अवश्य होता है कि वह केवल अपने लिए नहीं, पूरे समाज के सुख के बारे में विचार करता है। लेकिन जब रचनाकार की रचना का माध्यम उसकी अपनी वास्तविकता अथवा निजी है

तब रचनाकार के लिए यह आवश्यक नहीं कि वह उसे समाज के अन्य व्यक्ति से जोड़ कर संप्रेषित करे। ऐसी स्थिति में रचनाकार की अनुभूति और विचारधारा पूर्ण रूप से संप्रेषित होकर रचना का रूप धारण कर लेती है।

साहित्यकार की इस रचना को पाठकों की सही समझ, समीक्षकों की सच्ची परख और संप्रेषण के संदर्भ में समझने में मदद पहुँच सकती है। जैसे-जैसे पाठकगण साहित्यकार के सृजन से परिचित और प्रभावित होता है, वैसे भी साहित्यकार द्वारा तैयार किये गये शब्द चित्र रूप में पाठकों के समक्ष एक-एक करके प्रस्तुत होने लगते हैं और इसी से पाठकों को किसी भी साहित्यकार के सप्रेषण शक्ति का सही ज्ञान होता है। जो साहित्यकार और पाठकों के आपसी सांसारिक जीवन सूत्र को आपस में जोड़े रहता है।

जब साहित्यकार अपने देश और अपने काल का चित्रण अपने पूरे अंतर्विरोधों के माध्यम से संप्रेषित करने का प्रयास करता है तब उसकी रचना में सामाजिकता का अभाव दिखाई देने लगता है, ऐसी स्थिति में साहित्यकार के पाठकों की संख्या घटने लगती है और उसकी रचना असामाजिक हो जाती है। जब तक साहित्यकार अपने और पाठक जीवन में घटनेवाली यथार्थ का

अनुभव नहीं करेगा तब तक साहित्यकार की रचना में संप्रेषण का कोई विशेष महत्व नहीं रह जाता।

तृतीय अध्याय

समकालीन कविता:संवेदना

3.1 समकालीन मानव जीवनः बदलते परिदृश्यः

समकालीन कविता में मानव दो रूपों में चित्रित किया गया है-एक रूप में मानव व्यक्ति पर आग्रह है-उसके व्यक्तिगत विकास, उसके मन की पहचान, उसकी राग विरागत्मक वृत्तियों को समझना आदि। दूसरे रूप में मानव समष्टि पर आग्रह। इसमें उसके सामाजिक व आर्थिक संबंधों की चर्चा व्यापक रूप में की गई है। आज का कवि आधुनिक साहित्य में एक ऐसे मानव की स्थापना करना चाहता है, जो समाज की कुरूपताओं, कलुषताओं, रूढ़ियों और खोखली परंपराओं के प्रति तीव्र विद्रोह कर एक स्वस्थ सामाजिक जीवन के दर्शन को तलाशने व उसके अनुरूप इतिहास निर्माण को स्थापित करने का प्रयास करे।

समकालीन कवियों ने अपनी रचनाओं में मानव के महत्व को चित्रित किया है।

वह आज के युग में संघर्षरत मनुष्य के व्यक्तित्व को विघटित हुआ देख रहा है, फिर भी वह मानव में जो, आज विषमताओं और संकट में पड़कर 'लघु हो गया है, बड़ी संभावनाएँ

देखता है। इस प्रकार समकालीन कवि साहित्य में मानवतावादी दृष्टिकोण का हामी है। वह समाज में मानव को अपनी संपूर्ण शक्ति के साथ प्रतिष्ठित हुआ देखना चाहता है, मानव की इस प्रतिष्ठा पर उसे अमिट विश्वास है। नयी कविता की मूल धारणा व्यक्ति स्वातंत्र्य है, जिसके द्वारा समाज के लघु मानव की महत्ता और महानता को स्थापित करना चाहती है। "जीवन की संघर्षजन्य कटुता के बीच भारतीय आदर्शानुसार उनकी आशा की लौ निष्कम्प है, क्योंकि समकालीन कवि को विश्वास है कि आज चाहे स्थिति जो भी हो, मानव का भविष्य कल्याणमय है और वह अमंगल शक्ति पर निश्चय रूप से विजय प्राप्त करेगी।"[1]

समकालीन कविता को मानवीय चेतना की अर्थपूर्ण अभिव्यक्ति का श्रेष्ठतम रूप माना जाता है। समकालीन कवि का विचार पक्ष सामाजिक तथा व्यक्तिगत दोनों परिवेशों के लिए हुआ है। नीति-अनीति, औचित्य अनौचित्य, सार्थकता निरर्थकता आदि प्रश्नों पर समकालीन कवि ने सामाजिक पक्ष पर विचार किया है। किंतु इस संदर्भ में वह व्यक्ति पक्ष की अनिवार्यता को विशेष महत्व देकर चलता है। अपने व्यक्ति समाज की समाप्ति करने के अपूर्ण क्षण में भी वह अपने व्यक्ति की महत्ता का प्रदर्शन करना नहीं भूलता। इस प्रकार समकालीन कवि समाज को व्यक्ति के लिए मानता है, व्यक्ति को समाज के लिए उतना नहीं। व्यक्ति को प्रतिष्ठित करना उसका परम धर्म है और अपने इस धर्म के प्रति समकालीन कवि सचेत और सक्रिय है।

---

[1] देवेश ठाकुर, नयी कविता के चार अध्याय-पृ.76

चंद्रकांत देवताले ने मानव जीवन को समझकर उसके जीवन को अपनी रचनाओं के माध्यम से व्यक्त किया है। 'करतबबाज' शीर्षक कविता में कवि ने जीवन यापन के लिए अलग-अलग काम करता मानव, जिसमें उसे कई जोखिमों को भी उठाना पड़ता है, चित्रण प्रस्तुत किया है।

"जरूरी हिदायतों के सहारे
वह आदमी
आग के घेरे के बीच से कूद गया
उसने अपनी छाती पर वजनी पत्थर रख गया
और फिर चार आदमी
खड़े हो गए उस पत्थर छाती पर
फिर उसने हवा में उड़ती हुई
टोपियों, तश्तरियों और शीशियों के
बीच करतब दिखाये।"[2]

"पर मैं पाप करता हूँ
और माफी माँगता हूँ
मैं और फिर पाप करता हूँ
और फिर माफी माँगता हूँ
दूसरा नजर नहीं आया मुझे जीने का
इससे बेहतर
और अपना स्वाभाविक रास्ता।".[3]

---

[2] चंद्रकांत देवताले, आग हर चीज में बताई गई थी-पृ.50

[3] 'चंद्रकांत देवताले, पत्थर की बैंच-पृ.12

'जीने का स्वाभाविक रास्ता' शीर्षक कविता में मनुष्य के बुरे कर्म और फिर उसके लिए किए जाने वाला पश्चाताप का चित्रण प्रस्तुत किया है, क्योंकि मनुष्य के पास इससे बेहतर और कोई रास्ता दिखाई ही नहीं देता।

"वह रात देर से लौटा नशे में धुत्त
लगभग लड़खड़ाता हुआ
और प्यार से बोलने लगा
शब्दों को ढूँढ़ते-टटोलते-जोड़ते हुए
नींद से लदी और दुःख से जगी उसकी पत्नी ने
उसके लहजे के अनुपात से कूत ली उसके नशे की डिग्री।".[4]

'वह आजाद थी सुबकने के लिए' शीर्षक कविता में साधारण मानव के रोज के व्यवहार का चित्रण किया गया है।

"अपने लोग किस तरह मारते हैं
यह सबसे खतरनाक सवाल है
और इसका जवाब
अपनों के हाथों मरकर भी नहीं दिया जा सकता।".[5]

'अपने लोग किस तरह मारते हैं' शीर्षक कविता में अपने और पराए द्वारा किए जानेवाले दुख का चित्रण किया गया है।

"छोटे-छोटे गाँवों और कस्बों में
हर चुटकी के साथ एक बच्चा टट्टी और उल्टी से मर जाता है

[4] चंद्रकांत देवताले, पत्थर की बैंच-पृ.32
[5] चंद्रकांत देवताले, पत्थर की बैंच-पृ.54

घंटे का ठोका ठनकता है और एक आदमी
नंगी सड़क पर, खेत के किनारे या जंगल में
भूख से दम तोड़ देता है।"[6]

'गुंटर ग्रास को पत्र' शीर्षक कविता में मानवीय जीवन का दुख भरा चित्रण प्राप्त होता है।

"पत्थर की बैंच
जिस पर रोता हुआ बच्चा
बिस्कुट कुतरते चुप हो रहा है
जिस पर एक थका युवक
अपने कुचले हुए सपनों को सहला रहा है
जिस पर हाथों से आँखें ढॉप
एक रिटायर्ड बूढ़ा भर दोपहरी सो रहा है
जिस पर वे दोनों
जिंदगी के सपने बुन रहे हैं।".[7]

'पत्थर की बैंच' शीर्षक कविता में कवि में मानव जीवन के अलग-अलग वर्ग के जीवन का चित्रण प्रस्तुत किया है।

"एक सुबह
हाड़-सी दिखती है बेटियाँ
कलेजा कवि का चट्टान-सा होकर भी
थर्राता है पत्तियों की तरह,
और अचानक
डर जाता है कवि।".[8]

[6] चंद्रकांत देवताले, पत्थर की बैंच-पृ.91

[7] 'चंद्रकांत देवताले, पत्थर की बैच-पृ.9

[8] चंद्रकांत देवताले, उसके सपने (लकड़बग्घा हँस रहा है)-पृ.60

'दो लड़कियों का पिता होने से 'शीर्षक कविता में कवि ने पिता के मन के भय का चित्रण प्रस्तुत किया है। महेंद्र कार्तिकेय की कविताओं में भी मानव जीवन का चित्रण प्राप्त होता है।

"मैं कहाँ हूँ
इस परिदृश्य में
भावनाओं के तूफानों और झंझों में लिप्त
दुख सुख के हथौड़े से लगातार
पिटता हुआ
मैं सिर्फ बोध नहीं हूँ।".[9]

'अनुसंधान-1' शीर्षक कविता में कवि ने मानव जीवन क्रम में दुख और सुख से पूर्ण जीवन का चित्रण प्रस्तुत किया है।

"काश मैं मनुष्य नहीं होता
तो कम से कम
करती तो चिंता
छोड़ नहीं देती सड़क पर लावारिस।
***
काश मैं मनुष्य नहीं होता
तो तुम्हारे समाज को वर्जनाएँ
मुझे खंड-खंड नहीं तोड़ती।"[10]

[9] महेंद्र कार्तिकय, सागर स्पर्श-पृ.53
[10] महेंद्र कार्तिकेय, सागर स्पर्श-पृ.59

"काश' शीर्षक कविता में कवि ने मानव जीवन का चित्रण प्रस्तुत किया है जिसमें मानव जानता है कि उसका संपूर्ण जीवन सबसे ज्यादा दुख से भरा है और मानव अपने जीवन में दुख ज्यादा भोगता है।

पहले आँखों में आते हैं
फिर उतर जाते हैं हृदय में
साँस की धमनियों में हो जाते हैं एक रस
कदम-कदम चलते हैं हो जाते हैं एक रस
कदम-कदम चलते हैं साथ-साथ
हँसते हैं साथ-साथ
रोते हैं साथ-साथ

***

चूर-चूर हो जाता है 'स्व'
टूट-टूट जाता है मन
पाखी हो जाता है पंखहीन
सिर्फ पीड़ा से उबरने की होती है छटपटाहट
उड़ न पाने की छटपटाहट।" [11]

'पंखहीन पीड़ा' शीर्षक कविता मानव जीवन में दुख और दुख किस प्रकार पूरी तरह मानव जीवन को घेर लेता है फिर मानव को उस दुख से बाहर निकलने का रास्ता दिखाई नहीं देता का चित्रण प्रस्तुत किया गया है।

"मैं पत्र नहीं लिख सकता
मैं अपने को अनावृत नहीं कर सकता

---

[11] महेंद्र कार्तिकय, ठहरी हुई लहर-पू.45

कई कठिनाइयाँ है;
एक नहीं अनेक,
कहाँ से करूँ प्रारंभ
क्या हो मध्य में
कहाँ कर समाप्त
फिर क्या लिखूँ
फिर क्या हो संबोधन।"[12]

'वाचिक मौन' शीर्षक कविता में कवि ने खुद (मैं) के माध्यम से मानव जीवन की बाधाओं को प्रस्तुत किया है।

"लेकिन नहीं होगा
मेरे खालीपन में गम का एक गुलमुहर
मेरी यात्राओं का एक साक्षीदार
मेरी पूजाओं का एक पुष्पहार
जब तुम नहीं होगी
तो भी होगी धरती।"[13]

'जब तुम नहीं होगी' शीर्षक कविता में मानव जीवन में मानव के न होने पर एकांकीपन का चित्रण प्रस्तुत किया गया है।

"हर आदमी बनना चाहता है राजा डेढ़ ईंट पर खड़ा करना चाहता है किला
फहराना चाहता है झंड़ा
होना चाहता है राष्ट्र।"[14]

---

[12] महेंद्र कार्तिकेय, ठहरी हुई लहर-पृ.74

[13] महेंद्र कार्तिकय, मोहरे-पृ.18

[14] महेंद्र कार्तिकेय, केंकड़ों के सिर पर ताज-पृ.58

'हिंसावाद' कविता मानव जीवन की इच्छाओं को प्रस्तुत करती है।

प्रयाग शुक्ल भी अपनी रचनाओं के माध्यम से मानव जीवन को प्रस्तुत किया है।

"हवा चलती है पत्तियों की तरह सरसराता है कुछ मुझमें,
लेकिन काफी नहीं है इतना, जानता हूँ
दश्य के बीच नहीं रहूँगा मैं किसी दिन।".[15]

'जैसे कि अब' शीर्षक कविता में कवि अपने जीवन के प्रति शंकित हैं और उसका जीवन भविष्य में सुरक्षित दिखाई नहीं देता।

"मैं रहा हूँ जिद्दी जीवन-भर
ऊपर से शांत
मैं रहा हूँ जिद्दी
कविता
तुम अक्सर चली जाती हो
दूर मुझसे।
पर मेरी जिद पहचानो
कविता
मैं रहा हूँ जिद्दी जीवन-भर।".[16]

'जिद्दी' शीर्षक कविता में कवि मानव जीवन के व्यवहार का चित्रण प्रस्तुत किया है।

"वहाँ एक बूढ़ी स्त्री थी

[15] प्रयाग शुक्ल, यह एक दिन है-पृ.35

[16] प्रयाग शुक्ल, अधूरी चीजें तमाम-पृ.52

धूप में बैठी
कुछ बच्चे खेल रहे थे बाहर,
कुछ घर में।
एक स्त्री काट रही थी सब्जी,
धूप फैली थी उसके भी
पास मतिमंद।". [17]

'वहाँ' शीर्षक कविता स्त्री-जीवन के माध्यम से मानव जीवन को प्रस्तुत कर रही है।

"मैं बैठा होता हूँ ट्रेन
की खिड़की के पास
कभी सुबह, कभी रात
कभी दोपहर को।
जाता हुआ मित्र के बेटे
के विवाह पर
कभी काम से
कभी करता याद
किसी प्रियजन को मृत्यु पर।". [18]

'ट्रेन की खिड़की' शीर्षक कविता में कवि ने अपने जीवन की व्यस्तता का चित्रण प्रस्तुत किया है।

राजेश जोशी की रचनाएँ भी अलग-अलग रूप से मानव जीवन को प्रस्तुत करती हैं।

"ऊँट की पीठ पर अपनी खटिया बाँध कर

---

[17] प्रयाग शुक्ल, बीते कितने बरस-पृ.14

[18] प्रयाग शुक्ल, बीते कितने बरस-पृ.22

चल देंगे अभी बंजारे
दूर तक उनके साथ-साथ जायेगी मेरी बेचैन आत्मा
धूप के साथ सरकती किसी पेड़ की छाँव में
डाल देंगे वे अपना डेरा और पकायेंगे
बाटियाँ और दाल।".[19]

'जन्म' शीर्षक में कवि ने बंजारों के जीवन के माध्यम से मानव जीवन को प्रस्तुत किया है।

"तंग आ गया हूँ मैं हर पल नष्ट हो जाने की
आशंका से भरी दुनिया से
और भी ढेर तमाम जगह है इस ब्रह्मांड में
मैं किसी भी दूसरे ग्रह पर जाकर बस जाऊँगा।"[20]

'मैं उड़ जाऊँगा' शीर्षक कविता में कवि ने रोजमर्रा के जीवन से परेशान मानव का इस दुनिया को छोड़ दूसरे ग्रह में बसने का चित्रण प्रस्तुत किया है।

"जो हमारी भाषा में नहीं घेरते अपने नाम जितनी भी जगह
वे अक्सर जिंदगी के हाईवे पर रह लेते हैं
चुपचाप और अनाम।
वे जो इस धरती के नमक हैं
उन्हें चाहिए बस उतनी ही जगह
जितनी चाँद का अक्स घेरता है पानी में।".[21]

'थोड़ी सी जगह' शीर्षक कविता में कवि ने अपने अस्तित्व बनाए रखने का चित्रण प्रस्तुत किया है।

---

[19] राजेश जोशी, नेपथ्य में हंसी-पृ.9

[20] राजेश जोशी, धूप घड़ी (मिट्टी का चेहरा) पृ.111

[21] जेश जोशी, समकालीन भारतीय साहित्य, वर्ष 9, अंक-33, जुलाई-सितंबर-1988-पृ.128

"कविता की दो पंक्तियों के बीच मैं वह जगह हूँ
जो सूनी सूनी सी दिखती है हमेशा
यहीं कवि की अदृश्य परछाई घूमती रहती है अक्सर
मैं कवि के ब्रह्मांड की एक गुप्त आकाश गंगा हूँ।"[22]

'दो पंक्तियों के बीच' शीर्षक कविता मानव जीवन में एकांकी जीवन का चित्रण प्रस्तुत करता है।

अरुण कमल की रचनाओं में मानव हमेशा से ही एक प्रमुख विषय रहा है, यही कारण है कि आपकी रचनाओं में मानव चित्रण अधिक मात्रा में प्राप्त होता है।

"इन नये बसते इलाकों में
जहाँ रोज बन रहे हैं नये-नये मकान
मैं अक्सर रास्ता भूल जाता हूँ
धोखा दे जाते हैं पुराने निशान
खोजता हूँ ताकता पीपल का पेड़
खोजता हूँ ढहा हुआ घर

***

यहाँ रोज कुछ बन रहा है
रोज कुछ घट रहा है
रस यहाँ स्मृति का भरोसा नहीं
एक ही दिन में पुरानी पड़ जाती है दुनिया।"[23]

'नए इलाके में शीर्षक कविता में मानव जीवन में होनेवाले परिवर्तन का चित्रण किया है जिसके कारण चीजों को ठीक से

---

[22] राजेश जोशी, पहल, जनवरी-2000-पृ.60

[23] अरुण कमल, नए इलाके में-पृ.13

पहचानना कठिन हो गया है। ऐसा लगता है कि काफी समय व्यतीत हो गया है, जिसके कारण यह परिवर्तन हुआ है।

"चौड़ी हो रही हैं सड़कें
चढ़ रही है रात धीरे-धीरे
आ रहे होंगे ईरानी लड़के-लड़कियाँ
अकेला विधुर केंचुल में लिपटा
आ रही होगी वो युवती मीना बाजार सी
आयेंगी रात की पाली के छूटे मजदूर जोर-जोर से बोलते हैं।"[24]

'रात का ढाबा' शीर्षक कविता रात के समय भी मानव जीवन में चहल पहल का चित्रण प्रस्तुत करती है।

"सामने बैठे यात्री ने लौंग बढ़ायी
तो हाथ मेरा एक बार हिचका
ऐसे ही तो खिला पिला लूटते हैं
एक बार उसे गौर से देखा
उसका चश्मा घड़ी और चप्पल जिसका नथुना टूटा था
और शुक्रिया कह कर ले लौंग
पर इतना पूछ लिया-कहाँ जायेंगे? किस मोहल्ले?
उसके बाद भी देर तक करता रहा इंतजार
बेहोशी का।".[25]

---

[24] अरुण कमल, नए इलाके में-पृ.38

[25] अरुण कमल, नए इलाके में-पृ.46

'वृत्तांत' शीर्षक कविता आज के स्वार्थ भरे जीवन में मनुष्य का मनुष्य पर संदेह का होना और मनुष्य होने के कारण दूसरे पर जल्द विश्वास का आ जाने का चित्रण।

"आज मेरे मुँह से बस इतना निकला
'रेल का भाड़ा बेतरह बढ़ गया है
इतना कहना था कि सामने वाले ने लोक ली बात
पहले तो गरजा, 'आप ही जैसे लोग
सरकार को बदनाम करते हैं।"[26]

'वाक्या' शीर्षक कविता छोटी-छोटी बातों में एक दूसरे से लड़ना और बात को और अधिक बढ़ा देने का चित्रण किया गया है।

"रात होने के बहुत पहले आती है रात
दरवाजे बंद और सुन्न हैं सड़कें
स्तब्ध दम्मे का सीना भीतर खाँसी उखड़ती।" [27]

'चार दिन' शीर्षक मानव जीवन में भय का चित्रण प्रस्तुत करता है।

"जब सब वाह वाह कर रहे हों
जब पूरे मुल्क में एक ही नाम का जाप हो
तब मैं उठूँगा और कहूँगा-
और सब तो ठीक, पर उस इंसान में
एक खराबी भी थी

[26] अरुण कमल, नए इलाके में-पृ.55
[27] अरुण कमल, नए इलाके में-पृ.70

वो यह कि लोग जब खाने बैठते
वह नाक में उँगली कोंच लेता।
जब सब थू थू कर रहे हों
जब मौत के बाद भी फाँसी की माँग हो
तब मैं उठूँगा और कहूँगा-
खुदा के बंदों, उस हैवास में एक
अच्छाई भी थी,
वो यह कि लोग एक साथ सोये
उसने कभी अकेले मशहरी नहीं बाँधी।"[28]

'अपवाद' शीर्षक कविता में मानव जीवन में अच्छाई में बुराई और बुराई मे अच्छाई के अंश का चित्रण किया गया है।

"एक खबर जो कहीं नहीं थी: किश्ता गौड़ को फाँसी हो गयी
एक खबर जो खबर नहीं थीः
भूमैया को फाँसी हो गयी।"[29]

'खबर' शीर्षक कविता में साधारण मानव का खोता हुआ अस्तित्व का चित्रण किया है। कवि कहना चाहता है कि बाकी अन्य विषय खबर हैं लेकिन मनुष्य की मृत्यु फिर क्यों साधारण बनी रह गई, वह खबर क्यों नहीं है?

"सचमुच विश्वजीत
मुझे तुम्हारा यह ऐश ट्रे बहुत पसंद है
बिल्कुल पॉपी के फूल की तरह
खिल रहा है तुम्हारे टेबुल पर

---

[28] अरुण कमल, नए इलाके में-पृ.77

[29] अरुण कमल, बीते कितने बरस-पृ.17

सचमुच ।"[30]

'ईर्ष्या शीर्षक कविता मानव जीवन में होने वाली ईर्ष्या का भाव प्रस्तुत करती है।

"वह आदमी
बीच सड़क पर
औंधे मुँह पड़ा था
और गुबड़ियों में
अँटके जल को
अपनी रुखड़ी सफेद जीभ से
चाट रहा था।"[31]

'असंवैधानिक मौत' शीर्षक कविता में आम आदमी की दयनीय स्थिति का चित्रण है, जहाँ वह भूख और प्यास के कारण अपना जीवन त्यागने के लिए विवश हो जाता है।

"उन मजदूरों का कहीं कोई जिक्र नहीं आज
जो दुनिया के सबसे बड़े पुल को बनाते हुए
गंगा का ग्रास बने
पृथ्वी के एक खंड को दूसरे से जोड़ते
विलीन हुए-
कितने ही घरों के पुल टूटे इस पुल को बनाते हुए
पता नहीं कहाँ से आये थे वे
एक रोज लुप्त हो गये अचानक पता भी नहीं
उनके माँ बाप पत्नी बच्चे किसी को शायद

[30] अरुण कमल, बीते कितने बरस-पृ.47

[31] अरुण कमल, बीते कितने बरस-पृ.62

पत्थर डूबे तो आवाज होती है
आदमी इस दुनिया में वे आवाज डूब जाता है
इस बार भी होली में घर पर उनका इंतजार होगा।" [32]

'महात्मा गाँधी सेतु और मजदूर' शीर्षक कविता में कवि का कहना है कि मानव जीवन के त्याग का कोई चित्रण नहीं होता लेकिन वह अपने कर्तव्यों से पीछे नहीं हटता।

"लेकिन सोयेगा कौन?
जो कहकर गये कि आते हैं थोड़ी ही देर में
वे अभी तक नहीं लौटे-
लोग खाकर हाथ मुंह धो रहे हैं
लोग मसहरियों के डंडे ठीक कर रहे हैं
किसी के माथे में दर्द है
किसी को कल के लिए सितार का रियाज करना है
सबको कुछ न कुछ काम पड़ गया है अचानक
कोई तैयार नहीं
कोई भी तैयार नहीं बैठने को उसके पास जो अग्नि देकर
आया है और सफेद मलमल में लिपटा
कोने में पड़ा है चुपचाप।" [33]

स्थिति' शीर्षक कविता में मानव जीवन में बढ़ते हुए एकांकीपन का चित्रण और उस एकांकीपन को बढ़ाने वाले समाज का चित्रण प्रस्तुत किया है।

---

[32] अरुण कमल, सबूत-पृ.44

[33] अरुण कमल, सबूत-पृ.55

कुमार अंबुज ने भी अपनी रचनाओं में मानव को विशेष स्थान दिया है, जिसका चित्रण उनकी रचनाओं में स्पष्ट रूप से दिखाई पड़ता है।

"कंबल में गठरी नहीं है सिर्फ
उसमें एक सात साल का बच्चा है
बमुश्किल साँस के साथ पसलियाँ हिलाता हुआ
और लाल साफेवाले आदमी के पास
एक खुरदरा चेहरा है
इस वक्त थोड़ा परेशान और उदास
वह खड़ा है एक कँधे और एक हाथ
पर बच्चे की बीमार देह सँभाले
सँभालता हुआ दूसरे हाथ से बस के हिचकोले।".[34]

'भरी हुई बस में लाल साफेवाला आदमी' शीर्षक कविता में मानव जीवन में उसके कर्तव्य और उसकी विवशता का चित्रण प्रस्तुत किया गया है।

"मैं किसान के मन में फसल की तरह
अपनी जिंदगी में
लहलहाना चाहता हूँ
मई की दोपहरी में
कच्च-हरा रंग
बिखेर देना चाहता हूँ

***

[34] "कुमार अंबुज, किवाड़-पृ.35

मैं अपना चैन नोंद
और भूख
फिर से खोना चाहता हूँ।" [35]

'फिर प्रेम की इच्छा में शीर्षक कविता में मानवीय इच्छाओं का चित्रण प्रस्तुत किया गया है।

"इस समय
चल रहे हैं बहुत-से कारखाने
हो रही हैं नद भरी यात्राएँ
ठंड से काँप रहे हैं अंतिम-नागरिक
रोता हुआ बच्चा ढूंढ रहा है
बेसुध सोई हुई माँ का
निचुड़ा स्तन।

***

किसान कर रहा है खेत की रखवाली
भैंसें कर रही हैं जुगाली
कुत्ता बदल रहा है
भट्टी की राख में करवट
फसलें झेल रही हैं पाला
सो रहे हैं सारे भगवान और पुजारी
जाग रही हैं वेश्याएँ
अभी खुली हुई हैं कई दुकानें
धोई जा रही हैं प्लेटें।" [36]

रात आधी है' शीर्षक कविता में रात के समय जब सारा

[35] कुमार अंबुज, किवाड़-पृ.57

[36] कुमार अंबुज, किवाड़-पृ.73

संसार सोया रहता है तब ऐसे समय में कुछ लोग ऐसे भी हैं जो रात के अंधकार में भी जागते हैं, रात के अंधकार और सन्नाटे में उनके जीवन की व्यस्तता का चित्रण किया गया है।

"अच्छे आदमी नहीं हो पाते कभी महान
और मिल जाते हैं कहीं भी
गली में पराये शहर में रात के अंधेरे में
और कई बार तो आते है
किताबों के दबे हुए अक्षरों के बीच से निकलकर
इतना तय है अच्छे आदमी नहीं होते देवदूत
वे हो सकते हैं उतने परेशान
उतने गँवार
और उतने ही सामान्य
जितने राकेश अशोक और हरिओम।" [37]

'अच्छे आदमी' शीर्षक कविता में मानव के खोते हुए अस्तित्व का चित्रण प्रस्तुत किया गया है। कवि का कहना है कि मानव समाज के लिए कुछ नहीं करता, लेकिन उसके मर जाने के बाद उसका चित्रण भी नहीं होता, उसका नाम किताबों के शब्दों में कहीं दबकर निकल कर जाता है और लोगों की निगाह उस पर नहीं पड़ती, वह भुला दिया जाता है।

"मैं एक बहुरूपिया रोज बदलता अपना रूप

धीरे-धीरे यही काम हो गया मेरा जीवन जिसका मैं रह गया दर्शक।"

***

[37] कुमार अंबुज, किवाड़-पृ.77-78

मैं नींद में एक अबोध बच्चा
हर सुबह फिर जागता बहुरूपिए की तरह
इतने रूप बदलता हुआ भूल चुका हूँ खुद को ही
एक कंधे पर रखता हाथ थकियाता हुआ दूसरे को
हँसता हुआ होता है क्रोधित
इतना बहुरूपिया कि ठीक तरह से न बच्चे समझ पाते हैं
न पत्नी।"[38]

'बहुरूपिया' शीर्षक कविता मानव जीवन में बदलते रूप का चित्रण, जिसके कारण वह अपना ही अस्तित्व भूल जाता है।

"कुछ झूठ बचपन से ही हो गए थे साथ
कुछ उपदेशों में मिले कुछ अनुयायियों में
कुछ झूठ रोज मिलते रहे रास्ते में आते-आते
उनसे करता रहा मैं नमस्कार
वे वर्षों तक पूछते रहे मेरे घर भर का हालचाल
कुछ झूठ मैं खरीदता रहा पैसे देकर
झूठ की नौकरी करते हुए करता रहा झूठ की रक्षा।"[39]

'झूठ का संसार' शीर्षक कविता में कवि कहता है कि यह संसार झूठ के सहारे पर ही चलता है और यह झूठ ही मानव जीवन का अभिन्न अंग बना हुआ है।

"मेरे लिए संभव था किसी भी जगह जाना
इसमें कोई आशचर्य नहीं और न ही चमत्कार क्योंकि मैं एक कवि

---

[38] कुमार अंबुज, अनंतिम-पृ.36
[39] कुमार अंबुज, अनंतिम-पृ.72

निर्वात और सघन पदार्थों में से गुजरना रोज का ही था मेरा काम।" [40]

'पर्यटन' शीर्षक कविता में कवि ने अपनी व्यस्तता के माध्यम से मानव जीवन की व्यस्तता को प्रस्तुत किया है।

कैलाश वाजपेयी और मंगलेश डबराल की रचनाओं में कहीं-कहीं पर मानव जीवन का चित्रण प्राप्त होता है।

"सत्तर पतझर झेल चुका कल्लू
इस देश का अकेला जल्लाद
फाँसी लगाने का काम करते कल्लू को
पचास वर्ष हो गये
पस्त और शांत
उम्र के फंदे में फँसी
गरदन को मुश्किल से किये उदग्र
कल्लू दोहराता है
अब मैं यह कैसे समझाऊँ आपको
फाँसी लगाने के फन्दे में
मैं कैसे फँस गया।" [41]

'कल्लू जल्लाद' शीर्षक कविता में कवि ने कल्लू के माध्यम से आम व्यक्ति के जीवन को प्रस्तुत किया है।

"कुछ देर के लिए में कवि था
फटी-पुरानी कविताओं की मरम्मत करता हुआ
सोचता हुआ कविता की जरूरत किसे है

---

[40] कुमार अंबुज, साक्षात्कार, सितंबर-1999-पृ.7

[41] कैलाश वाजपेयी, भविष्य घट रहा है-पृ.87

कुछ देर पिता था
अपने बच्चों के लिए
ज्यादा सरल शब्दों की खोज करता हुआ
कभी अपने पिता की नक्कल था
कभी सिर्फ अपने पुरखों की परछाई।"[42]

'कुछ देर के लिए' शीर्षक कविता में कवि ने अपने माध्यम से मानव जीवन में होने वाले यथार्थ और दैनिक जीवन की घटनाओं को प्रस्तुत किया है।

"एक गहन आत्मविश्वास से भरकर
सुबह निकल पड़ता है घर से
ताकि सारा दिन आश्वस्त रह सकूँ
वह एकाएक देख लेता है मेरी उदासी
एक से तपाक से हाथ मिलाता हूँ
वह जान जाता है मैं भीतर से हूँ अशांत
एक दोस्त के सामने खामोश बैठ जाता हूँ
वह कहता है कि तुम दुबले बीमार क्यों दिखते हो
जिन्होंने मुझे कभी घर में नहीं देखा।".[43]

'अभिनय' शीर्षक कविता में कवि ने अपने माध्यम से साधारण मनुष्य की समस्याओं का चित्रण प्रस्तुत किया है जो अपनी समस्याओं को अपने में ही छिपाए रहता है।

"आखिरकार मैंने देखा मेरी पत्नी यातना सहती है बच्चे
घूमते है बाबले से सगे-संबंधी मुझसे बात करना बेकार

---

[42] मंगलेश डबराल, हम जो देखते हैं-पृ.।।

[43] मंगलेश डबराल, हम जो देखते हैं-पृ.13

समझते हैं। पिता ने सोच लिया अब मैं उन्हें कभी चिट्ठी
तक नहीं लिखूँगा। आसपास की चीजे हो रही थी बेदम।
मुझे क्या था इस सबका पता। मैं तो लिखे चला जाता था
कविता।"[44]

'लिखे चला जाता था' शीर्षक कविता में अपनी व्यस्तता के कारण अपने परिजनों से दूर होते जाने का चित्रण प्रस्तुत किया है।

3.2 आधुनिकता का स्वरूप:

हिंदी साहित्य में छठे दशक के मध्य से लेकर प्रायः सातवें दशक के मध्यम तक आधुनिकता की खूब चर्चा हुई जो धीरे-धीरे समकालीन कवियों की रचनाओं का भी विषय बनी। समकालीन कवियों ने भी आधुनिकता का सिद्धांत व्यक्तिवादियों ने यथार्थवाद के मुकाबले में प्रस्तुत किया है। मलयज ने आधुनिकता के संबंध में लिखा है - "आधुनिकता समसामयिकता के संदर्भ में विकसित मूल्य-बोध की एक विशेष दृष्टि है, जिसका स्रोत व्यक्ति के विवेकपूर्ण ऐच्छिक निश्चय में है।"[45]

इसका अर्थ यह है कि व्यक्ति अपनी इच्छा से जो विवेकपूर्ण निश्चय करता है, वह मूल्यबोध बन जाता है और जिसका विकास समसामयिक संदर्भ में होता है। नित्यानंद तिवारी ने भी आधुनिकता के संदर्भ में अपने विचारों को प्रकट किया है। उनके अनुसार- "आधुनिकता सबसे पहले एक जीवन पद्धति है, जिसका

[44] मंगलेश डबराल, आलोचना, वर्ष-36, अंक-84, जनवरी-मार्च-1998, पृ-47
[45] रवींद्रनाथ सिंह, नयी कविता को भाषा-पृ.50

विकास इतिहास की विभिन्न शक्तियों के दबाव के कारण हुआ है। सामान्य मनुष्य की ज्ञान और आनंद प्राप्त करने की सहनशीलता, आयामों में भिन्न होती हुई भी जब एक मूलभूत स्तर पर अभिव्यक्त होने लगती है, तब पद्धति का विकास होता है। इस पद्धति को जब जीवन के बीच स्वीकार किया जाता है, तब उसका रूप मूल्य का होता है, क्योंकि उसकी स्वीकृति उसके मूल्यवान होने के सामर्थ्य पर ही निर्भर है ।" [46]

आधुनिकता के स्वरूप पर हिंदी के अनेक कवि-समीक्षकों के मंतव्य प्राप्त होते है। डॉ, विपिन कुमार अग्रवाल, आधुनिक दृष्टि को इतिहास-सापेक्ष नहीं मानते तथा रामस्वरूप चतुर्वेदी, इतिहास चक्र को दुततर करने के संदर्भ में 'आधुनिकता' पाते हैं। डॉ, जगदीश गुप्त की मान्यता से आधुनिकता का मूल आधार 'मानवतावादी जीवन-दृष्टि' है तथा अतीत को सापेक्षता में ही उसकी व्याख्या उचित है, "मेरे विचार से आधुनिकता अपने सही अर्थ में उस विवेकपूर्ण दृष्टिकोण से उपजती है जो व्यक्ति को वास्तविक युग-बोध प्रदान करने के साथ-साथ अधिक दायित्वशील, सक्रिय और मानवीय बनाता है।"[47]

समकालीन कविता में आधुनिकता बोध और आधुनिक सौंदर्य बोध का ही बोल बाला रहा है। आधुनिकता कोई वस्तु नहीं है और प्रत्येक युग में आधुनिकता पाई जाती है। आज का जीवन क्रम इतनी तेजी से बढ़ रहा है कि जब तक आधुनिकता को समझने की चेष्टा करते हैं तब तक दूसरी आधुनिकता आ

---

[46] रवीदनाथ सिंह, नयी कविता की भाषा-पृ.50

[47] "स्वीद्रनाथ सिंह, नयी कविता की भाषा-पृ.51-52

जाती है। आज के युग की स्थिति बड़ी विचित्र है किंतु कुछ लोग जब आधुनिकता के नाम पर समसामयिकता या पुरातन से भिन्न इतिहास तथा ऐतिहासिकता से विच्छिन्न क्रम मानते हैं, तो इस समय आधुनिकता हास्यास्पद हो जाती है। समकालीन कवियों के अनुसार ऐतिहासिकता की व्याख्या चाहे कैसी क्यों न हो लेकिन आधुनिकता इस ऐतिहासिक कड़ी से अलग नहीं है।

चंद्रकांत देवताले की कविताओं में आधुनिक विचारों और संवेदनाओं को अपनी कविता में अभिव्यक्त किया है। जो आधुनिक जीवन के रहन-सहन से संबंधित वस्तुओं तथा उसकी प्रवृत्ति संबंधी विषय को प्रस्तुत करते हैं जिसमें जीवन के सभी पहलू मिल जाते हैं।

"किस तरह और क्या सोचते हुए
मरूंगा मैं कितनी मुश्किल से
साँस लेने के लिए भी जगह होगी या नहीं
खिड़की से क्या पता
कब दिखना बंद हो जाये हरी पत्तियों के गुच्छे

***

पर अब किस तरह रंग बदल रही है दुनिया
मैं कारखाने में फैसी आवाजों के बिस्तर पर नहीं मरूंगा।".[48]

'कैसा पानी कैसी हवा' शीर्षक कविता में शहरीकरण के कारण समाप्त होती प्रकृति, मानव जीवन की असुरक्षा और बढ़ती हुई

[48] चंद्रकांत देवताले, आग हर चीज में बताई गई थी-पृ.15

मशीनों के माध्यम से आधुनिकीकरण का चित्रण प्रस्तुत किया गया है।

"एक बहुत बड़ी दुनिया
अपने हवाई जहाजों-बमवर्षक विमानों
टेलीविजनों-छापाखानों-थियेटरों
और विश्वविद्यालयों और श्रेष्ठ भोजनालयों सहित।" [49]

बिना किसी तानाशाह की तस्वीर के शीर्षक कविता में हवाई जहाज, टेलीविज़न, छापाखाना, थियेटर आदि आधुनिकता का चित्रण प्रस्तुत कर रहे हैं।

"बात कुछ नहीं खास सिर्फ इतनी-सी
कि वह आदमी खड़ा था कल शाम से कम्प्यूटर स्त्री के सामने
उसने जानने की हिमाकत की थी
सन् पैंतालीस दिसंबर की पहली तारीख का दिन
और तुरंत बोली थी कम्प्यूटर महिला भद्र अपने
कानवेंटी उच्चारण और भरपूर नाटकीयता के साथ 'शनिवार'।

***

यह अजीब और शर्मनाक भी था
कि वहाँ उपस्थित सैकड़ों लोगों में और दूसरा नहीं था
पैदा हुआ पैतालीस में
फिर कैलेण्डर मंगवाया गया और खुशकिस्मती से

---

[49] चंद्रकांत देवताले, आग हर चीज में बताई गई थी-पृ.54

जो जल्दी ही मिल गया पूरी सदी के महीने तारीख वार बतानेवाला

प्रमाणित किया कैलेण्डर ने शरिवार ही था

पैतालीस दिसंबर की पहली को

तालियों की गड़गड़ाहट के बीच चमकने लगा चेहरा

स्त्री कम्प्यूटर का।".[50]

'कम्प्यूटर महिला के सामने शीर्षक कविता बढ़ती हुई आधुनिकता और उस आधुनिकता का अपनी संस्कृति पर पड़ता प्रभाव और आधुनिकता की विजय का चित्रण प्रस्तुत करता है।

महेंद्र कार्तिकेय की कविताओं में भी आधुनिकता का चित्रण प्राप्त होता है।

"हो सकता है

दियों की जगह लालटेन

और ट्यूबलाइट आ जायें।" [51]

'बदलेगा जमाना' शीर्षक कविता में जीवन में आधुनिकता का परिवर्तन दर्शाया गया है।

"उजाला है

स्वतंत्रता है

रेलगाड़ियों है

हवाई सेवाएँ है

सुविधाएँ हैं

---

[50] चंद्रकांत देवताले. आग हर चीज में बताई गई थी-पृ.82

[51] महेंद्र कार्तिकिय, सागर स्पर्श-पृ.16

सुविधाओं ने काट दिया है
हमारा पुरुषार्थ।"[52]

'अयात्रा की पीड़ा' शीर्षक कविता में बढ़ते हुए आधुनिकीकरण के कारण मानव जीवन में बढ़ती हुई बेरोजगारी का चित्रण।

"मैं कहाँ हूँ
इस यात्रा में
जिसका परिदृश्य है पहाड़
मकान
सड़क ;
साधन है पाँव
साइकिल, मोटर
हवाई जहाज।" [53]

"अनुसंधान-1" शीर्षक कविता यात्रा के अलग-अलग साधन में आधुनिकता का चित्रण।

वह है स्वतंत्र कारोबारी
रोज पहनती है साफ सुथरे कपड़े
सजाती है अपने अंग-अंग
आँखों में डालती है काजल
ओठों पर सजाती है लिपस्टिक
गालों को चमकाती है पावडर से
उसका नेपाली चेहरा जाता है दमक।"[54]

---

[52] महेंद्र कार्तिकय, सागर स्पर्श-पृ.23
[53] महेंद्र कार्तिकेय, सागर स्पर्श-पृ.52
[54] महेंद्र कार्तिकिय, मोहरे-पृ.47

"वृश्नों' शीर्षक कविता स्त्री जीवन में आधुनिकता का चित्रण प्रस्तुत करती है।

"राजा नहीं रहे,
नहीं बने मंदिर, किला, महल?
फैलते हैं
विदेशी बैंकों के पेट;
बनते हैं-
स्मारक
साहित्य संस्कृति विहीन
स्मारक।" [55]

'तब और अब' शीर्षक कविता में बढ़ती हुई आधुनिकता, विदेशीकरण और औद्योगीकरण का चित्रण किया गया है।

"समय बदल गया है
खेत में बैल नहीं नाचते
टैक्टर चलाते हैं
मगर टैक्टर घास नहीं खाता
दूध नहीं देता।" [56]

'टैक्टर घास नहीं खाता' शीर्षक किसान जीवन में आधुनिकता का चित्रण प्रस्तुत करती है।

अरुण कमल की कविताओं में भी कहीं-कहीं आधुनिकता का चित्रण प्राप्त हो जाता है।

---

[55] महेंद्र कार्तिकेय, केकड़ों के सिर पर ताज-पृ.19

[56] महेंद्र कार्तिकय, केंकड़ों के सिर पर ताज-पृ.51

"वीडियो चलता है रात भर
लगता है इसलिए सोयी है अब तक
इस्पात नगर की लेबर कालोनी
बल्ब जल रहा अब तक बाहर

***

बच्चों ने भीतर ताली बजायी
फिर कोई कैसेट लगा-सुबह-सुबह।"[57]

'जागरण' शीर्षक कविता साधारण जीवन में आधुनिकता के बढ़ते हुए प्रभाव का चित्रण प्रस्तुत करता है।

"रेडियो, टेलीविजन, जन संचार के
सारे माध्यमों ने जिंदगी में पहली बार
जनता की आँखों की सुरक्षा का पूरा भार
अपने कंधों पर उठाया
और हंगामा मच गया।"[58]

'सूर्य ग्रहण-।' शीर्षक कविता में आधुनिकता के उपकरणों द्वारा मानव जीवन में हलचल का चित्रण किया गया है।

"उनके लिए असंभव है सोचना कि एक दिन
गंगा के ऊपर उड़ता हुआ पक्षी
विष की धाह से झुलस जाएगा
कि एक दिन गंगा

[57] अरुण कमल, नए इलाके में-पृ.58

[58] अरुण कमल, अपनी केवल धार-पृ.21

नहीं रहेगी और फिर गंगा-
वे रख आये है गंगा के द्वार पर विषपात्र।" [59]

गंगा को प्यार' शीर्षक कविता में आधुनिकता के कारण प्रदूषण और प्रदूषण के कारण गंगा का समाप्त होता महत्व का चित्रण प्रस्तुत होता है।

कुमार अंबुज की रचनाओं में भी आधुनिकता कर स्वरूप दिखाई पड़ता है।

"आज महीनों बाद किसीने इस पर
चिपकाया है एक पोस्टर कविता का
और महीनों बाद आज ही लगा है
इस पर नया बल्ब
खुश हुआ है बिजली का खंबा
जैसे किसी बूढ़े ने पहनी हो
बरसों बाद नयी अचकन
और ऐनक।" [60]

'बिजली का खंबा' शीर्षक कविता बिजली के खंबे में लगा बल्ब मानव जीवन का अभिन्न अंग बन गया है, जिसके अभाव में मनुष्य एकदम लाचार सा दिखाई देता, मानव जीवन की आवश्यकताओं में आधुनिकता का चित्रण प्रस्तुत करता है।

"बर्बरता है वैधानिक कार्यवाही
जिसके जरिए निबटा जा रहा है फालतू जनता से
अखबार और हास्य धारावाहिकों के अनगिन चैनेल हैं

---

[59] अरुण कमल, अपनी केवल धार-पृ.57-58

[60] "कुमार अंबुज, किवाड़-पृ.87

कम्प्यूटर पर खेल है नानाविध।".[61]

एक राजनीतिक प्रलाप मानव जीवन में आधुनिकता का चित्रण प्रस्तुत करती है।

कैलाश वाजपेयी, मंगलेश डबराल और राजेश जोशी की रचनाओं में कहीं-कहीं पर आधुनिकता का चित्रण प्राप्त होता है।

"खत्म हुई चीजों की खरीद का विज्ञापन
युवा युवतियों को बुला रहा
कि गर्भ की गर्दिश से बचने के
कितने नये ढंग अपना चुकी है
मरती शताब्दी।" [62]

'भविष्य घट रहा है' शीर्षक कविता में युवा युवतियों के जीवन में बढ़ते हुए आधुनिकीकरण का प्रभाव दर्शाया है।

"सब तरफ चर्बी चढ़े
सूअर, पण्डे
दूर-दूर तक न कहीं वंशी
न ग्वाल
सिर्फ भद्दी आवाजों का भोंपू
कान खाता
गिरे कि अब गिरे धर
भर दूरदर्शन के
रंगीन अंधकार से

[61] कुमार अंबुज, अनंतिम-पृ.9

[62] कैलाश वाजपेयी, भविष्य घट रहा है-पृ.।।

रसखानि
सच-सच बोलना
क्या तुम अब भी
चाहोगे यहाँ
दोबारा जन्मना?” [63]

'रसखानि की समाधि पर' शीर्षक कविता में आधुनिकता के कारण यमुना नदी और उसके आसपास का क्षेत्र पूरी तरह दूषित हो गया है। कवि ऐसे समय में पुनः रसखान से उसके जन्म के बारे में पूछ रहा है।

“उसको पता था कबीर की कविता में
बतियाती थी जो कुम्हार से
उसके बनाये घड़े चूल्हे
मर्तबान गैस के सिलंडर ले लेंगे
सिल नहीं
मिक्सी पीसेगी मसाला

***

खेतिहर देश में
हल की जगह टैक्टर
रहट की जगह ट्यूबवेल
पानी देने को
अब यह पानी भी अजीब है
बोतल में डाल दो

[63] कैलाश वाजपेयी, भविष्य घट रहा है-पृ.70

बोतल का हो जाएगा।"[64]

'नया अवतार' शीर्षक कविता में कवि ने समय अनुसार आधुनिकता का मानव जीवन में बढ़ते प्रभाव का चित्रण प्रस्तुत किया है।

"टीवी देख-देख कर आजिज आइए
मौसम से भी बुरी है खबरें मौसम की
सुन-सुन करके आजिज आइए
जहाँ कहीं है बटन दबाकर ऊबिए
बटन दबाकर मिलता जो कुछ
उसको पाकर ऊबिए
हैमबरगरों से ऊब जाइए।"[65]

'अमेरिका में कविता' शीर्षक कविता में आधुनिकता के नए स्वरूप का चित्रण किया गया है।

"मैंने मिनरल वाटर की एक बोतल खरीदी
और एक अखबार
और प्लेटफार्म पर लगी एक बैंच पर बैठ गया
बहुत कोशिश की पर जल कह सकने का पवित्र भाव
जागा ही नहीं मन में
और पानी कहता तो उसकी क्या शान रह जाती

***

[64] कैलाश वाजपेयी, वागर्थ, अंक-48, मार्च-1999, पृ.29-30

[65] मंगलेश डबराल, हम जो देखते हैं-पृ.76

मैं अखबार में छपे फोटो को देखता और
खबर पढ़ता
बीच-बीच में पपड़ा जाते ओठों को मिनरल वाटर
से गीला कर रहा था।"[66]

'किस्सा उस तालाब का' शीर्षक कविता में आधुनिकता का चित्रण है जिसमें पानी का स्थान अब मिनरल वाटर ने ले लिया है का चित्रण किया गया है।

3.3 समसामयिक यथार्थ की अभिव्यक्ति :

आधुनिक चेतना की कसौटी यथार्थ बोध है। यथार्थ एक ऐसी वास्तविकता है जो व्यक्ति की सत्तात्मक स्थिति के लिए जरूरी होती है। समकालीन कविताओं का युग उलझी हुई संवेदनाओं और संघर्षशील विच्छिन्न प्रवृत्तियों का युग है। फिर भी इस तथ्य से इंकार नहीं किया जा सकता कि समकालीन कविताओं में समसामयिक वास्तविकता यथार्थ का चित्रण कम हुआ है। इसका कारण मध्यवर्गीय व्यक्ति का सदा समान रहनेवाली प्रवृत्ति और समकालीन कविता का जन-जीवन के अधिक निकट होना माना है। समकालीन कविता मध्यवर्गीय संस्कृति की अभिव्यक्ति है। अतः मध्यवर्ग की सामान्य प्रवृत्तियों और उसके साथ-साथ दैनिक जीवन की चिर परिचित वास्तविकताओं को अभिव्यक्ति की गयी है।

[66]राजेश जोशी, साक्षात्कार, अक्तूबर 2002, पृ.22-23

यथार्थवादी रचना का लक्ष्य-जो घटता है, उसका वैसा ही चित्रण करना आवश्यक है किंतु जीवन में घटने वाले सब कुछ का चित्रण करना उसका लक्ष्य नहीं है। वह घटनेवाले उन महत्वपूर्ण तत्वों को लेता है जिनमें स्थिति की समग्रता उद्घाटित की जा सके। इस लक्ष्य के लिए आवश्यक नहीं है कि मानव जीवन में घटनेवाली प्रत्येक घटना को लिपिबद्ध किया जाए। यधार्थवादी रचनाकार महत्वपूर्ण घटनाओं को ही कलात्मक अभिव्यक्ति प्रदान करता है।

समकालीन कवियों ने जीवन के सामान्य उपकरणों और तथ्यों का यथार्थ चित्रण प्रस्तुत किया है। समकालीन कविता यथार्थवाद तक ही सीमित न हरकर अति यथार्थवादी वास्तविकताओं के चित्रण में भी पीछे नहीं रहा। दैनिक जीवन की वास्तविकताओं के चित्रण से युक्त समकालीन कविता में धीरे-धीरे उदात्त प्रवृत्तियों का महत्व कम होने के साथ-साथ यथार्थ के नाम पर जीवन की छोटी-छोटी वास्तविकताएँ अधिक मुखरित हुई हैं।

समकालीन कविता में यह स्पष्ट हुआ है कि इन कविताओं में वैयक्तिक, सामयिक और सामाजिक यथार्थों और वास्तविकताओं का चित्रण हुआ है, इससे समकालीन काव्य की विधा को एक नयी दिशा प्राप्त हुई है।

"माँ घट्टी पीसती थी
झाड़ू लगाती और बर्तन मॉजती थी
मुझे याद है गेहूं फटकने चूल्हा फूंकने

और कपड़े पछीटने की आवाज
भारत वर्ष की गलियों में
जिस तरह गिरते-पड़ते, लड़ते-झगड़ते
छिपकर बीड़ी-फूँकते, गालियों बकते
बड़े होते हैं बच्चे बड़ा हुआ में भी।"[67]

मैं कौन खास' शीर्षक कविता स्त्री जीवन और बच्चों के जीवन की वास्तविकता को चित्रित करती है।

तलवारें तान लेने और जान गंवानेवालों की
नियति है जलती हुई झोंपड़ियों में भुरता बन जाना

***

और अंतिम बात राष्ट्रीय-नीति के अनुसार
भ्रष्टाचार, तस्करी और लूट-खसोट की ही तरह
मरने की स्वतंत्रता का भरपूर सम्मान करती है सरकार
रंगीन टी,वी, हो जाने पर
अकाल मौतों और मुआवजा-वितरण समारोहों को
अधिक सुंदरता से प्रदर्शित करने का
इरादा रखता है आपका आयोग ..... जय हिंद ।"[68]

मृत्यु-मुआवजा आयोग के अध्यक्ष का वक्तव्य' शीर्षक कविता शोषण के विरुद्ध आवाज उठाने वाले लोगों को मौत और साधारण जनता की मृत्यु में भी अपना लाभ ढूंढने की कला का यथार्थ प्रस्तुत करती है।

"तुम हमेशा अकेली छूट जाती हो

---

[67] चंद्रकांत देवताले, आग हर चीज में बतायी गयी थी-पृ.23

[68] द्रकांत देवताले, आग हर चीज में बतायी गयी थी-पृ. 102-103

बहुत पीछे
लोहे के फाटक को
संभालती हुई
तुम हमेशा रह जाती हो
उसी कमरे में
उन्हीं चीजों के बीच
अपनी परछाई के साथ।" [69]

'तुम हमेशा अकेली छूट जाती हो' शीर्षक कविता में पुरुष प्रधान समाज में स्त्री जीवन के यथार्थ का चित्रण प्रस्तुत किया गया है।

"फिर तुम कल रविवार के बावजूद
अपने ढेर सारे कामों के बारे में दुहराते हो
और चक्की पर पहुंच कर डिब्बा तुलवाते तुम याद करते हो
आटे के साथ घर पहुँचने के पहले कम-से-कम एक सब्जी
थोड़ा धनिया और अर्जन्ट दवाइयों फिर एक कापी और
पेन्सिल किसी भी हालत में खरीदनी है।" [70]

'राहत' शीर्षक कविता साधारण व्यक्ति के जीवन की जिम्मेदारियों और व्यस्तता के यथार्थ को प्रस्तुत करती है।

"यह सब क्यों हो रहा है
क्यों बन रहा है मेरा ही घर
पंजाब
असम

---

[69] द्रकांत देवताले, उसके सपने (लकड़बग्घा हँस रहा है) पृ.62

[70] चंद्रकांत देवताले, उसके सपने (लकड़बग्घा हँस रहा है) पृ.77-78

और काश्मीर एक साथ?"[71]

'विदेशी हाथ' शीर्षक कविता भारतीय समाज में बढ़ते आतंकवाद के यथार्थ को प्रस्तुत करती है।

"मैं कहाँ हूँ
इस परिदृश्य में
भावनाओं के तूफानों और शंशों में लिप्त
दुख सुख के हथौड़े से लगातार
पिटता हुआ
मैं सिर्फ बोध नहीं हूँ।" [72]

"अनुसंधान- । शीर्षक कविता में मानव जीवन चक्र में दुख-सुख के यथार्थ का चित्रण प्रस्तुत किया गया है।

पिंजरा चाहे लोहे का हो
या काष्ठ का
या हांड-मांस का,
सबका लिखा हुआ है आयुलेख
सागर तो मार्ग है दूरियों में,
वह नहीं रोकता।
नहीं डोलता।" [73]

'सागर-विदा' शीर्षक कविता में मानव जीवन की यथार्थता का चित्रण किया गया है।

"क्या करे नहीं मिलती

---

[71] महेंद्र कार्तिकेय, सागर स्पर्श-पृ.13

[72] महेंद्र कार्तिकय, सागर स्पर्श-पृ.53

[73] महेंद्र कार्तिकय, मोहरे-पृ.21

छोटी या बड़ी कोई भी
पक्की सी नौकरी
रोज सुबह आते हैं नाके पर
करना है इंतजार
कोई तो आयेगा कुछ तो चुकायेगा
तोड़ेगा हांस-मांस।”[74]

‘कारीगरों का बाज़ार’ शीर्षक कविता में बढ़ती हुई बेरोजगारी से पीड़ित व्यक्ति के यथार्थ को प्रस्तुत किया गया है।

“कहाँ गये अन्न क्षेत्र
जहाँ पाते थे भोजन
विद्‍यार्थी
सन्यासी
निराधार

***

कल देखी मैंने
सड़क पर कचड़े के डिब्बे से
खोज रहा है युवक
रोटी के टुकड़े
कल देखी मैंने
होटल के सामने
पंक्ति लगा बैठे हैं
खाली खाली हाथ।”[75]

---

[74] महेंद्र कार्तिकय, मोहरे-पृ.32

[75] महेंद्र कार्तिकय, मोहरे-पृ.53

'अन्न क्षेत्र' शीर्षक कविता मानव जीवन की बिगड़ती स्थिति के यथार्थ का चित्रण प्रस्तुत करती है।

"लोकतंत्र में बड़ी गड़बड़ियाँ हैं
नेता तस्कर है
डाकू है देश द्रोही है
तो भी है खुली हवा
साँस है
प्राण है जन।"[76]

लोकतंत्र' शीर्षक कविता लोकतंत्र में नेता के अलग-अलग रूप और उनके स्वतंत्र जीवन के यथार्थ का चित्रण प्रस्तुत करती है।

"कारों
स्कूटरों में रख कर बम
उड़ा दी महाट्टालिकाएँ
हजारों लोग
वाह! वाह!
क्या बहादुरी
है ऐसा ही जैसे सोने में मारे
पूजा में मारे।".[77]

---

[76] महेंद्र कार्तिकय, मोहरे-पृ.57

[77] महेंद्र कार्तिकय, मोहरे-पृ.58

'पराजय कथा' शीर्षक कविता में बढ़ते हुए आतंकवाद के यथार्थ का चित्रण किया गया है।

मृत्यु है एक सत्य
यथार्थ का एक छोर
नहीं पाता इसकी लंबाई
चौड़ाई
पारदर्शिता,
असंख्य संभावनाओं का खोलती है द्वार
पूर्व पश्चात् जन्म
पुण्य या पाप
स्वर्ग-नर्क
मूल्यांकन।"[78]

'अनंत संभावनाओं का द्वार' शीर्षक कविता मानव जीवन में जीवन-मृत्यु के यधार्थ को प्रस्तुत करती है।

"वह म्लान मुखी
बंबई नगर
कुर्ला रेलपट पर
भूखी आँखें
याचक मुद्राना दरिद्र अवतार

***

[78] महेंद्र कार्तिकेय, मोहरे-पृ.64

एक पाव एक बटाटा वड़ा
सूखे ओंठ
मैले कपड़े
पाकर हो गयी तृप्त
चट मार कर?"[79]

'इतना सुख' शीर्षक कविता बंबई नगर में रहने वाले लोगों के जीवन का यथार्थ प्रस्तुत करती है।

"शासन लाल हो
या पीला
किसान किसान ही होता है
मजदूर मज्जदूर ही होता है।"[80]

'बंदूक की भाषा' शीर्षक कविता में साधारण व्यक्ति के जीवन में कुछ भी परिवर्तन न होने के यथार्थ को चित्रित किया गया है।

"पैसा नहीं होता है
काला या सफेद
होता है टना टन
जिसके इशारे पर नाचते हैं
राजा और रंक नेता और बेटा।"[81]

'चौकीदार या चोर' शीर्षक कविता में पैसे का स्वरूप और मानव जीवन में पैसे का प्रभाव दिखाई पड़ता है।

---

[79] महेंद्र कार्तिकय, मोहरे-पृ.71

[80] महेंद्र कार्तिकय, कैंकड़ों के सिर पर ताज-पृ.46-47

[81] महेंद्र कार्तिकय, कैंकड़ों के सिर पर लाज-पृ.61

"लिखूँगा उपन्यास सोचा था
जब तक कुछ लिखें-उभर आता है शाम का तालाब,

शांत, चमकता एक गंध में। मैंने देखा
और वह अब तक बंद है-मेरे भीतर
उसी शहर में देखीं मैंने बंद भीड़ भरी गलियाँ
सवारियों के बीच फैसी हुई-कई वर्षों के बाद
ज्यों-की-त्यों।".[82]

'एक शाम चला अपने शहर के स्टेशन से' शीर्षक कविता में शहरी जीवन के यथार्थ का चित्रण प्रस्तुत किया गया है, जहाँ अंधकार होने के बाद भी जीवन ज्यों-का-त्यों चलता ही रहता है।

"मुश्किल है मकानों की बहुत
बढ़ गये हैं किराये कितने।".[83]

'दिल्ली में उन्नीस सौ तिरासी को एक शाम' शीर्षक कविता बढ़ती हुई महंगाई के यथार्थ का चित्रण प्रस्तुत करती है।

"एक दिन मैंने देखी वह
करवट
जो केवल दुःख की होती है
लेकिन निरीह नहीं।
एक दिन मैंने देखा
चेहरा वह
जो सोकर उठा था

---

[82] प्रयाग शुक्ल, यह एक दिन है-पृ.44
[83] "प्रयाग शुक्ल, अधूरी चीजें तमाम-पृ.16

लेकिन जिसे नींद नहीं
आयी थी।
एक दिन देखा मैने
जागना।"[84]

'जागना' शीर्षक कविता हिम्मतशाह के मूर्ति-शिल्पियों के जीवन के माध्यम से मानव जीवन के दुख के यथार्थ को प्रस्तुत किया गया है। जिसमें मानव जीवन के दुख का अनुमान लगा पाना कितना कठिन होता है।

"घर से निकला
यात्रा पर-
पड़ाव थे कई
महंगाई की मार-
मैं लगातार
होता गया
गरीब।"[85]

'लगातार गरीब' शीर्षक कविता में महँगाई के कारण मानव का और अधिक गरीब होने के यथार्थ का चित्रण किया गया है।

"एक शब्द बहुत दिनों बाद
याद आया-'दुखड़ा'
वह भूल चुका
लेकिन अक्सर रगों में

[84] "प्रयाग शुक्ल, अधूरी चीजें तमाम-पृ.46-47
[85] प्रयाग शुक्ल, अधूरी चीजें तमाम-पृ.58

वह आता है दुःख सा।"[86]

'दुखड़ा' शीर्षक कविता मानव जीवन के यथार्थ को चित्रित करती है, जहाँ दुःख को मानव जीवन का एक अभिन्न हिस्से के रूप में प्रस्तुत किया गया है।

"दंगा हुआ था इस शहर में
पंद्रह दिन पहले
पर शुक्र ही समझिए कि
बच गया था इलाका यह तब-
पास तक आ गई थी आवाजें।
कुछ देर चुप्पी रही।"[87]

'यहाँ' शीर्षक कविता में शहरी जीवन में होने वाली चहल-पहल और शहर में होने वाली घटनाओं के यथार्थ रूप को प्रस्तुत किया गया है।

"मैं जानता था
इनमें से कुछ भी मेरे साथ
नहीं जाएगा
पर कई बार मैंने
इन्हें देर तक निहारा
और ठीक इसी तरह कि
ये नहीं जाएँगी चीजें सब
मेरे-साथ।"[88]

---

[86] प्रयाग शुक्ल, अधूरी चीजें तमाम-पृ.64
[87] प्रयाग शुक्ल, बीते कितने बरस-पृ.15
[88] प्रयाग शुक्ल, बीते कितने बरस-पृ.21

'प्रेम' शीर्षक कविता जीवन के उस यथार्थ का चित्रण प्रस्तुत करती है, जहाँ जीवन समाप्त होने के बाद मानव इस संसार से कुछ भी नहीं ले जा सकता, सब कुछ यहीं इस संसार में ही रह जाता है।

"किस्से कई ये भी हैं
कि कैसे लगी किसी की नौकरी-
किसकी खुशामद से, किसकी
पहुँच से-
कई हैं संयोग के भी कि
आमुख को तो बैठे-ठाले ही
मिल गई नौकरी।
पर इन किस्सों में कम ही
होता है जिक्र उनका
भटकता है न जाने कहाँ-कहाँ
तलाश में नौकरी की।"[89]

'नौकरी' शीर्षक कविता सामाजिक व्यवस्था और नौकरी की तलाश में परेशान व्यक्ति के यथार्थ का चित्रण प्रस्तुत करती है।

"स्त्रियाँ लाती थीं
मीलों दूर से
भरकर घड़े।
बच्चियाँ माँजती थीं
सुबह से रात तक बर्तन
दूसरों के।"[90]

[89] प्रयाग शुक्ल, बीते कितने बरस-पृ.53
[90] प्रयाग शुक्ल, बोते कितने बरस-पृ.63

"स्त्रियाँ लाती थी मीलों दूर से भरकर घड़े' शीर्षक कविता में भारतीय समाज में स्त्री जीवन के यथार्थ को दर्शाया गया है।

"वह मूक था
और सह रहा था
वह मूक था
और कह रहा था।"[91]

'मूक' शीर्षक कविता मानव जीवन पर हो रहे अत्याचार और उस अत्याचार को चुपचाप सहने के यथार्थ का चित्रण प्रस्तुत करती है।

"दीमकें जगह-जगह से खा चुकी हैं तुम्हारे बॉस को
भूख खा चुकी है तुम्हारा सारा बदन
कदमों को साथ कर चलते हो जिस रस्सी पर
इस छोर से उस छोर
टूट चुके हैं उसके रेशे, जर्जर हो चुकी है वो रस्सी।"[92]

'नट' कविता में साधारण मानव जीवन में आनेवाली परेशानियों का यथार्थ प्रस्तुत किया है।

"उन्होंने मकान सड़कें और पुल भी बनाये
जिन्हें ईश्वर ने भी नहीं बनाया था कभी
फिर उन्होंने बनाई बसें स्कूटर और कारें
साइकिल चलाते और पैदल चलते
लोग भी बनाये उन्होंने!!

---

[91] प्रयाग शुक्ल, बीते कितने बरस-पृ.70

[92] राजेश जोशी, नेपथ्य में हँसी-पृ.13

चीजों को बनाते चले जाने के उत्साह में
इतना ज्यादा भर गया चित्र
कि गेंद को रखने की कोई जगह नहीं।”[93]

बच्चों की चित्रकला प्रतियोगिता’ शीर्षक कविता में कवि ने चित्रकला के माध्यम से शहरीकरण के कारण बच्चों का समाप्त होता बचपन का चित्रण प्रस्तुत किया गया है।

“कटघरे में खड़े कर दिये जायेंगे, जो विरोध में बोलेंगे
जो सच सच बोलेंगे, मारे जायेंगे
बर्दाश्त नहीं किया जायेगा कि किसी की कमीज हो
‘उनकी’ कमीज से ज्यादा सफेद
कमीज पर जिनके दाग नहीं होंगे, मारे जायेंगे।”[94]

‘मारे जायेंगे’ शीर्षक कविता में कवि ने आज के जीवन की वास्तविकता को प्रस्तुत किया है। कवि के अनुसार यदि मानव जीवन सादगी से भरा हुआ है निश्चित ही उनका जीवन कठिनाइयों से भरा होगा।

“जानता हूँ जानता हूँ
वहाँ ज्यादा नहीं होगी आदमियों की जरूरत
वहाँ जगह ही कहाँ होगी हमारे हिलने डुलने को
आयातित टेक्नोलाजी घेर चुकी होगी
सारी जगह।”[95]

---

[93] प्रयाग शुक्ल, बीते कितने बरस-पृ.70

[94] राजेश जोशी, नेपथ्य में हँसी-पृ.35

[95] राजेश जोशी, नेपथ्य में हँसी-पृ.57

'मैं जा रहा हूँ' शीर्षक कविता में बढ़ती हुई आधुनिकता के कारण समाप्त होते मानव जीवन के यथार्थ को प्रस्तुत किया गया है।"

"आस-पास कहीं दूर तक
कोई खड़्खड़िया साइकिल भी टिकी नहीं दिखती
मुनीर मियों के पास है एक बाबा आदम के
जमाने की साइकल।
जिसके खड़खड़ाते केरियर पर दबाकर
ले जाते हैं पत्तियाँ।"[96]

'मुनीर मियाँ और मौसम' शीर्षक कविता में साधारण व्यक्ति के यथार्थ का चित्रण प्रस्तुत किया गया है।

"पहाड़ पीछे सरक रहे हैं
नदियों पीछे सरक रही हैं
पेड़ पीछे सरक रहे हैं
चौड़ी हो रही हैं जमीन
मैदान चौड़ा रहे है
लंबी हो रही है सड़कें।"[97]

'बच्चा पाँव ले रहा है' शीर्षक कविता शहरी जीवन के विस्तार के यथार्थ का चित्रण प्रस्तुत करती है।

"वे तीन थे
भाई नहीं दोस्त
जो शहर के एक छोटे से कमरे में अँट गए थे

---

[96] राजेश जोशी, एक दिन बालेंगे पेड़-पृ.22

[97] राजेश जोशी, एक दिन बालेंगे पेड़-पृ.44

लेकिन वे तीनों कुँआरे थे
और उनके सपने इस कमरे में
अँट नहीं पाते थे
कमरा छोटा था
और शहर बहुत बड़ा था
इसलिए कमरा जुटाने की जगह
उनकी जेबों में नहीं थी
तीसरा दिन-भर सड़कें नापता
नौकरी की अर्जियाँ लिखता
ऑफिसों के चक्कर लगाता।".[98]

'वे तीन' शीर्षक कविता में शहर में मानव जीवन, उनकी आर्थिक स्थिति और युवा वर्ग की विवशता के यथार्थ को प्रस्तुत किया गया है।

"ऐसे में अचानक लुटेरे घुस आयें
और पिस्तौल भिड़ा दें-कहाँ है माल
तो क्या करूँगा यही सोचता बैठा हूँ अकेले
पुराना बेग कस कर दबाये
कोई जंजीर बाँध रहा है
कोई जमा रहा है बक्स माथे के नीचे
कोई जेब टटोलता होता है निश्चित
कोई पत्नी से कहता है उतार लो झुमका।".[99]

---

[98] राजेश जोशी, धूप धड़ी (मिट्टी का चेहरा)-पृ.143

[99] अरुण कमल, नये इलाके में-पृ.47

'वृतान्त' शीर्षक कविता बढ़ती हुई लूटपाट के कारण यात्रियों के सतर्कता के यथार्थ का चित्रण प्रस्तुत करती है।

"यहाँ जो भी रहेगा दुःख भोगेगा
सुख होगा तो शांति नहीं
शांति तो सुख नहीं
कोई कार्य निर्विघ्न नहीं।"[100]

'सुख' शीर्षक कविता में मानव जीवन के यथार्थ को दर्शाया गया है। कवि के अनुसार सुख और दुःख मानव जीवन का अभिन्न अंग है, जो एक साथ मानव जीवन में नहीं आते।

"सामने सड़क पर एक औरत की इज्जत जा रही है
और लोग अपने-अपने ओटों पर खड़े है चुपचाप
ऐसा क्यों हो रहा है
बगल में एक आदमी का खून हो रहा है
और लोग अपने-अपने दरवाजे बंद कर सुन रहे हैं चुपचाप।"[101]

'ऐसा क्यों हो रहा है' शीर्षक कविता में आज के सामाजिक जीवन में मनुष्य की भूमिका का चित्रण प्रस्तुत किया गया है। नारी पर अत्याचार, समाज में अत्याचार मनुष्य चुपचाप देखता रहता है, उसके लिए वह कुछ भी नहीं करता।

"एक गहन आत्म विश्वास से भरकर
सुबह निकल पड़ता हूँ घर से
ताकि सारा दिन आश्वस्त रह सकूँ

[100] कैलाश वाजपेयी, नये इलाके में-पृ.60

[101] अरुण कमल, सबूत-पृ.59

एक आदमी से मिलते हुए मुस्कराता
हूँ वह एकाएक देख लेता है मेरी उदासी
एक से तपाक से हाथ मिलाता हूँ
वह जान जाता है मैं भीतर से हूँ अशांत
एक दोस्त के सामने खामोश बैठ जाता हूँ।".[102]

'अभिनय' शीर्षक कविता मानव जीवन की वास्तविकता को दर्शाती है। मानव जीवन भर अभिनय ही करता रहता है। वह अपने अंदर कई समस्याओं को छिपाये रहता है, लेकिन उसे दूसरों के सामने व्यक्त करने से डरता है। इस परिस्थिति से बचने के लिए सुखी होने का अभिनय करता है।

"भूख से परेशान लोग अक्सर नींद से काम चलाते हैं।
कोई अपने घोड़े दौड़ाता हुआ उनके पास से गुजर जाता है
तब भी वे नहीं उठते।
दूसरे ओर कुछ लोग अनिद्रा की शिकायत करते नजर आते हैं।
नींद की गोलियाँ उनके पेट में खिलखिलाती है।" .[103]

'नींद की कविता' शीर्षक कविता मानव जीवन की उस वास्तविकता को प्रस्तुत करती है, जहाँ मानव भूख से परेशान होकर नींद का सहारा लेता है और उसे पैरेसी स्थिति में आसपास की जिंदगी का कुछ भी पता नहीं रहता।

"दस लोगों का परिवार मारुति डीलक्स में ठुसा जा रहा था। दोस्त से गहन चर्चा में लीन चित्रकार सामने से आती बस देखकर

---

[102] मंगलेश डबराल, हम जो देखते हैं-पृ.13
[103] मंगलेश डबराल, हम जो देखते हैं-पृ.33

सहसा लपक पड़ा। कोने में एक औरत अपने बच्चे को पीट रही थी। एक नौजवान खुले आम एक युवती से प्रेम करने का स्वांग करता था ।"[104]

'दिल्लीः एक' शीर्षक कविता में दिल्ली शहर में रहनेवाले जन-जीवन का यथार्थ प्रस्तुत किया गया है।

"लोगों को साफ़-चमकीले कपड़ों के
भीतर बैठी परेशानी नजर आयेगी
असाधारण अनुभव मेरे लिए सुगम साधारण हो उठेंगे।"[105]

'जब जीवन ठीक चल रहा होगा' शीर्षक कविता सुखी जीवन के पीछे छिपे दुखी जीवन के यथार्थ को प्रस्तुत करती है।

"फ़िल्मकार ने पूछा याद करो वह दृश्य
कि जब दुश्मन ने घर में नरसंहार किया
दुख का भार उठाते बच्चे ने बतलाया कैसे
अत्याचारी ने हँसते-हँसते वार किया
जीवन का भीषण अंत किस तरह हुआ
यह सुबक-सुबककर उसने उगला।".[106]

'प्रायोजित व्यापार' शीर्षक कविता में कवि ने मानव जीवन के यथार्थ को फिल्म के माध्यम से लोगों तक पहुँचाने का प्रयास किया है।

"और दिखायी देते हैं
आसपास के असा दुःख
काली-मटमैली चिंताएँ

---

[104] मंगलेश डबराल, हम जो देखते हैं-पृ.45
[105] मंगलेश डबराल, हम जो देखते हैं-पृ.69
[106] मंगलेश डबराल, हम जो देखते हैं-पृ.77

चमकती हुई कुछ यातनाएँ
दो वक्त की भूख
एक फटी हुई पैंट
टपकती कच्ची छत।
और कंधे पर हाथ रखे हुए कुछ बदहाल दोस्त।"[107]

'मोड़' शीर्षक कविता मानव जीवन की विवशता के यथार्थ का चित्रण प्रस्तुत करती है।

"जो लोग दुर्घटनाओं में मरे उनकी लाशें अभी सड़कों पर हैं
शेर शेर होने के जुर्म में मारे गए हैं
और सियार सियार होने के वजह से
निर्दोष मारे गए उस गली में जहाँ हुए वे अल्पसंख्यक
यही एक बस्ती अभी-अभी उजड़ी है जहरीली शराब से।"[108]

'एक राजनीतिक प्रलाप' शीर्षक कविता साधारण व्यक्ति के समाप्त होने के यथार्थ का चित्रण प्रस्तुत किया गया है।

"वही चोट देती है दूर तक साथ
जो नहीं देती दिखाई
जिसे खाकर नहीं ठिठके एक क्षण के लिए
भी जो दी गई चालाकी के साथ
जिसे लिया गया मुस्कुराहट के साथ।"[109]

'चोट' शीर्षक कविता मानव जीवन की उस वास्तविकता का चित्रण प्रस्तुत्त करती है जहाँ मनुष्य बाहरी जीवन में तो अधिक

---

[107] कुमार अंबुज, किवाड़-पृ.63
[108] कुमार अंबुज, अनंतिम-पृ.9
[109] कुमार अंबुज, अनंतिम-पृ.29

खुश दिखाई पड़ता लेकिन वह भीतर से कितना अधिक दुखी है इसको पहचान पाना बहुत कठिन है।

"मटमैले कागज पर एक आदेश
छूट जाता है एक जगह का
और एक जगह का छूटना सिर्फ जगह का छूटना नहीं होता
जगह के साथ छूट जाते हैं कुछ दोस्त
परिचित चेहरे और उसकी आँखों की चमक
छूट जाती है पड़ोस की बच्ची और उसकी तुतली बातचीत
छूट जाता है खिड़की से दिखता हुआ गुलमोहर का पेड़।"[110]

'तबादला' शीर्षक कविता तबादले के साथ जुड़ी उसकी वास्तविकता का चित्रण प्रस्तुत करती है जहाँ तबादले के कारण पुरानी सभी चीजों के छूट जाने के यथार्थ को दर्शाया गया है।

"दुःख इतना संगीन हो चुका है
मन होता है
सारा विषपान कर
चुप चला जाऊँ
ध्रुव एकांत में
सही नहीं जाती
पृथ्वी-भर मासूम बच्चों
माँओं की बेकल चीख।"[111]

[110] कुमार अंबुज, अनंतिम-पृ.86

[111] कैलाश वाजपेयी, भविष्य घट रहा है-पृ.9

'भविष्य घट रहा है' शीर्षक कविता में जीवन की विषमताओं से पीड़ित होकर जीवन से दूर भाग जाने के यथार्थ को प्रस्तुत किया गया है।

"बिना सुरक्षाकर्मी तैनात किये
घर छोड़ना
इन दिनों जोखम भरा काम है
माँ नहीं जाती तो बाप जी।
आप ही आएँ।".[112]

'पक्षी युग्म से' शीर्षक कविता में दैनिक जीवन में भय और भय से बचने के लिए सुरक्षा की आवश्यकता की वास्तविकता का चित्रण प्रस्तुत किया गया है।

"कभी जल था, जंगल, वनस्पतियाँ, वातावरण
और अब सिर्फ जहाँ
धूसर चट्टान है निरापद, निर्जन
मर चुकी मनुष्यता
नष्ट हो गयी न जाने कब
और
और अधिक सभ्य होने के
चक्कर में।"[113]

'अनेकान्त' शीर्षक कविता में मानव सभ्यता के विकास के लिए प्रकृति के विनाश के यथार्थ का चित्रण प्रस्तुत किया गया है।

---

[112] कैलाश वाजपेयी, भविष्य घट रहा है-पृ.23

[113] कैलाश वाजपेयी, भविष्य घट रहा है-28

"है जितना उतने से
संतुष्ट जो कुछ न भी होने से
जो सारा दिन खपत कंधों पर
बोझ उठाये किसी और का
मरता है श्रम करता
दो टुकड़े के वास्ते।"[114]

'उसने कहा' शीर्षक कविता में जीवन के लिए संघर्ष करता साधारण व्यक्ति के यधार्थ का चित्रण प्रस्तुत किया गया है।

"दुनिया भी एक नहीं
एक-एक आदमी
चलता-फिरता संसार
सुबह जन्म लेता जो
वही नहीं रहता
शाम तक
धंसने की तैयारी कर रहा होता
फैसने की
किसी पूर्व निश्चित
अनिवार्य तमजाल में।"[115]

'अलग' शीर्षक कविता उस यथार्थ का चित्रण प्रस्तुत करती है, जहाँ मानव दिन भर बदलता रहता है और अपने इस बदलने में अनजाने में वह किसी-न-किसी जाल में फैसता चला जाता है।

---

[114] कैलाश वाजपेयी, भविष्य घट रहा है-34

[115] कैलाश वाजपेयी, भविष्य घट रहा है-56-57

"टकराये यान
गिरे
मरे सब-के-सब
छुटकारा पा गये हर हाय-हाय से
थे पड़े शांत
न दिन था न रात थी।"[116]

'टक्कर विमानों की' शीर्षक कविता में कवि के अनुसार मानव जीवन में मृत्यु ही हर समस्या से छुटकारा है, क्योंकि मृत्यु के बाद मानव जीवन हर झंझट से मुक्त हो जाता है।

3.4 सामाजिक एवं आर्थिक वैषम्यः व्यंग्यः

काव्य को व्यक्त करने के अनेक रूप और अनेक साधन हैं। कवि जीवन द्रष्टा है। समाज और मानवता के प्रति उसका जो कर्तव्य है उससे प्रेरित होकर वह जीवन के प्रति अपने विचारधारा को व्यक्त करता है। उसे प्रस्तुत करने की विभिन्न शैलियों हैं- कभी वह आलंकारिक शैली में उसका चित्रण करता है, कभी प्रतीकात्मक शैली में, कभी किसी विषय को अतिशयोक्तिपूर्ण शैली में व्यंजित करता है और कभी व्यंग्यात्मक शैली में उसे प्रस्तुत करता है।

समकालीन कवि परंपरा के विरोधी हैं। प्राचीनता एवं पुरातन संस्कृति में उनकी कोई आस्था नहीं। इस कारण समकालीन कवि उस परिवेश और समाज से जो प्राचीनता एवं पुरातन संस्कृति का समर्थक है, उनके प्रति सामंजस्य स्थापित नहीं कर पाता। ऐसी

[116] कैलाश वाजपेयी, भविष्य घट रहा है-66

स्थिति में अपने शब्दों में व्यंग्यात्मक शैली का सहारा लेते हैं। समकालीन कवि जानता है कि इसके अतिरिक्त उसके पास अपने आक्रोश को व्यक्त करने का कोई चारा नहीं है। अपने विरोधी परिवेश में, सभ्यता एवं परंपरागत संस्कृति की चार दीवारी में वह जिस घुटन की बात करता है, समाज को अपने दृष्टिकोण के अनुरूप रूप देने के लिए जिस आकुलता, छटपटाहट, पीड़ा का अनुभव करता है उन्हें व्यंग्यात्मक रूप में व्यक्त करके ही वह संतोष का अनुभव करता है। यही कारण है कि समकालीन कवियों ने सामाजिक और आर्थिक विषमताओं पर विभिन्न प्रकार से व्यंग्य किया है जो उनकी रचनाओं के माध्यम से व्यक्त हुआ है। महेंद्र कार्तिकेय की कविताओं में सामाजिक और आर्थिक वैषम्य के विभिन्न आयामों पर व्यंग्य किया गया है।

"नहीं बदलेगा जमाना
हम लकीरें पढ़ सकते हैं
पढ़ते हैं
चाहे तो खींच सकते हैं
लकीरें,
खींच भी देंगे,
मगर जमाना नहीं बदलेगा
बदलेंगी सिर्फ लकीरें।"[117]

'बदलेगा जमाना' शीर्षक कविता में कवि समाज के प्रति अधिक निराश है, वह जानता है कि समाज को बदल पाना बहुत कठिन है, चाहे हम समाज के अनुरूप स्थिति को भी बदल क्यों

---

[117] महेंद्र कार्तिकय, सागर स्पर्श-पृ.17

न दें समाज को बदलना इतना सरल नहीं है, समाज वैसा का वैसा ही बना रहता है।

“यहाँ नहीं है कोई संविधान
कोई न्याय प्रक्रिया
न कोई राशन की दुकान,
तो भी कोई भी मरता भूख से
कोई नहीं मारा जाता नकली पुलिस मुठभेड़ में,
नहीं होता कोई बोफर्स या शेयर घोटाला
कोई नहीं सोता भूख में।”[118]

‘वन में’ शीर्षक कविता में कवि ने वन के माध्यम से सामाजिक जीवन में होनेवाले विभिन्न घटनाओं पर करारा व्यंग्य किया है।

“शतरंज पर बिछे
हाथी, घोड़े, पैदल
सिर्फ, मोहरे है प्राणहीण,
जरूरतन राजनेता
चलते हैं चालें,
कभी घोड़ा मरता है
कभी हाथी
कभी पैदल
लेकिन इनका मरना
वैसे ही जैसे दंगों का फैलना,
बमों का फटना।”[119]

[118] महेंद्र कार्तिकय, ठहरी हुई लहर-पृ.16
[119] महेंद्र कार्तिकय, मोहरे-पृ.7

'मोहरे' शीर्षक कविता में शतरंज की मोहरें साधारण समाज में साधारण व्यक्ति के जीवन को प्रस्तुत करती है और राजनेताओं द्वारा अपने स्वार्थ के लिए इन लोगों के जीवन से खेलने पर व्यंग्य किया गया है।

"कौन हैं ये लोग
जो अपने लिए हैं
कर रहे है लाखों का कत्ल
कौन है जिम्मेदार
व्यवस्था पर बैठे हैं सांप
या आदमी
क्या कुर्सियों, कर चुकी हैं बगावत
बिक चुके हैं माथे सब अब
सिर्फ नालियों ने जमा ली है पलथी।"[120]

'दशानन का दसवां सिर' शीर्षक कविता स्वार्थपूर्ण राजनीति के कारण सामाजिक व्यवस्था का पूर्ण रूप से समाप्त होने पर व्यंग्य किया गया है।

"दाल रोटी जाती है चल
जिंदा है
कैसे कहे पढ़ना लिखना गया बेकार
लगाते हैं मनीऑर्डर हर माह
बूढ़े माँ बाप को
क्या करें नहीं मिलती
छोटी या बड़ी कोई भी

[120] महेंद्र कार्तिकय, मोहरे-पृ.14

पक्की सी नौकरी
रोज सुबह आते हैं नाके पर
करना है इंतजार
कोई तो आयेगा कुछ तो चुकायेगा
तोड़ेगा हाड़ मांस।".[121]

'कारीगरों का बाजार' शीर्षक कविता सामाजिक व्यवस्था के कारण परेशान व्यक्ति और नौकरी के लिए परेशान मानव जीवन का चित्रण किया गया है।

"कौन है मुख्य
कौन है प्रधान
वह सिर्फ जानती है
हप्ताखोर हवलदारों को
जो पकड़ते हैं
पीटते हैं
छोड़ते हैं
जानती है जजों को
जो ठोकते हैं दंड।".[122]

'वृश्नों' शीर्षक कविता में समाज की व्यवस्था की रक्षा करने वाले पुलिस और जज द्वारा सामाजिक व्यस्था को बिगाड़ने पर व्यंग्य किया गया है।

प्रयाग शुक्ल की कविताओं में कहीं-कहीं पर ही सामाजिक और आर्थिक विषयों के प्रति व्यंग्य दिखाई पड़ता है।

---

[121] महेंद्र कार्तिकय, मोहरे-पृ.32

[122] महेंद्र कार्तिकय, मोहरे-पृ.32

"कुछ फूलों की महक थी
और फूल
बच्चे बेच रहे थे बेर
दोनों में।
एक गहरी नीली फटी साड़ी पहने
बूड़ी स्त्री एक,
भाग रही भी ट्रेन छूटने
की घबराहट में ।"[123]

'एक छोटा स्टेशन' शीर्षक कविता मनुष्य को आर्थिक स्थिति और यथार्थ को प्रस्तुत करती है।

"नौकरियों और तबादलों के बहुत से
किस्से हैं, सुने होंगे आपने भी
कौन किसलिए हटा, हटाया गया
कई मजेदार हैं, कई ऐसे भी कि
बस इलने भर से चली गई
उसकी नौकरी
जानकर अचरज हो।
किस्से कई ये भी हैं
कि कैसे लगी किसी की नौकरी-
किसकी खुशामद से, किसकी
पहुँच से-
कई हैं संयोग के भी कि
अमुक को तो बैठे-ठाले ही

---

[123] प्रयाग शुक्ल, अधूरी चीजें तमाम-पृ.55

मिल गई नौकरी।"[124]

'नौकरी' शीर्षक कविता में समाज की बिगड़ती व्यवस्था पर करारा व्यंग्य है, जिसमें कवि ने नौकरी मिलने के कारण, नौकरी से हटाए जाने के कारण और नौकरी के लिए परेशान व्यक्ति का चित्रण प्रस्तुत किया है।

राजेश जोशी की कविताएँ भी सामाजिक और आर्थिक विषमताओं को प्रकट करती है।

"वे किसी सुर्खीली खबर की तरह
चुलबुले और चुटीले हैं
दैनिक अखबार की तरह
एकदम तरोताजा है
उनकी उमंग
उनकी आँखों के पास उगी भूख
अभी हरी और घास की तरह नर्म है।
फटे चीथड़ों में उनका बदन
किसी भीगी हुई चिड़िया की तरह
रह-रहकर
फुरफुराता है।"[125]

'लेबर कॉलोनी के बच्चे' शीर्षक कविता साधारण मनुष्य की आर्थिक विषमताओं को प्रस्तुत करते हैं।

"वे तीन थे
भाई नहीं दोस्त

[124] प्रयाग शुक्ल, बीते कितने बरस-पृ.53

[125] राजेश जोशी, धूप घड़ी (एक दिन बोलेंगे पेड़) पृ.17

जो शहर के एक छोटे से कमरे में अँट गए थे
लेकिन वे तीनों कुँआरे थे
और उने सपने इस कमरे में
अँट नहीं पाते थे
कमरा छोटा था
और शहर बहुत बड़ा था
इसलिए कमरा जुटाने की जगह
उनकी जेबों में नहीं थी।"[126]

'वे तीन' शीर्षक कविता जहाँ एक ओर शहरी जीवन में मानव की स्थिति को प्रस्तुत करती है वहीं उसकी आर्थिक स्थिति का चित्रण भी प्रस्तुत करती है।

कुमार अंबुज ने भी अपनी रचनाओं के माध्यम से सामाजिक और आर्थिक विषमताओं को प्रस्तुत किया है।

"जरा सी देर में बड़ा हो गया मैं
और गाँव की सिवान से बाहर निकल आया
शहर की लड़की से प्यार किया
और जरा-सी देर में वह लड़की
लिपिस्टिक की दुनिया में गायब हो गयी
जरा-सी देर में मैं शराब पीने लगा
कॉलेज की आखिरी साल की परीक्षा से भाग आया
नौकरी खोजते हुए भूल गया मैं
गेहूँ-चने के खेत

---

[126] राजेश जोशी, धूप घड़ी (एक दिन बोलेंगे पेड़) पृ.143

मेथी की भाजी और एक कोस दूर कुएँ का पानी।"[127]

"ज़रा-सी देर में शीर्षक कविता शहरी आकर्षण के कारण ग्रामीण व्यक्ति का शहर की ओर पलायन और शहरी जीवन का उस पर पड़ता हुआ प्रभाव का चित्रण प्रस्तुत करती है।

"कैसे खेत की मिट्टी सोख लेती है पसीना
बच्चा और कुछ देखता उसके पहले ही
नौकरी पिता छुड़ा देती है बच्चों का गाँव
गाँव गर्मियों की छुट्टियों में तब्दील हो जाते हैं।"[128]

आत्म-कथ्य को पहली सुरंग में से शीर्षक कविता भी ग्रामीण समाज को छोड़ कर शहरी समाज की ओर जाने वाले ग्रामीण व्यक्ति का चित्रण प्रस्तुत करती है।

"घर से दूर निकल आने के बाद अचानक आया याद
कि जेब में है सिर्फ दो रुपए
सिर्फ दो रुपये होने की असहायता ने घेर लिया मुझे
डर गया मैं इतना कि हो गया सड़क से एक किनारे
एक व्यापारिक शहर के बीचोंबीच खड़े होकर
यह जानना कितना भयावह है कि जेब में है कुल दो रुपये।"[129]

'जेब में सिर्फ दो रुपए' शीर्षक कविता में कवि दो रुपए के माध्यम से अपने आप को और समाज के उस वर्ग को प्रस्तुत कर रहा है जिसके पास जीवन यापन के लिए दो रुपए भी नहीं, जब कवि स्वयं दो रुपए न होने के कारण भयभीत है तब ऐसी

[127] कुमार अंबुज, किवाड़-पृ.24
[128] कुमार अंबुज, किवाड़-पृ.105
[129] कुमार अंबुज, किवाड़-पृ.45

स्थिति में दो रुपए भी न होने वाले साधारण व्यक्ति का जीवन कैसा होगा जैसे गंभीर विषय को प्रस्तुत किया है।

"जिन पर सबका हक बताया गया
खंडहर हो रही हैं वे सार्वजनिक चीजें सभी
नई ऊँची इमारतों का भय रोज चार कदम आता है करीब
जिसकी चमक-दमन में ही छिपी
मेरे उजड़ने की दास्तान
यही है मेरा समाज
छिनती जा रही है जिसमें
एक मनुष्य के लिए खड़े होने की भी जगह।".[130]

'समाज यह' शीर्षक कविता में बढ़ते हुए शहरीकरण का चित्रण जिसके कारण सामाजिक व्यवस्था धीरे-धीरे समाप्त होने का चित्रण किया गया है।

मंगलेश डबराल, अरुण कमल और कैलाश वाजपेयी की रचनाओं में कहीं-कहीं पर ही सामाजिक और आर्थिक विषमताओं का चित्रण प्राप्त होता है।

"बहुत कुछ करते हुए भी जब यह लगे कि हम कुछ नहीं कर पाये तो उसे निराश कहा जाता है। अपनी निराशा को हम इस तरह बचाये रखते है जैसे वहीं सबसे बड़ी खुशी हो। हमारी आँखों के सामने संसार पर धूल जमती है।

***

[130] कुमार अंबुज, किवाड़-पृ.61-62

निराशा में हम कहते हैं कि निराशा हमें रोटी दो।

हमें दो चार कदम चलने की सामर्थ्य।"[131]

'निराशा की कविता' शीर्षक कविता में कवि ने सामाजिक व्यवस्था के कारण युवा वर्ग के जीवन में निराशा को प्रस्तुत किया है। निराशा से युवा कवि अपने जीवन को आगे बढ़ाने में असमर्थ दिखाई पड़ता है।

"सड़कों पर बसों में बैठक घरों में इतनी बड़ी भीड़ में कोई नहीं कहता आज मुझे निराला की कुछ पंक्तियाँ याद आयीं। कोई नहीं कहता मैंने नागार्जुन को पढ़ा है।

कोई नहीं कहता किस तरह मरे मुक्तिबोध।

एक कहता है मैंने कर ली खूब तरक्की।

एक खुश है कि उसे बस में मिल गई सीट।

एक कहता है यह समाज क्यों नहीं मानता मेरा हुक्म।

एक देख चुका है अपना पूरा भविष्य।

एक कहता है देखिए किस तरह बनाता हूँ अपना रास्ता।

एक कहता है मैं हूँ गरबी, मेरे पास नहीं है कोई और शब्द।"[132]

'दिल्लीः दो' शीर्षक कविता दिल्ली शहर में सामाजिक और आर्थिक स्तर पर उलझे हुए व्यक्ति का चित्रण प्रस्तुत किया है।

"अपना क्या है इस जीवन में
सब तो लिया उधार
सारा लोहा उन लोगों का

---

131 मंगलेश डबराल, हम जो देखते हैं-पृ.38

132 मंगलेश डबराल, हम जो देखते हैं-पृ.46

अपनी केवल धार।"[133]

"धार' शीर्षक कविता में कवि ने मनुष्य जीवन का सामाजिक जीवन प्रस्तुत किया गया है जिसमें यह दर्शाया गया है कि मनुष्य जीवन में सब उधार का है उसका अपना कुछ भी नहीं है।

"मारे घबराहट के छूट गयी
सब बोले-फिर?
हमने कहा-तेंदुआ कूदा कपाल पर।
सब बोले-फिर?
हमने कहा-तेंदुआ हमें खा गया।
सब बोले-झूठ।
तुम तो अभी जिंदा हो
हमने कहा-तुम इसे जिंदगी कहते हो
कौन भला आदमी जिंदा है?"[134]

'कोयल का घोंसला' शीर्षक कविता में इस समाज में मानव जीवन की वास्तविकता का चित्रण है। व्यक्ति जी तो रहा है, लेकिन उसका जीवन मृत्यु के समान ही है, वह जी कर भी मरे हुए के समान है।

3.5 पूंजीवाद की भर्त्सना:

समकालीन कवियों ने जहाँ अपने शब्दों में शोषित वर्ग के प्रति सहृदयता प्रकट की है, वहाँ दूसरी ओर पूंजीपति (शोषक) वर्ग के प्रति अपनी घृणा व्यक्त की है। शोषक वर्ग में जमींदार, उद्योगपति, मिल मालिक और नेता आते हैं। यह वर्ग मजदूरों

---

[133] अरुण कमल, अपनी केवल धार-पृ.79

[134] कैलाश वाजपेयी, भविष्य घट रहा है-पृ.62

और किसनों के खून पसीने की कमाई से विलासता व वैभव का जीवन व्यतीत करता है। बेचारे मजदूरों के जीवन में उतना ही अधिक दुख प्राप्त होता है।

समकालीन कवियों ने जहाँ एक ओर पूँजीपति वर्ग की भर्त्सना की है, वहीं दूसरी और शोषित वर्ग और निर्धन वर्ग के प्रति सहानुभूति की भावना को विशेष स्थान दिया है।

चंद्रकांत देवताले, महेंद्र कार्तिकय, राजेश जोशी और अरुण कमल की रचनाओं में पूंजीपति वर्ग के प्रति उनकी घृणा का अधिक चित्रण प्राप्त होता है। पूंजीपति वर्ग को प्रस्तुत करने के लिए इन कवियों ने अलग-अलग संज्ञाओं और प्रतीकों का सहारा लिया है।

"पर वह शैतान
उसके नाखून..... भयानक जबड़े
वह शहरों-गाँवों पर मंडरा रहा है
और घर से उसके लिए
जीवित मांस की व्यवस्था कर रही है।".[135]

'कैसा पानी कैसी हवा' शीर्षक कविता में 'शैतान' के माध्यम से उपभोक्ता वर्ग के बढ़ते प्रभाव और उससे पीड़ित जनता का चित्रण प्राप्त होता है।

"मुझे उससे सवाल करना चाहिए था
मैं मक्खी तो नहीं
जो मकड़ी के जाले में अटक जाऊँ
मुझे छिलकों को हिकारत से देखकर

[135] चंद्रकांत देवताले, आग हर चीज में बताई गई थी-पृ.16

उस आकर्षक सड़क से हट जाना चाहिए था

***

गिरना तो दूर
फिसलना तक नहीं दोस्त
इतनी डींग होंकने के पहले
मुझे देख लेना चाहिए था
उसकी घातक चाल वह अपने घोड़े से
पीट रहा था मेरी आत्मा के वजीर को।"[136]

'वह अपने घोडे से पीट रहा था मेरी आत्मा के वजीर को शीर्षक कविता में कवि ने मकड़ी और मक्खी के माध्यम से पूँजीपति वर्ग (शोषक) और शोषित वर्ग को प्रस्तुत किया है साथ ही कवि ने शतरंज के खेल के माध्यम से उच्च वर्ग द्वारा निम्न वर्ग की मानसिकता से खेलने का चित्रण प्रस्तुत किया है।

"आदिम अपराधों के दाँत टूट चुके थे सदियों पहले
अब यह सफेदपोशों की साजिशवाले अनगिन चेहरों का समय
खतरनाक हत्यारा, कम्प्यूटर के गणित-सहारे
चीखों की पैदावार बढ़ाता सिर्फ एक कुर्सी के खातिर
इसे समझना बेहद मुश्किल फिर भी रक्त नहाये
चाकू, फरसे, तलवारों के बीच मादा खरगोश-सी कुँलाचे भरती
बचपन के साथ जैसी
छोटी-छोटी बातें शायद कोई असर दिखाये ... शायद....."[137]

'डिठौना था उसका नाम शीर्षक कविता शोषण के बदलते स्वरूप और साधन को चित्रित करती है।

---

[136] चंद्रकांत देवताले, आग हर चीज में बताई गई थी-पृ.41-42

[137] चंद्रकांत देवताले, आग हर चीज में बताई गई थी-पृ.58

"मुसीबत के मारे लोग भटकते दर-दर मवेशियों की तरह
ढूँढ़ते विक्रमादित्य का सिंहासन
उसकी स्मृतियों में कौंधते हर वक्त
दूर-दराज गाँवों से धक्के खाते आते
पेड़ों के नीचे बैठा फूटा चबाते

***

नहीं खेलने गया वह एक भी दिन
ताश पत्ते, रमी, ब्रिज,
क्लब-तमाशे की दुनिया में झाँकर भी नहीं देखा उसके
नहीं पी एक बूंद उसने
व्हिस्की, रम, बीयर जैसी कोई भी चीज

***

चाँदी के घोड़े पर सजे हुए आते
लैस तकरीरों से ताकत के सवार
ताकत के सवार ताक़त से हड़प लेते दूध
और गरीब चेहरों पर छा जाती मुर्दनी
पानी का परदा आँखों में।"[138]

'किसने काला कोट तय किया होगा' शीर्षक कविता निम्नवर्ग और उच्च वर्ग के जीवन को दर्शाता है और किस प्रकार उच्च वर्ग अपने पैसों के बल पर निम्न वर्ग पर शोषण करता ही रहता है।

"क्या यह बहुत कठिन विषय है
जो हमारी समझ में नहीं आ सकता
छोटे-छोटे चोरों को कड़ी सजाएँ

[138] चंद्रकांत देवताले, आग हर चीज में बताई गई थी-पृ.74-75

और बड़े चोरों का ओहदा बड़ा सार्वजनिक अभिनंदन

***

नागरिकों! सफेदपोश डाकुओं, बड़े चोरों की तस्वीरों पर थूको
और बचाओ अपराधों से गरीब-मजबूरों को
क़ायदे जुल्म-सजा के यदि नहीं बदलते
तो तुम बदलो अपनी आदत
सोचो इस विषय पर सचमुच
यह विषय कठिन नहीं है।"[139]

'यह विषय कठिन नहीं है' शीर्षक कविता में जहाँ समाज के विभिन्न वर्ग और विभिन्न वर्गों के अनुसार सरकार को दोहरा व्यवहार है वहीं समाज में बढ़ते अत्याचार के खिलाफ आवाज उठाने की ओर कवि साधारण जनता को प्रेरित कर रहा है।

"वे मुनाफेखोर, हरामजादे और बोईमान
उन्हें जरूरत पड़ती है भले शब्दों की
ईश्वर के घोड़े उनके लिए
इसी तरह की लीद करते रहते हैं।
मैं दवाई खरीदने गया और मुझे मिट्टी दी गयी
मैं राशन की कतार में खड़ा रहा
मुझे मटमैली लोंदा मुट्ठी-भर शकर मिली।"[140]

'सबसे जरूरी काम' शीर्षक कविता में पूँजीपति वर्ग द्वारा मीठे शब्दों की आड में आम इंसान से धोखा और दवाइयों और शकर में मिलावट कर लाभ कमाने क चित्रण किया है।

---

[139] चंद्रकांत देवताले, आग हर चीज में बताई गई थी-पृ.80

[140] चंद्रकांत देवताले, आग हर चीज में बताई गई थी-पृ.84

"पर यहाँ थाना गुड़ी में
दूसरा ही हड़कम्प
चोंगी फूँकता दगडू बड़बड़ाता है-
फूँक रहे हैं रस्साले सरकार का पैसा
इनमें वे भी शामिल हैं अब सफ़ेदपोश
लेकिन कभी एक चूहे के खातिर
श्रीधा-भर अमीन तहस-नहस करनेवाले ।"[141]

'हाई पाँवर नंगे बस्तर को कपड़े पहनायेगा शीर्षक कविता सरकारी पैसों से उच्च वर्ग का ऐश का जीवन और दूसरों को पहुंचाते दुख का चित्रण।"

आदमी की आत्मा और उसके गोशत के साथ
खेलने के तरीके ईजाद किये जाते हैं चुपचाप
आदमी की भूख और औरत की चीख पर
परदा डालने के लिए स्याह मोटे परदे
शब्दों की महीन काट-छाँट से बनाये जाते हैं
और भीतर चौपड़ खेली जाती है सिर्फ कौरवों के बीच

***

पूछा गया-
एक बरस में
ट्यूब-टायर पर
एक नयी मंत्री-मोटरकार के
सात हजार तीन सौ पच्चीस रुपये

---

[141] चंद्रकांत देवताले, आग हर चीज में बताई गई थी-पृ.104

छप्पन पैसा खर्चा कैसा आया।"[142]

"सवाल-जवाब' शीर्षक कविता में लोगों के जवीन में होनेवाले अत्याचार, उच्च वर्ग के इस अत्याचारी खेल और राजनेताओं के द्वारा खर्च किए जानेवाले पैसों के हिसाब आदि का चित्रण प्रस्तुत किया गया है।

"भ्रष्टाचार
टके ज्यादा होने से
अव्यवस्था-अराजकता-अनाचार
झूठ सब विघ्नसंतोषी है लोग
पेट में अपने ही तिजोरी उगा रहे कर्णधार
मेवा है सेवा का समय आता है देश के लिए
मरने-खपने के बाद।"[143]

'सवाल-जवाब' शीर्षक कविता में राजनेताओं के स्वार्थ का चित्रण किया गया है।

"पर आहिस्ता आहिस्ता वर्दी खाने लगती है
आदमी के भीतर का मुलायम हिस्सा
सोखने लगती है आत्मा पर से बहता झरना
वर्दी वालों की बीवियों ढूँढ़ने लगती हैं अपने पति।"[144]

'वर्दी' शीर्षक कविता में वर्दी के प्रभाव के कारण साधारण व्यक्ति के जीवन में होनेवाले परिवर्तन का चित्रण किया गया है।

"थोड़े से बच्चों के लिए
एक बगीचा है

---

[142] चंद्रकांत देवताले, आग हर चीज में बताई गई थी-पृ.112-113

[143] चंद्रकांत देवताले, आग हर चीज में बताई गई थी-पृ. 116-117

[144] चंद्रकांत देवताले, पत्थर की बैच-पृ.83

उनके पाँव दूब पर दौड़ रहे हैं
असंख्य बच्चों के लिए
कीचड़-धूल और गंदगी से पटी
गलियों हैं जिनमें वे
अपना भविष्य बीन रहे हैं
एक मेज है
सिर्फ छः बच्चों के लिए
और उनके सामने
उतने ही अण्डे और उतने ही सेब हैं
एक कटोरदान है सौ बच्चों के लिए
और हजारों बच्चे
एक हाथ में रखी आधी रोटी को
दूसरे से तोड़ रहे हैं।"[145]

'थोड़े से बच्चे और बाकी बच्चे' शीर्षक कविता में समाज के उच्य वर्ग और निम्न वर्ग के बच्चों के जीवन स्तर के अंतर का चित्रण प्रस्तुत किया गया है।

"सारे शब्द अपरिचित हो गये थे
उस अंधेरे में हमारे लिए
हमारे लिए
उनके चेहरे हत्यारों में
बदल चुके थे...
तभी वह बाँध टूटा था
जिसने कब्रों में बदल दिया था घरों को

[145] द्रकांत देवताले, उसके सपने (लकड़बग्घा हँस रहा है)-पृ.68

और अब हम सब फिर से खड़े हैं तबाही के मानचित्र पर
धूप, खपरैल
धरती और मृतकों के चेहरों को
पहचानते हुए
और वे पाँचों
खिड़कियों से हेलीकॉप्टर की
हमें देख रहे हैं-कोई झण्डा दिखाते हुए ....."[146]

'वे पाँचों और हम सब शीर्षक कविता में राजनीति के षडयंत्र का चित्रण, किस प्रकार नेतागण भोली-भाली जनता को लूट कर अपना सुख निकाल कर उन्हें दुखी अवस्था में छोड़ कर चले जाते हैं।

"आओ
हम अपनी कमीज की आस्तीन चढ़ा लें
उन जादूगरों की कालरें पकड़ लेंचं
जो इस बड़ी इमारत के बड़े कमरों में बैठे
खेलते रहते हैं जादू के खेल
गायब करते रहते हैं रेल।
चोरी-चोरी बेचते रहते हैं टिकटें
रोकते रहते है हमारी यात्राएँ।"[147]

'अयात्रा की पीड़ा' शीर्षक कविता में पूँजीपति वर्ग द्वारा साधारण जनता के शोषण और उसके खिलाफ संघर्ष करने का चित्रण किया गया है।

---

[146] चंद्रकांत देवताले, उसके सपने (रोशनी से मैदान की ओर)-पृ.102

[147] महेंद्र कार्तिकय, सागर स्पर्श-पृ.24

"वह राजा राम नहीं होता
वह
ओढ़े रहता है चेहरा
हंसमुख दयालु चेहरा
पालता है चमचे
पहनाता है अलंकरण पद्‌मश्री पद्‌मभूषण भारत रत्न
पीता है रक्त
वाणीहीन मूक प्रजा का।"[148]

'नये राजा से' शीर्षक कविता में राजनेताओं के जीवन में स्वार्थ, उनके द्‌वारा किए जानेवाले अत्याचार का चित्रण प्राप्त होता है।

"अंधेर नगरी का
अंधा राजा
बेच रहा हर चीज
बजा बजा बाजा।
क्या चाहिए आपको
मुहैय्या यह कर देगा
लेकर कुछ दाम
देश चाहिए, ले लो,
भेष चाहिए, ले लो,
धर्म चाहिए, ले लो,
कर्म चाहिए, ले लो,
कुर्सी चाहिए, ना ना,

[148] महेंद्र कार्तिकय, सागर स्पर्श-पृ.30

ईमान चाहिए, ले लो।"[149]

'राजा राज करेगा' शीर्षक कविता नेताओं के स्वार्थ और उस नेता द्वारा देश की बिगड़ती स्थिति का चित्रण प्रस्तुत किया गया है।

"हम बार-बार रखते हैं
मोटे तंदुरुस्त चने कुर्सी पर
लेकिन मौसम के साथ-साथ
बार-बार गिरते हैं
कुर्सी से
थोथे चने।

***

थोथा हो जाता है
टिकता नहीं है नहीं
कर पाता कोई काम
न बन पाता सूरज
न चाँद न तारे न जुगनू ही।"[150]

'कुर्सीपन' शीर्षक कविता राजनेताओं का कुर्सी के प्रति आकर्षण को प्रस्तुत करती है। लेकिन कुर्सी प्राप्त करने के बाद वह अपने आपको श्रेष्ठ राजनेता बना ही नहीं पाता।

"भौंपू बजते ही
कसाई निकल पड़ते है तलाश में
हाथ में लेकर हरी-भरी पत्तियों

[149] महेंद्र कार्तिकय, ठहरी हुई लहर-पृ.32 150

[150] महेंद्र कार्तिकय, ठहरी हुई लहर-पृ.37-38

और बकरियों के सामने
आ-जाकर ललचाते हैं।

***

बकरी पहचान जाती है
कि शायद आती है गंध
उसके ही मांस, मज्जा
और रक्त की
कसाई परेशान हो जाता है
और बकरी
झाँसे में नहीं आती है
लेकिन बकरी
बकरी है।"[151]

'आँख मिचौली' शीर्षक कविता में कसाई (शोषक वर्ग) बकरी (शोषित वर्ग) को उनकी मजबूरियों को समझकर उन्हें अपने जाल में फंसा लेता है, लेकिन शोषित वर्ग अपनी लाचारी के कारण इस दुख से बाहर निकल ही नहीं पाता।

"भेड़ियों की सभ्य दुनिया में
अपने को बचाना
दृश्य
अदृश्य हथियारों की मार से
छिद गयी है आत्मा।"[152]

---

[151] महेंद्र कार्तिकय, ठहरी हुई लहर-पृ.43
[152] महेंद्र कार्तिकेय, ठहरी हुई लहर-पृ.80

'आत्मरक्षा' शीर्षक कविता स्वार्थी राजनेताओं द्वारा आधारण जनता के जीवन में दिए जानेवाले मुख को प्रकट करती है। साधारण जनता इस दुख से बाहर निकलने के कई प्रयोजन भी करता है लेकिन प्रयोजनों का कोई विशेष लाभ नहीं होता।

"लोकतंत्र
सीमित मर्यादित निजी निगम है
जिसके अंशधारी है
बड़े-बड़े पूंजीपति
राष्ट्रस्तरीय डाकू
और तस्करिये
बेचते हैं
व्यवस्था का माल
मालिकों को ठग कर
हो गए हैं मालामाल
और बेचारा मालिक
फटे हाल।"[153]

'तमाशा' शीर्षक लोकतंत्र के नाम पर देश को खोखला करने में समाज के उच्च वर्ग और बड़े-बड़े अधिकारियों के हाथ होने का स्पष्ट चित्रण प्रस्तुत करती है।

"शहर में है कर्फ्यू
बंद है,
बसें
रेलगाड़ियाँ

[153] महेंद्र कार्तिकय, मोहरे-पृ.50

चल रही हैं अफवाहें
बढ़ रहे हैं मृत्यु सूची में
हर दिन नये-नये नाम

***

राजनीति के रथ के नीचे
दबे जा रहे है
मंदिर मस्जिद
आदमी इंसान,
शहर में है क्फ्यू ।"[154]

क्फ्यू शीर्षक कविता स्वार्थपूर्ण राजनीति के कारण बढ़ रहे तनाव और बिगड़ती स्थिति को प्रस्तुत करती है।

"सचमुच वह चारा है उद्योगों में
ग्राहक फंस जाये तो
बिक जाये रही माल,
ग्राहक फंस जाये तो
हो जाये मुनाफा
बन जाये बंसी के कॉटे में
मगरमच्छ पकड़ने का माध्यम।"[155]

'उपभोगितावादी सौंदर्य शाख' शीर्षक कविता में उपभोगतावादी जीवन में साधारण जनता को फँसाये जाने का चित्रण प्राप्त होता है।

"वादे वादे वादे

---

[154] महेंद्र कार्तिकेय, मोहरे-पृ.62

[155] महेंद्र कार्तिकेय, मोहरे-पृ.77

यहाँ वहाँ जहाँ देखो वहीं
वादों आश्वासनों का ढेर,
हरियाली के सपने
सपने ही सपने ...
कुर्सियाने के हो गये हथियार।

***

व्यवस्था कोई हो-
सत्ता कर देती है
सत्ताधीश को सिरफिरा।
वह भूल जाता है भूख
सच्चाई, ईमानदारी
बिकती ही रहती है टके सेर।"[156]

'दिनक्रम' शीर्षक कविता राजनेताओं द्‌वारा किए झूठे वादों, स्वार्थ, जिसके कारण समाज में परिवर्तन की बात को प्रस्तुत किया गया है, लेकिन वैसा होता नहीं है। सत्ता पाने के बाद नेता भी अन्य नेताओं के समान स्वार्थी हो ही जाता है।

"यह सच है
सत्ता बंदूक से आती है
और सत्ता टिकी रहती है बंदूकों पर
और बंदूक चलाने वाले हाथ
चाहे शासन कैसा ही हो
किसान का होता है
मजदूर का होता है

156 महेंद्र कार्तिकेय, केंकड़ों के सिर पर ताज-पृ.30-31

अनपढ़ गंवार का होता है।
वह सिर्फ जानता है आदेश
वह आदमी नहीं
होता है हुकुम का गुलाम।"[157]

'बंदूक की भाषा' शीर्षक कविता उच्च वर्ग/राजनेताओं द्वारा बंदूक के बल पर अपने अधिकार को साधारण जनता पर जताने का चित्रण किया गया है।

"बड़े-बड़े झंडे फहराते हैं हवाओं में
नारे
शोर
गलियाँ लहराते हैं
जन जन के द्वार पर
भिक्षा पात्र सा।
हर पात्र से चिपके हैं
खूंखार चेहरे
हत्यारी ताकतें,
शोषण के पुर्जे।"[158]

'कसाई-सौसम' शीर्षक कविता में राजनेताओं के वास्तविक रूप का चित्रण किया गया है।

"भारतीय संसद में
चल रहा हो घमासान
और ताज

[157] महेंद्र कार्तिकय, कैंकड़ों के सिर पर ताज-पृ.46
[158] महेंद्र कार्तिकय, कैंकड़ों के सिर पर ताज-पृ.63

एक केकड़े के सिर से सरक कर
फिर हो जाता हो दूसरे से सिर पर।"[159]

'कैंकड़ों के सिर पर ताज' शीर्षक कविता में सत्ता को प्राप्त करने के लिए संसद में नेताओं के बीच होनेवाले संघर्ष का चित्रण प्रस्तुत किया है।

"घौंसला बनाने में जुटे थे कौव्वे
जिसमें सेने थे उन्हें अपने ही नहीं कोयल के भी अण्डे।
हाय! कुत्तों से भरी इस धरती पर
कितना मुश्किल एक साधारण सा घोंसला बाँधना!!
कुत्ता झपटता था बार-बार, भौंकता था
पर कौव्वा भी ठाने था हठ
आँख बचाकर उठा ही लेता था कोई न कोई चीज
मैदान से चुपचाप!!"[160]

'घोंसला' शीर्षक कविता साधारण व्यक्ति के जीवन का चित्रण प्रस्तुत करती है जहाँ कुत्तों के माध्यम से उच्च वर्ग के लोगों का जीवन प्रस्तुत किया गया है।

"घड़ियों की दुकान लुट गई
खिलौनों की दुकान लुट गई
कि सब्जीमंडी
कि फूल बाजार लुट गया
कि लुटते-लुटते बचा लिया गया सर्राफा

***

[159] महेंद्र कार्तिकय, कैंकड़ों के सिर पर ताज-पृ.80
[160] राजेश जोशी, नेपथ्य में हँसी-पृ.20

'छगनलाल सेठ' के मकान पर खरोंच भी नहीं आई

फखरु भाई' का पेट्रोल पम्प नहीं जला।" [161]

'सलीम और मैं और उनसठ का साल' शीर्षक कविता में दंगों में पीड़ित निम्न वर्ग का चित्रण वहीं उच्च वर्ग ऐसीपरिस्थितियों में भी सुखी ही रहता है।

"फिर एक दिन बोलेंगे पेड़
खोलेंगे भेद
राजा का रात का
फिर एक दिन बोलेंगी चिड़ियाँ
खोलेंगी भेद
राजा का रात का

***

मारा जाएगा दुष्ट राजा एक दिन
फिर तारे कभी नहीं रोएँगे रात-भर।" [162]

'रात-भर' शीर्षक कविता पूँजीपति वर्ग के स्वार्थ का साधारण जनता को पता चल जाने के बाद उसके अंत का चित्रण प्रस्तुत किया गया है।

"आँखें मूषों मैं तुम्हें एक जादू दिखाऊंगी'
कहा बिल्ली ने।
चटपट, आँखें मूंद ली
कबूतर ने।
ज्वार का पूरा खेत मिलने वाला हो जैसे उसे।

---

[161] राजेश जोशी, धूप घड़ी (एक दिन बोलेंगे पेड़) पृ.58-59

[162] राजेश जोशी, धूप घड़ी (एक दिन बोलेंगे पेड़)-पृ.93

दूसरे क्षण कबूतर नहीं था
तीसरे क्षण कबूत्तर नहीं था
तीसरे क्षण पंख गायब
गायब कबूतर की गुटर गूँ।"[163]

'लोक-कथा' शीर्षक कविता बिल्ली के माध्यम से साधारण जनता पर पूँजीपतियों के अत्याचार का चित्रण प्रस्तुत किया गया है।

"रोटी हिरन होने के स्वप्न में डूबी
जंगल में कुलाँचे भर रही थी
तभी किसी पेड़ के पीछे से दबे पाँव
आया एक चीता
और उसने दबोच लिया हिरन को।"[164]

'सचमुच की रात' शीर्षक कविता चीते के माध्यम से हिरन (साधारण जनता) के जीवन के अंत का चित्रण प्रस्तुत करती है।

"नोक महीन से महीन
करने कि जिद में इतना
छीलता गया पेंसिल
कि अंत में हासिल रहा
ठूंठ ।"[165]

'हासिल' शीर्षक कविता में अपने स्वार्थ को पूरा करने की इच्छा में दूसरे पर अत्याचार करना और इसका अंत परिणाम

---

[163] राजेश जोशी, धूप घड़ी (एक दिन बोलेंगे पेड़) पृ.105
[164] राजेश जोशी, धूप घड़ी (एक दिन बोलेंगे पेड़) पृ.119
[165] अरुण कमल, नये इलाके में-पृ.54

कुछ भी प्राप्त नहीं होता लेकिन पीडित व्यक्ति का जीवन समाप्त हो जाता है।

"जो शासक हैं हिंसा का मुँह
कभी इधर मोड़ देंगे कभी उधर
हरेक की नजर में बाकी सब दुश्मन होंगे
हरेक के जीवन में कभी न कभी आयेगा वह दिन।"[166]

'चार दिन' शीर्षक कविता उच्च वर्गों के कारण साधारण जनता के अंत को प्रस्तुत करती है।

"हम देश के सबसे बड़े नेता को
अपने सबसे प्रिय नेता को
सबसे महत्वपूर्ण नागरिक को
देंगे सबसे बड़ा सम्मान
अजूबा अभूतपूर्ण नागरिक सम्मान-
फूल से नहीं
सोने-चाँदी से नहीं
सिक्कों से नहीं
हम उन्हें खून से
जी हाँ खून से तोलेंगे
आइये आप भी आइए
आइये भाइयों बहनों
चाहिए हमें एक-एक आदमी का खून
आदमी का खून
खून

[166] अरुण कमल, नये इलाके में-पृ.71

जय-हिन्दी ।"[167]

अपील' शीर्षक कविता स्वार्थपूर्ण राजनीति का चित्रण प्रस्तुत करती है, जहाँ अपने नेता को बनाए रखने के लिए साधारण नागरिक अपना खून (जीवन) समर्पित करता है, वहीं नेताओं का अस्तित्व आम व्यक्ति के खून से ही चलता है।

"जो सुखी सम्पन्न है
संतुष्ट है
वह कम बोलता है
काम की बात बोलता है
जो जितना सुखी है उतना ही कम बोलता है
जो जितना ताकतवर है उतना ही कम,
वह लगभग नहीं बोलता
हाथ से इशारा करता है
ताकता है
और चुप रहता है।
जिसके चलते चल रहा है युद्ध कट रहे हैं लोग।"[168]

'बोलना' शीर्षक कविता में पूँजीपति वर्ग की शक्ति और उसके द्वारा उसकी शक्ति का समाज पर प्रयोग का चित्रण प्रस्तुत किया गया है।

"कोई अपने नौकर की नन्ही पीठ जूते से
हुमच रहा है,
कहता है-मेरा नौकर है

---

[167] अरुण कमल, अपनी केवल धार-पृ.51

[168] अरुण कमल, सबूत-पृ.53

और कोई तानाशाह हजारों लोगों को
गोलियों से भून रहा है,
मुस्कराता हुआ कहता है, मेरी जनता है।"[169]

'तुम चुप क्यों हो' शीर्षक कविता में तानाशाही जीवन का चित्रण, निम्न वर्गों के लोगों पर अत्याचार का चित्रण किया गया है।

मंगलेश डबराल, प्रयाग शुक्ल, कुमार अंबुज और कैलाश वाजपेयी की कविताओं में पूँजीवादियों द्वारा साधारण जनता पर किए जानेवाले अत्याचार का चित्रण कहीं-कहीं पर ही दिखाई देता है।

"इस शहर में दिखाई देते हैं विचित्र लोग।
मेरे शत्रुओं से मिलते हैं उनके चेहरे।
आरामदेहकारों में बैठकर वे जाते हैं
इंदिरा गांधी अंतराष्ट्रीय हवाई अड्डे की ओर।"[170]

'दिल्लीः एक' शीर्षक कविता उच्च वर्ग के लोगों के जीवन शैली को प्रस्तुत करती है।

"कब के मर चुके लोग
फूल मालाएँ पहने दिखते हैं
विजय के इस जुलूस में
मृतकों की एक भीड़
जयकार करती लपकाती है
किताबों में दफ्न कोई राजपुरुष

[169] अरुण कमल, सबूत-पृ.60
[170] मंगलेश डबराल, हम जो देखते हैं-पृ.45

दिखता है
मरी हुई सेनाओं को
एक अज्ञात युद्ध स्थल की ओर
कूच करने का आदेश देता हुआ।"[171]

'प्रक्रिया' शीर्षक कविता में आज के राजनेताओं पर व्यंग्य किया गया है।

राजनेता अपने लाभ के लिए लोगों में विद्रोह युद्ध कराने में लगा रहता है।

"अन्यायी करता ही
जाता अन्याय।
क्या उपाय?
कहते हैं लोग।"[172]

'बीज' शीर्षक कविता अन्याय करने वाले का चित्रण प्रस्तुत करती है। कवि के अनुसार अन्याय करने वाला निरंतर अन्याय करता ही रहता है। लेकिन इससे बचने का उपाय दिखाई नहीं देता। कवि उससे बचने का उपाय जानना चाहता है।

"वह मूक था
और सह रहा था
वह मूक था
और कह रहा था।"[173]

'मूक' शीर्षक कविता मानव जीवन पर हो रहे अत्याचार और उस अत्याचार को चुपचाप सहने का चित्रण प्रस्तुत करती है।

[171] मंगलेश डबराल, हम जो देखते हैं-पृ.71
[172] प्रयाग शुल्क, बीते कितने बरस-पृ.68
[173] प्रयाग शुल्क, बीते कितने बरस-पृ.70

"सिर्फ दो मील
तो इलाज कराने के लिए बीस मील क्यों?
क्यों नहीं है उसके अपने गाँव में डामर-रोड
और कम से कम एक कंपाउंडर वाला अस्पताल
वह जानना चाहता है इस बस में
जब भरे-पूरे स्वस्थ विधायक के लिए
सुरक्षित है बैठने की जगह
तो एक बीमार बच्चे
और थके-हारे इन्सान के लिए क्यों नहीं?"[174]

'भरी हुई बस में लाल साफेवाला आदमी' शीर्षक कविता में स्वार्थी राजनेताओं से पीड़ित जनता का चित्रण, जिसमें वह साधारण व्यक्ति और राजनेताओं के जीवन के अंतर को प्रस्तुत किया गया है।

"शिल्पियों में से एक-दो ने कहा हिम्मत बटोरकर
हमें नहीं मिलती लकड़ी
लोहा और ताँबा नहीं मिलता
नहीं मिलते रंग नहीं मिलती मिट्टी तक
और जैसे-तैसे बना लें कुछ तो नहीं मिलती
इतनी भी कीमत कि निकल सके लागत।"[175]

'प्रधानमंत्री और शिल्पी शीर्षक कविता में शिल्पकार के माध्यम से उसके जीवन में हो रहे शोषण का चित्रण किया गया

---

[174] कुमार अंबुज, किवाड-पृ.36
[175] कुमार अंबुज, अनंतिम-पृ.12

है और राजनेताओं की स्वार्थपूर्ण राजनीति का भी चित्रण किया गया है।

"क्यों बने खिलौने सोच रहे
तोड़ रहे एक-दूसरे को
खिलौने
लड़ रहे भूख
सड़ सुख के अतिरेक से
क्यों नहीं
एक से?
नारा लगा रहे
बदरंग व्यतिरेक से
मारकर औरों को
मर रहे खिलौने।"[176]

'खिलौने' शीर्षक कविता में स्वार्थी राजनेताओं के हाथ में खिलौने के समान साधारण जनता के जीवन का चित्रण किया गया है।

"दो भेड़ियों के
बीच मिमियाता
बकरी का बच्चा।"[177]

'गुट-निरपेक्ष' शीर्षक कविता में भेड़िया राजनीतिक दल (पूँजीपति वर्ग) और बकरी का बच्चा साधारण व्यक्ति का प्रतीक

---

[176] कैलाश वाजपेयी, भविष्य घट रहा है-पृ.32

[177] कैलाश वाजपेयी, भविष्य घट रहा है-पृ.74

है। कवि के अनुसार अलग-अलग राजनीतिक दलों के बीच हमेशा साधारण जनता ही पिसती है, दुख भोगती है।

3.6 प्रकृति के संबंध में नवीन दृष्टि :

समकालीन कवियों की रचनाओं में प्रकृति के संबंध में एक वैज्ञानिक (नवीन) दृष्टि स्पष्ट रूप से दिखाई पड़ती है। इनकी कविता में प्रकृति व्यक्तिगत और समसामयिक संदर्भों के साथ प्रकट हुई है। जहाँ एक आधुनिक व्यक्ति अपने संपूर्ण परिवेश के साथ मौजूद है, इसी परिवेश में उसके व्यक्तित्व का निर्माण होता है, किंतु उस पर इसके दबाव भी कम नहीं है। इस दबाव में उपजी पीड़ा, थकान, टूटन, घुटन, निराशा, अस्तित्व की व्यर्थता, सामाजिक खोखलापन आदि की अभिव्यक्ति करता हुआ कवि प्रकृति के नजदीक आता है।

समकालीन कविता में प्रकृति को जितने (अर्थ) संदर्भ मिले हैं, उतने पहले, कभी नहीं मिले। जमीन, आसमान, पानी, बारिश, चिड़िया, पेड़, मौसम आदि प्राकृतिक तत्वों के विभिन्न संदर्भ समकालीन कविता में मिलते हैं। समकालीन जीवन में हस्तक्षेप करते पशु-पक्षी तथा वनस्पति के साथ सारी प्रकृति जीवन चक्र के लय को साधती है।

मानव जीवन और प्रकृति पर विचार करें तो सभ्यता के विस्फोटक रूप सामने आते हैं, उपभोक्तावाद चारों और दिखाई पड़ता है। उपभोक्तावादी सभ्यता में प्रकृति का वस्तु में बदलना आम बात है। टेक्नालॉजी के विकार के कारण मनुष्य मुक्त प्रकृति से दूर होता जा रहा है। ऐसे पर बाजार भी मानव जीवन पर हावी

होता जाता है। समकालीन कवियों ने उपभोक्तावादी संस्कृति के दबाव को महसूस किया, तथा यह जान लिया कि मानवीय संबंध और संवेदना को मृतप्रय कर देने वाली इस सभ्यता से निजात पाने के लिए प्रकृति का साथ परम आवश्यक है।

समकालीन कवियों की चिंता का विषय मनुष्य का जीवन रहा है और रही है प्रकृति, जिससे जीवन समृद्ध होता है। जहाँ आधुनिक सभ्यता के कारण, नित्य निर्मित होते नवीन टेक्नालॉजी और मानव समाज में उनके अत्यधिक खपत के कारण मुक्त प्रकृति का स्वरूप और गुणवत्ता क्षतिग्रस्त हुई है, वहीं समकालीन कवि इसका कारण जनते हुए मनुष्य की प्रकृति के प्रति दिन बढ़ती लापरवाही और समय के क्रूर रूप को देखते हुए प्रकृति मनुष्य संबंध को विशेषतः दो रूपों में व्यक्त किया है। पहला, प्रकृति मनुष्य के आदिम संबंध का चित्रण करके दूसरा, प्रकृति के प्रति अपनी कोमल भावनाएँ प्रदर्शित करके।

"हर वर्ष शीत लहर आती है
छज्जों, सड़कों, गलियों में परस जाती है
ठहर जाती है
पानी की गति
बर्फ की सफेदी-सी तैर जाती है हवाओं में,
हर वर्ष
सैकड़ों लोग
ठंठ से ठिठुर कर मर जाते हैं,
हर वर्ष
सैकड़ों लोग

बाढ़ में बह जाते हैं।"[178]

'शीत लहर' शीर्षक कविता में प्राकृतिक असंतुलन, परिवर्तन के कारण मानव ओवन में होनेवाली तबाही का चित्रण प्राप्त होता है।

"यहाँ नहीं है कोई संविधान
कोई न्याय प्रक्रिया
न कोई राशन की दुकान,
तो भी कोई नहीं मरता भूख से
कोई नहीं मारा जाता नकली पुलिस मुठभेड़ में,
नहीं होता कोई बोफर्स या शेयर घोटाला,
कोई नहीं सोता भूख से।"[179]

'वन में' शीर्षक कविता प्रकृति तथा मानव जीवन की तुलना करती है। कवि तुलना करते हुए कहते हैं कि प्रकृति में वैसा कुछ भी नहीं होता जो अक्सर हम मानव समाज में देखते हैं। मानव प्रकृति का हिस्सा होते हुए भी, प्रकृति इन सब बुराइयों से बहुत दूर है।

"छूते ही हवा सी
लिपट जाती है
तन से मन से
जादू की छड़ी सी
हरती है
थकान,

[178] महेंद्र कार्तिकय, सागर स्पर्श-पृ.67
[179] महेंद्र कार्तिकय, ठहरी हुई लहर-पृ.16

भरती है
करती है संचार
नये जीवन का।"[180]

'समुद्र स्पर्श' शीर्षक कविता में प्रकृति चित्रण के माध्यम से मानव जीवन में उसकी उपयोगिता और प्रेरणा के यथार्थ को प्रस्तुत किया गया है।

"बहुत दिनों के बाद
महानगर के चंगुल से बिखरे
सोनू, मोनू, चोनू,
देख रहे सूर्यास्त।
महानगर में
कहाँ सबेरा
कहाँ बसेरा
कहाँ सूर्य का डूबना देखा
सोनू, मोनू, चोनू ने।"[181]

'ट्रेन में सूर्यास्त' शीर्षक कविता में महानगरीय जीवन में प्रकृति के अभाव में जीवन व्यतीत करता मानव का चित्रण है, जिसके लिए सूर्योदय और सूर्यास्त का अर्थ पूर्णतः स्पष्ट नहीं है।

"बारिश के लिए रात नहीं थी।
वह तो बस बरस रही थी
हमारे लिए रात और
बारिश थी।"[182]

---

[180] महेंद्र कार्तिकेय, कैंकड़ों के सिर पर ताज-पृ.16
[181] महेंद्र कार्तिकय, कैंकड़ों के सिर पर ताज-पृ.43
[182] प्रयाग शुक्ल, अधूरी चीजें तमाम-पृ.26

'बारिश' शीर्षक कविता में कवि कहता है कि प्रकृति के परिवर्तन के लिए समय का कोई बंधन नहीं होता लेकिन मानव जीवन के लिए समय का विशेष महत्व होता है।

"गर्मियाँ
पत्तों में लगी आग की तरह,
जाला देती है
कितना कुछ।
फिर खुद
से आती है
हमारी जिंदगी
का टुकड़ा-टुकड़ा समय।"[183]

'गर्मियों-उनीस सी चौरासी' शीर्षक कविता में प्रकृति में गर्मी और मानव को एक साथ प्रस्तुत किया है।

"उन्माद कभी ज्यादा देर तक नहीं ठहरता,
यही लक्षण उन्माद का।
बीजी में, पेड़ों में, पत्तों में नहीं होता उन्माद
आंधी में होता है
पर वह भी ठहरती नहीं
ज्यादा देर तक।"[184]

'उन्माद के खिलाफ एक कविता' शीर्षक कविता में मानव स्वभाव के यथार्थ को प्रकृति के साथ तुलना करके प्रस्तुत किया है।

---

[183] प्रयाग शुक्ल, अधूरी चीजें तमाम-पृ.61
[184] प्रयाग शुक्ल, बीते कितने बरस-पृ.13

"इस दुनिया से न तो
मेरे साथ धूप जा रही थी
न रेल की पटरियाँ
न घास, न पेड़, न ही
नदी का जल,
न एक लंबी यात्रा के बाद
मिलने वाली गर्मी की
छाया-
न गलियों, न घरों की कतार।"[185]

'प्रेम' शीर्षक कविता में मानव का प्रकृति के प्रति प्रेम को प्रदर्शित किया गया है, जिसमें मानव प्रकृति को छोड़ ही नहीं सकता जैसे यथार्थ को प्रस्तुत किया है।

"दोपहर को देखो एक छत से
दूसरी छतों को-
दिखते हैं तारों पर कपड़े
चीजें पुरानी-कुछ कुर्सियों,
अखबार, बच्चों के जूते,
टुकड़े शीशे के-
ऊपर वायुयान।
सर्दियाँ नहीं है।
और अकेली हैं छतें-
दूर तक फैली हुई।"[186]

---

[185] प्रयाग शुक्ल, बीते कितने बरस-पृ.21
[186] प्रयाग शुक्ल, बीते कितने बरस-पृ.49

'छतें' शीर्षक कविता में कवि ने ऋतुओं के अनुसार मानव जीवन के व्यवहार का चित्रण प्रस्तुत किया है।

"जब स्थिर हो जाती हैं पत्तियों,
चाँद चढ़ आता है
नीम के पीछे से
चुप हो जाती है चिड़ियाँ
जा चुका होता है
झुंड तोतों का।
खाली आकाश में
उगने लगते हैं तारे
आती है कहीं से
अंधेरे में
बर्तनों के धुलने की आवाज।
कुएँ में बाल्टी उतरती है।
लड़कियाँ धुआँ देती है
चूल्हे की।"[187]

'शाम में गाँव में' शीर्षक कविता में शाम के समय प्रकृति का दृश्य और मानव जीवन के परिवर्तन को दर्शाया गया है।

"सपना आया कि
भूकम्प आया है
शायद वह सड़क थी
शायद एक मैदान
या फिर वह भगदड़

---

[187] प्रयाग शुक्ल, बीते कितने बरस-पृ.56

न जाने कहाँ खड़ी थी
झुकी, टूटी अट्टालिकाएँ
भहराई दीवारे छोटे घरों की -"[188]

'भूकम्प का सपना' शीर्षक कविता प्रकृति में भूकम्प को कारण समाप्त होते मानव जीवन का चित्रण प्रस्तुत करती है। देखा

"हो रही वर्षा
कल तलक जो
रहा था तरसा-
आज मन हरसा।"[189]

'हो रही वर्षा' शीर्षक कविता प्रकृति के तत्वों में पानी के बिना मानव की व्याकुलता और वर्षा के बाद उसके जीवन में परिवर्तन का चित्रण प्रस्तुत करती है।

"अचानक ही चल बसी
हमारी गली की कुबडी बुढ़िया,
अभी तो कल ही बात हुई थी
जब वह कोयला तोड़ रही थी
आज सुबह भी मैंने उसको
नल पर पानी भरते देखा
दिन भर कपड़ा फींचा, घर को धोया,

***

[188] प्रयाग शुक्ल, बीते कितने बरस-पृ.65

[189] प्रयाग शुक्ल, साहित्य अमृत, वर्ष-6, अंक-1, अगस्त-2000 पृ.21

बेटे से भी कहा-सुनी की
और अचानक बैठे-बैठे साँस रुक गयी
अभी तो चल सकती थी कुछ दिन बड़े मजे से
ओह बेचारी कुबड़ी बुढ़िया।"[190]

'ओह बेचारी कुबड़ी बुढ़िया' शीर्षक कविता प्रकृति में मानव जीवन को प्रस्तुत करती है। मनुष्य जीवन प्रकृति के नियमानुसार ही चलता है, वह उसके विरुद्ध नहीं जा सकता। प्रकृति में जीवन और मृत्यु का चित्रण।

"पहली ही पहली बार हमने-तुमने देखा झरना-
झरते जल देख हिला
अपने भीतर का भी
जल।"[191]

'झरना' शीर्षक कविता प्रकृति का मानव जीवन से संबंध को प्रस्तुत करती है। प्रकृति किस प्रकार मानव हृदय पर अपना प्रभाव छोड़ती है उसका चित्रण प्राप्त होता है।

"आज तक मैं यह समझ नहीं पाया
कि हर साल बाढ़ में पढ़ने के बाद भी
लोग दियारा छोड़कर कोई दूसरी जगह क्यों नहीं जाते?
समुद्र में आता है तूफान
तटवर्ती सारी बस्तियों को पोंछता
वापस लौट जाता है
और दूसरे ही दिन तट पर फिर

[190] अरुण कमल, अपनी केवल धार-पृ.27
[191] अरुण कमल, अपनी केवल धार-पृ.42

बस जाते हैं गाँव-
क्यों नहीं चले जाते लोग कहीं और?"[192]

उम्मीद' शीर्षक कविता प्रकृति और मानव जीवन के संबंध को प्रस्तुत करती है जिसमें परिवर्तन स्वाभाविक है और मानव जीवन को उसे भोगना ही पड़ता है।

"झड़ते तो है सभी वृक्ष
शहना तो है ही सबको एक न एक दिन
लेकिन झड़ने का भी एक नहीं है नियम

***

एक झड़ता है
एक उगता
एक ही डाल पर एक पुराना रूक्ष पत्ता
और सटे हुए एक नयी पत्ती जल भरी
जैसे बाबा के हाथ में पोते की हथेली।"[193]

'झड़ना' शीर्षक कविता प्रकृति और मानव जीवन के संबंधों को प्रस्तुत करती है जिसमें जीवन के बाद मृत्यु और मृत्यु के बाद फिर जीवन को दर्शाया है।

"ये मैदान में दूब के दिन हैं।
और इन्हीं दिनों हर चीज
स्याही-सोख्ते की तरह पेश आ रही है
हवा सोख रही है पानी

---

[192] अरुण कमल, सबूत-पृ.25

[193] अरुण कमल, सबूत-पृ.27

तकिये-तौलिये सोख रहे है पसीना
शील रहे है घर के पूरे कागज, कपड़े
और मेवा-कुर्सियों
घर में सीलन
अपना घर बना रही है।"[194]

'ये बरसाती दिन' शीर्षक कविता प्रकृति के परिवर्तन के साथ मानव जीवन में होने वाले परिवर्तन को दर्शाती है।

"इस समय बारिश हो सकती है
हो सकता है बाहर जमा हो रहा हो कोहरा
रात में अदृश्य-सा घटता रहता है कुछ
जिसके निशान थोड़े-बहुत दिखते हैं सुबह की लालिमा में
और बहुत सारे अदेखे की साक्षी होती है रात
जो एक जैसी गिरती है फुटपाथ पर सोए बेघर लोगों की कतार पर
जहाँ-जहाँ हरकत थी और जिनसे होती थी जीवन की पहचान।"[195]

'रात' शीर्षक कविता में प्रकृति में रात और रात के समय अपना जीवन व्यतीत करता मानव जीवन का चित्रण किया गया है।

"इजारों मील दूर
एक चिड़िया
पिंजरे के खिलाफ

---

[194] कुमार अंबुज, किवाड़-पृ.49

[195] कुमार अंबुज, अनंतिम-पृ.23

हवा के लिए लड़ रही है

एक काली चिड़िया।"[196]

'उसकी परछाई' शीर्षक कविता में चिड़िया के माध्यम से आम व्यक्ति के संघर्ष को प्रस्तुत किया गया है।

"चिड़िया

ज्यादा इतरा मत

दिमाग मत पड़ा आसमान पर

कि तू चाहे तो छुट्टी रह सकती है

हर वक्त

कि तूने तो पंख पा लिये हैं

तू तो उड़ना सीख गई है।"[197]

'देख चिड़िया' शीर्षक कविता में चिड़िया के माध्यम से आम व्यक्ति को अपने अहं को कम करने के लिए कहा गया है।

"आषाढ़ के बादल बिना बरसे ही इस बार उत्तर

भारत से फरार हो गये थे

मानसून से पहले की फुहारें भी इन इलाकों में

नहीं पड़ी थीं

चौपट हो चुकी थी सोयाबीन की फसल

जिन खेतों के आसपास नाले या नहरें थीं

वहीं बुआई हुई थी और भूले भटके कहीं-कहीं

कुछ हरियाली दिख जाती थी

ज्यादातर खेतों में हल चल चुका था पर बीज

---

[196] राजेश जोशी, धूप घड़ी (एक दिन बोलेंगे पेड़), पृ.24

[197] राजेश जोशी, धूप घड़ी (एक दिन बोलेंगे पेड), पृ.26

नहीं छीटे गये थे।"[198]

'उमस' शीर्षक कविता में मानव जीवन में प्रकृति का प्रकोप का चित्रण प्रस्तुत किया गया है।

"एक रात में घर लौटा जब बारिश थी पिता
इंतजार करते थे माँ व्याकुल थी कि बहनें दूर से एक साथ
दौड़ी चली आती थी बारिश में हम सिमटकर
पासं-पास बैठ गये हमने पुरानी तस्वीरें देखी।

***

बारिश की बूँदें आकर लालटेन का काँच
चिटकाती थी माँ बीच-बीच में उठकर देखती थी
कहीं हम भीग तो नहीं रहे बारिश में।"[199]

'बारिश' शीर्षक कविता में वर्षा के कारण मानव जीवन की विवशता का चित्रण प्रस्तुत किया गया है।

"मनोयोग से
मकड़ी ने जाल ताना है
आना ही आना है किसी भुनगे को
चीटियों रसोई में इस तरह
घूम रही
जैसे कि मैंने निमंत्रण दिया हो
प्रीति-भोज का
झींगुर कब कर दें गाना शुरू
शाम ढलने के बाद

[198] राजेश जोशी, साक्षात्कार, अक्तूबर-2002-पृ.20

[199] मंगलेश डबराल, हम जो देखते हैं-पृ.22

कुछ पता नहीं।" [200]

'सम्पत्ति-कर' शीर्षक कविता में मानव जीवन में प्रकृति के अन्य जीवों के स्थान का चित्रण किया गया है।

समकालीन कविता में प्रकृति को विविध अर्थ संदर्भ मिले हैं। समकालीन कवियों की प्रकृति-चेतना जीवन, समाज, समय, सभ्यता, संस्कृति, सौंदर्य और परंपरा से जुड़ी हुई है। इस प्रकार समकालीन कविता के प्रकृति-चित्रण में वैविध्य है। समकालीन कवियों ने इस बात को ध्यान में रखते हुए कविता में प्रकृति और जीवन के अंतः संबंध को प्रस्तुत किया है।

[200] कैलाश वाजपेयी, भविष्य घट रहा है-पृ.49

चतुर्थ अध्याय

समकालीन कविता : शिल्प

4.1 शिल्प विवेचनः

साधारणतया शिल्प का अर्थ होता है निर्माण, कवि अपनी आंतरिक अनुभूति, विचारधारा और कल्पना को कोई भी रूप देने के लिए स्वतंत्र होता है, किंतु जिन उपादानों को जोड़कर वह अपनी अनुभूति, विचारधारा और कल्पना को निश्चित रूप प्रदान करता है, उसे शिल्प के अंतर्गत रखा जा सकता है। इसके बाद साहित्यकार के लिए अपने इस अनुभव को कलात्मक रूप से प्रस्तुत करने के लिए संप्रेषण-कला की आवश्यकता होती है।

साहित्यकार अपने काव्य को कलात्मक रूप प्रदान करने के लिए भाषा, बिंब, प्रतीक और अलंकारों का सुंदर प्रयोग करते हैं, समकालीन कवियों ने भी अपनी रचनाओं में भाषा, बिंब, प्रतीक और अलंकारों के माध्यम से सामाजिक जीवन की गतिविधियों को कलात्मक रूप प्रदान करने का प्रयास किया है।

साहित्यकार भावों को भाषा के माध्यम से व्यक्त करने के लिए जिस कौशल का विधान करता है, उसे 'कला' कहा गया है। इस कौशल में जो उपकरण कार्य करते हैं, उनका संग्रहीत रूप ही शिल्प विधान कहलाता है। कलाकार की विशेषता यह है कि वह विचार और वृद्धि की अपेक्षा अपनी कल्पना के अनुरूप उत्पन्न भावों को सहज ही स्वीकार कर लेता है, तत्पश्चात कलाकार इन्हीं कल्पनाओं को कलात्मक ढंग से संवारता है।

कलाकृति में वस्तु और उसका अभिव्यक्ति पक्ष दोनों एक साथ मिलकर रचना का निर्माण करते हैं, पर विवेचन के लिए उन्हें अंतर्वस्तु भाषाशैली शिल्प माध्यमों के रूपों में देखा जा सकता है। फार्म इस वेरेफ्ट ऑफ एनी काइण्ड ऑफ मीनींग , इफ इट इज़ नॉट फार्म फॉर सम स्पेसीफिक कण्टेंट (form is Bereft of any kind of meaning, if it is not form for some specific content) रूप का अपने आप में कोई अर्थ नहीं जब तक वह किसी विशेष विषय वस्तु की अभिव्यक्ति का माध्यम न बन जाए।"[1]

प्रभाकर क्षेत्रिय के अनुसार "वस्तु या विचार जब जीवन अनुभूति में तरंगित होते हैं, तो वे सौंदर्य प्रतिरूप में स्थानांतरित हो जाते हैं। इसलिए कविता के कथ्य को, उसके शिल्प को काव्य से जुदा नहीं किया जा सकता। फिर भी उसका अलग-अलग विश्लेषण किया जाता है, तो केवल उनके संबंधों की पूर्णता पहचानने के लिए हो। काव्यालोचन के लिए विश्लेषण एक जरूरी

---

[1] रोहिताश्व, समकालीन कविता (1960-80): मार्क्सवादी सौंदर्यशास्त्र के परिप्रेक्ष्य में-पृ.263

प्रक्रिया है, ठीक वैसे ही जैसे रचना के लिए संश्लेषण जरूरी होता है।"[2]

समकालीन कवियों ने इन्हीं भावों को ध्यान में रखकर अपनी रचनाओं को प्रस्तुत किया है। शैली अथवा शिल्प के निम्नलिखित उपकरणों के द्वारा प्रस्तुत किया जाता है। (1) भाषा (2) बिंब विधान (3) प्रतीक योजना (4) अलंकार योजना (5) छंद योजना (6) काव्य रूप। शिल्प के इन उपकरणों को एक-एक कर प्रकाश डाला गया है।

4.2 समकालीन कविता : बिंब योजना :

'बिंब' कविता का एक महत्वपूर्ण अंग होता है क्योंकि वह अभिव्यक्ति को केवल कलात्मक ही नहीं बनाता बल्कि उसे अनुभूति की अभिव्यक्ति में व्यापक भी बना देता है। बिंब का सामान्य अर्थ होगा मनश्चित्र या मानसी प्रतिकृति। मनोविज्ञान में बिंब का अर्थ होगा मानसिक पुनर्निर्माण। साहित्यिक बिंब मानव और जगत् की अनुभूति और संवेदना का प्रकाशन करता है। काव्य में इस महत्वपूर्ण अवयव, दिव (Image) पाश्चात्य आलोचना की देन है। हिंदी का बिंब' शब्द वस्तुतः अंग्रेजी के इमेज (Image) का पर्यायवाची है। 'इमेज' से मानसिक प्रतिकृति, मानस-प्रत्यक्ष अथवा किसी वस्तु की सादृश्य-योजना आदि अर्थ अभिव्यक्त होता है।

[2] रोहिताश्व, समकालीन कविता (1960-80): मार्क्सवादी सौंदर्यशास्त्र के परिप्रेक्ष्य में-पृ.275

बिंब काव्य का मूलभूत तत्व है। कवि अपनी मार्मिक अनुभूतियों को भावनाओं और विचारों को साहृदय तक संप्रेषित करने के लिए बिंबों का सृजन करता है।

वस्तुत: बिंब इतना गहन और जटिल शब्द रूप है उसके संबंध में सामान्य लक्षण निर्धारित करना कठिन कार्य है। वह केवल किसी अनुभूति को प्रतिबिंबित ही नहीं करता, उसे एक नये स्तर पर पुनः निर्मित भी करता है। वह विचारों और भावों का वहन नहीं करता बल्कि उन विचारों और भावों के पीछे की संपूर्ण उलझनों और संघर्षों को भी सूचना देता है।

4.2.1 परिभाषा:

साहित्यकारों और विद्वानों ने बिंब की अलग-अलग परिभाषाएँ बताई हैं।

सी,ई, लेविस ने 'बिंब को एक प्रकार का शब्द चित्र बताया है।".[3] टी, एस, हुल्में ने "बिंब को वस्तुओं का आंतरिक सादृश्य का प्रत्यक्षीकरण माना है।".[4]

सुसान के, लैंगर के विचारानुसार जहाँ "बिंब एंद्रिक माध्यम के द्वारा आध्यात्मिक अथवा तार्किक सत्यों तक पहुँचने का एक मार्ग होता है।".[5] जार्ज वैली के अनुसार "बिंब एक अमूर्त विचार की पुनर्रचना होती है।".[6]

---

[3] रोहिताश्व, समकालीन कविता (1960-80): मार्क्सवादी सौंदर्यशास्त्र के परिप्रेक्ष्य में-पृ.294

[4] 'रोहिताश्व, समकालीन कविता (1960-80): मार्क्सवादी सौंदर्यशास्त्र के परिप्रेक्ष्य में-पृ.294

[5] रोहिताश्व, समकालीन कविता (1960-80): मार्क्सवादी सौंदर्यशास्त्र के परिप्रेक्ष्य में-पृ.294

[6] 'रोहिताश्व, समकालीन कविता (1960-80): मार्क्सवादी सौंदर्यशास्त्र के परिप्रेक्ष्य में-पृ.294

परंतु प्रस्तुत विवेचन संदर्भ में कोलरिज के कल्पना सिद्धांत पर विचार करते हुए आई,ए, रिचर्ड्स ने बिंब का जो रूप स्थिर किया, वह हमारे शोध प्रबंध की सीमा में अधिक प्रासंगिक हो सकता है। "बिंब एक दृश्य चित्र, संवेदना की एक अनुकृति, एक विचार, एक मानसिक घटना, एक अलंकार अथवा दो भिन्न अनुभूतियों के तनाव से बनी एक भाव स्थिति कुछ भी हो सकता है।"[7]

केदारनाथ सिंह ने बिंब के संदर्भ में अपने विचार इस प्रकार व्यक्त किए हैं। -भाषा को कैंद्रित करने के साथ-साथ वह काव्यगत अनुसंगों को भी कैंद्रित करता है। शब्द की अपेक्षा बिंब अधिक संदर्भ सापेक्ष होता है क्योंकि वह यथार्थ का एक सार्थक टुकड़ा होता है। वह अपनी ध्वनियों और संकेतों को अधिक संवेदनशील और पारदर्शी बनाता है। उसका आधार कोशगत शब्द नहीं होता, संपूर्ण विस्तृत जीवन और इतिहास होता है। वह अभिधा की अपेक्षा लक्षणा और व्यंजना पर आधारित होता है।"[8]

अंग्रेजी के प्रामाणिक कोश (शार्टर आक्सफोर्ड डिक्शनरी) के अनुसार 'इमेज' के अर्थ हैं "किसी पदार्थ का मानस-चित्र या मानसी प्रतिकृति। (शार्टर आक्सफोर्ड डिक्शनरी)। "कल्पना अथवा स्मृति में उपस्थित चित्र अथवा प्रतिकृति जिसका चाक्षुप होना अनिवार्य नहीं है।" (शार्टर आक्सफोर्ड डिक्शनरी)। चैम्बर्स ट्वेन्टियथ डिक्शनरी के अनुसार "किसी व्यक्ति का पदार्थ की प्रतिकृति।" (चैम्बर्स ट्वेन्टियथ डिक्शनरी)।

---

[7] 'रोहिताश्व, समकालीन कविता (1960-80): मार्क्सवादी सौंदर्यशाख के परिप्रेक्ष्य में-पृ.295

[8] केदारनाथ सिंह, आधुनिक हिंदी काव्य में बिंब विधान-पृ. 28

"एक पदार्थ के लिए किसी ऐसे मूर्त अथवा अमूर्त पदार्थ का प्रयोग उसके अत्यधिक समान हो अथवा उसे व्यंजित करता हो, जैसे-मृत्यु के लिए चिरनिद्रा का प्रयोग।" (वैल्र्स थर्ड न्यू इन्टशेसन डिक्शनरी)

'इमेज' का हिंदी (संस्कृत) रूपांतर है, 'बिंब' जिसका शब्दार्थ है-सूर्य, चंद्रमण्डल, प्रतिध्वनि, प्रतिच्छाया, प्रतिबिंबित अथवा चित्र।" (वैल्र्स थर्ड न्यू इन्टशेसन डिक्शनरी)।

स्टेफेन जे ब्राउन के अनुसार "बिंब किसी अन्य प्रकार के भावों या विचारों के लिए लाया गया ऐंद्रिक गुणों से संपन्न वह वस्तु-विधान है जो शब्द या लोकोक्तियों में प्रकट होता है। बिंब मुख्य वस्तु का क्षणिक स्थापन्न है जो सादृश्यता में भी प्रकट हो सकता है और उसके बिना भी।"[9]

आचार्य रामचंद्र शुक्ल ने भी स्पष्ट शब्दों में यह विचार व्यक्त किया कि काव्य में अर्थ ग्रहण मात्र से काम नहीं चलता, बिंब ग्रहण अपेक्षित होता है। यह बिंब ग्रहण निर्दिष्ट, गोचर और मूर्त विषय का ही हो सकता है।"[10] आगे वे कहते है कवि का काम है कल्पना में बिंब या मूर्त भावना उपस्थित करना न कि बुद्धि के सामने कोई विचार लाना।"[11] इस प्रकार उन्होंने बिंब की महत्वपूर्ण विशेषता उसकी मूर्ति विधायिनी शक्ति ही माना है।

---

[9] डॉ. पी. माणिक्यांबा, महादेवी के काव्य में बिंब विधान-पृ.3

[10] डॉ. पी. माणिक्यांबा, महादेवी के काव्य में बिंब विधान-पृ.4

[11] डॉ.पी. माणिक्यांबा, महादेवी के काव्य में बिंब विधान-पृ.4

4.2.2 ऐंद्रिय बिंब :

बिंब का वर्गीकरण सबसे पहले उसके विधायक तत्वों अथवा विषय वस्तु के आधार पर किया जाता है। इन आधारों में ऐन्द्रियता सबसे प्रमुख है। ऐन्द्रियता प्रत्येक युग में काव्य का आधार बनती है। सौंदर्यपरक कविताओं का मूलाधार ऐंद्रियता होती है। अतिशय भावुकता में ऐंद्रिय संवेदनाओं की प्रचुरता हो जाती है, इसलिए इसे कौमार्य मानसिकता का अंग भी कहा जाता है। जिस कवि में ऐंद्रियता की प्रवृत्ति जितनी सघन होती है, वह अपने विभिन्न इंद्रियों के माध्यम से वस्तु से प्राप्त संवेदनाओं को सूक्ष्मता से ग्रहण करता है। यही वह तत्व है जो पाठक की ऐंद्रिय-संवदेना को तृप्त कर कविता को ह्रदयग्राह्या बनाता है। इसलिए श्रेष्ठ कवि अपने ऐंद्रिय-बोध का उचित मात्रा में प्रयोग करता है। जिस कवि का ऐंद्रिय-बोध जितना अधिक प्रगाढ़ होगा, वह उतना ही सघन ऐंद्रिय-बिंब प्रस्तुत करेगा।

"ऐंद्रिय चित्रण जहाँ वस्तु का भावन करता है वहाँ कलात्मक अंकन भी प्रस्तुत करता है।".[12] कुछ लोगों की मान्यता है कि कलात्मक चित्रण के आवश्यक तत्वों में ऐंद्रिय विषयों के चित्रण को भी महत्वपूर्ण तत्व माना है। कवि जितने ही सूक्ष्म और जटिल भावों को संतुलित कर सकेगा, चित्र उतना ही काव्योपम और श्रेष्ठ होगा।".[13]

[12] डॉ. कुट्टन पिल्लैः पंत काव्य में बिंब योजना-पृ.75

[13] डॉ. बच्चन सिंहः बिहारी का कथा मूलयांकन, पृ.7

ऐंद्रियता के पाँच आधार हैं और उन्हीं को केंद्र में रखकर दृश्य, श्रव्य, स्पर्श, गंध और स्वाद से संबंधित बिंबों का निर्माण करता है। समकालीन कविता में बिंब का महत्व प्रायः सभी कवियों की रचनाओं में प्राप्त नहीं होता। इन कविताओं में न चाहने के बाद भी बिंब अपने आप निर्मित हो गये हैं

चंद्रकांत देवताले की रचनाओं में ऐंद्रिय बिंब के सारे रूप दिखाई पड़ते हैं।

इनके काव्य-संग्रह में दृश्य बिंब विभिन्न रूपों में प्राप्त होते हैं।

"अमरूद-मटर से उसने जाना है इतना
हरा होता है तोता लाल चोंच उसकी होती है
हरी सारी फहराती कुंकुम टीका बड़ा लगाकर माँ
जब आती है।".[14]
कोई आकाश में सबसे दूर टिमटिमाते सितारे को देखकर
सोचेगा ठौर कहीं भी क्यों नहीं मिलता दुनिया में।".[15]

"अपने बालों में पीले फूलों को खोंसकर वह शब्दों के लिए गैरहाजिर

***

एक बैंजनी फूल मुझे दे रही थी
और यह फूल।".[16]

इन पंक्तियों में कवि ने हरा तोता, लाल चोंच, कुंकुम टीका, टिमटिमाते सितारे,

---

[14] चंद्रकांत देवताले, आग हर चीज में बताई गई थी-पृ.46

[15] चंद्रकांत देवताले, आग हर चीज में बताई गई थी-पृ.63

[16] चंद्रकांत देवताले, उसके सपने (लकड़बग्घा हंस रहा है)-पृ.67

पीले फूल और बैंजनी फूल के माध्यम से दृश्य बिंब प्रस्तुत किया है।

"उसके देखने-भर से
अधर में लटका टाइपराइटर
खटाखट चलने लगा।".[17]

राष्ट्रीय धुन के अवसान में विहँसते हुए
और मैं सुरक्षा के कीचड़ में
गिर पड़ा छपाक से धन्यवाद का पत्थर।".[18]

"हलक तक में उछलते प्राण को
या कुकड़ूकू की आवाज के भीतर।".[19]

"जब अकेली चट्टान को भी बजाती
ओस की बूंदें टप्-टप् कर।".[20]

"उसी वक्त मुझे सुनाई पड़ने लगती
तुम्हारे खून की नदी में पंख मारते
हंसों की फड़फड़ाहट।".[21]

"हिनहिना रहे घोड़ों की तरह हुमसते हमलावर
तापते अलाव के पास
कुत्ते गुर्रा रहे
और अलंकृत वाणी में छप रही उनकी गुर्राहट।".[22]

---

[17] चंद्रकांत देवताले, आग हर चीज में बताई गई थी-पृ.40
[18] चंद्रकांत देवताले, आग हर चीज में बताई गई थी-पृ.65
[19] चंद्रकांत देवताले, आग हर चीज में बताई गई थी-पृ.68
[20] चंद्रकांत देवताले, पत्थर की बैंच-पृ.24
[21] चंद्रकांत देवताले, पत्थर की बैंच-पृ.42
[22] चंद्रकांत देवताले, पत्थर की बैंच-पृ.61

"सिर्फ हवा की फुसफुसाहट निकलती है
और जिसे तुम बस्ती कह छोड़ आये थे पीछे बहुत।".[23]
"तुम अपनी खड़खड़िया साइकिल पर जाते हो
सोचते हुए आज बसंत पंचमी है।

***

अब तुम यह सोचते हो देखा गेहूँ के दाने
खनक रहे है, तभी तुम पुलिया में घुसने के पहले।".[24]
"कहाँ से आती है अचानक
इतनी हवा चिंघाड़ली हुई
सैकड़ों हाथियों की तरह झूमती।".[25]

इन कविताओं में खटाखट, छपाक, कुकड्रंकू, टपटप, फड़फड़ाहट हिनहिनाना, गुर्राहट, फुसफुसाहट, खड्खडिया और चिंघाड द्वारा श्राव्य बिंब प्रस्तुत किया है।

"और उसका गुनगुना स्पर्श खाली गिलास को नशेवाली चीज से भर देता है।".[26]

"खुलते ही आँख दिखते हैं कमरे में उड़ते दुर्जेय किले
मैं टटोलता हूँ हड्डियाँ ढूँढ़ता हूँ खून के भीतर चाबी नहीं मिलती।".[27]

"मेरी त्वचा पर धूप का गुनगुना हाथ
और मेरी जेब में कुछ पत्थर हैं।".[28]

---

[23] चंद्रकांत देवताले, उसके सपने (लकड़बग्घा हँस रहा है)-पृ.73

[24] चंद्रकांत देवताले, उसके सपने (लकड़बग्घा हँस रहा है)-पृ.77

[25] चंद्रकांत देवताले, उसके सपने (रोशन के मैदान की तरफ)-पृ.111

[26] चंद्रकांत देवताले, आग हर चीज में बताई गई थी-पृ.36

[27] चंद्रकांत देवताले, आग हर चीज में बताई गई थी-पृ.65

[28] चंद्रकांत देवताले, उसके सपने (लकड़बग्घा हँस रहा है)-पृ.56

इन कविताओं में गुनगुना, टटोलता आदि शब्द स्पर्श बिंब प्रस्तुत कर रहे हैं।

"गिर पड़ते हैं आँखों से बाहर
और नमक का स्वाद तुम्हारी
जीभ पर मरने लगता है भीतर।"[29]
"मेरी देह तक मेरे लिए खिंच आया था
उस वक़्त तुम मुझे देखतीं
खारेपन में गिरफ्तार और उदात्त हलचल के।"[30]

इन पंक्तियों में कवि ने नमक और खारेपन के माध्यम से स्वाद-बिंब प्रस्तुत किया है।

महेन्द्र कार्तिकेय के काव्य में ऐंद्रेय बिंब स्पष्ट दिखाई पड़ता है।

"सागर की मुट्ठी में है
रंग बिरंगे फूल मौसम के
हरियालियाँ
तझड़ वसंत।"[31]
"तभी तो रत्नगर्भा
सागर बदलता है मुद्राएँ-
रंगीनियों,
कभी गहरा हरा
कभी नीला

---

[29] चंद्रकांत देवताले, उसके सपने (रोशनी के मैदान की तरफ) पृ.93

[30] चंद्रकांत देवताले, उसके सपने (रोशन के मैदान की तरफ)-पृ.121

[31] महेंद्र कार्तिकेय, सागर स्पर्श-पृ.38

कभी श्वेत
कभी स्वर्णिम।"[32]
"सागर भी उदास होता है
तो उसके चेहरे का रंग
बड़ी तेजी से बदलने लगता है
गाढ़ा हरा रंग
गहरे नीले में हो जाता है परिवर्तित
फिर भूरा स्याह।"[33]
"रोशनी के फव्वारे के नीचे
नहा रही हैं
गौरांग चिडियाँ
फूट रही अंगों से
चाँदनी की शुभ्रता।"[34]
"एक ओर मणिकर्णीका
दूसरी ओर हरिश्चंद्र घाट
धू-धू कर जलता है
अहर्निश।"[35]
"जब से बेहोश हूँ
मेरे सपने में पत्थर ही पत्थर आते हैं
हरे पत्थर
नीले पत्थर

---

[32] महेंद्र कार्तिकय, सागर स्पर्श-पृ.41
[33] महेंद्र कार्तिकय, सागर स्पर्श-पृ.47
[34] महेंद्र कार्तिकेय, सागर स्पर्श-पृ.73
[35] महेंद्र कार्तिकय, ठहरी हुई लहर-पृ.14

पीले पत्थर
किस्म-किस्म के पत्थर।"[36]
धरती के सीने पर शीशे सा मढ़ा हुआ
झलमलाता
हरा पर्दा रोशनी में जगमगाता
रुके हुए पोतों पर प्रकाश की लता।"[37]
"खिड़की से देखता हूँ
लाल लाल सूरज का गोला
दूर कहीं पर
क्षितिज छोर पर।" [38]

इन कविताओं में कवि ने हरियाली, हरा, नीला, श्वेत, स्वर्णिम भूरा स्याह, गौराग, चाँदनी धू-धू झलमलाता, जगमगाता और लाल लाल आदि शब्दों से दश्य बिंब को प्रस्तुत किया है।

"हवा गुनगुनायेगी
मन चहचहायेगा
एक पल के लिए खुशियों का सागर
तप्त रेत को शीतल कर जायेगा।"[39]
"तुम नहीं आयी
तुम्हारी प्रतीक्षा में घड़ियों की सुईयाँ रुकी नहीं,
धड़कन की धड़धड़ तेज हो गयी।"[40]

---

[36] महेंद्र कार्तिकय, ठहरी हुई लहर-पृ.30
[37] महेंद्र कार्तिकय, केंकड़ों के सिर पर ताज-पृ.27
[38] महेंद्र कार्तिकय, केंकड़ों के सिर पर ताज-पृ.44
[39] महेंद्र कार्तिकेय, सागर स्पर्श-पृ.19
[40] महेंद्र कार्तिकेय, सागर स्पर्श-पृ.51

"खुल जाती है नींद
राजधानी की गड़गड़ाहट गूँजती है,
सागर के स्वाँसों की नमकीन नशीली गंध फैलती है।".[41]
"काशी के घाट
उर्जा के बंध
कल-कल जल
करता मन निर्मल।".[42]
"करता रहता है उच्चार
जीवन्त मंत्र का
गाता ही रहता है
हं हं स्वाहा
हं हं स्वाहा।"

***

अचार पापड़ों के अम्बार
रिक्शों की घंटियों की टनटनाइट।".[43]
"आज भी सब कुछ है ठीक
दूरभाषा की घंटी में
नहीं है सिर्फ खनखनाहट।".[44]
"उत्तुंग पहाड़ों पर होता है बर्फ
होता है स्पन्दन

---

[41] महेंद्र कार्तिकेय, सागर स्पर्श-पृ.55
[42] महेंद्र कार्तिकेय, सागर स्पर्श-पृ.13
[43] महेंद्र कार्तिकेय, सागर स्पर्श-पृ.15
[44] महेंद्र कार्तिकेय, सागर स्पर्श-पृ.12

कलकल छलछल।".[45]
"फिर करती है संघर्ष
जोर ही होती है
किटकिटाहट हड़हड़ाहट
पत्थरों के गोल लुढ़कते हैं।".[46]
"दूर कहीं पर
क्षितिज छोर पर
झक झक झक के साथ भागता।".[47]
"धूप में पिघल कर फैलता
ठंठ में ठिठुरता सिकुड़ता
और बरसात में डूबता
मस्त छपा छप नहाता।".[48]

महेंद्र कार्तिकेय की इन कविताओं में गुनगुनायेगी, चहचहायेगी, धडधड़, गड़गड़ाहट, कल-कल, हं हं स्वाहा, टनटनाहट, खनखनाहट, किटकिटाहट, हड़हड़ाहट, झक-झक और छपा छप शब्दों के माध्यम से श्रव्य बिंब प्रस्तुत किया गया है।

"समुद्र ठट्ठा मारता है
और असंख्य हाथ
टटोलते रहते हैं दीवाल।".[49]
"मैंने तुम्हें छुआ

---

[45] महेंद्र कार्तिकेय, कैंकड़ों के सिर पर ताज-पृ.33
[46] महेंद्र कार्तिकेय, कैंकड़ों के सिर पर ताज-पृ.36
[47] महेंद्र कार्तिकेय, कैंकड़ों के सिर पर ताज-पृ.44
[48] महेंद्र कार्तिकेय, कैंकड़ों के सिर पर ताज-पृ.74
[49] महेंद्र कार्तिकेय, सागर स्पर्श-पृ.20

रेशम के फाहे सा कोमल
तुममें नहीं जागा।”.[50]
“आओ
सागर की बाँहों में सो जाओ
खो जाओ वक्ष में लिपटकर।”.[51]
“ताजा खिला सेमल पुष्प
गौरांग चिड़िया के वक्ष
रुई का मुलायम वक्ष।”.[52]
“आज भी सब कुछ है ठीक
दूरभाष की घंटी में
नहीं है सिर्फ खनखनाहट
सूर्य गर्माया तमतमाया।”.[53]
“मनुष्य को देता है इंद्रधनुष
रंगबिरंगे बादल
शीतलता आह्लाद।”.[54]
“छूते ही हवा सी
लिपट जाती है
तन से मन से।”.[55]

[50] महेंद्र कार्तिकिय, सागर स्पर्श-पृ.31
[51] महेंद्र कार्तिकेय, सागर स्पर्श-पृ.39
[52] महेंद्र कार्तिकय, सागर स्पर्श-पृ.73
[53] महेंद्र कार्तिकेय, सागर स्पर्श-पृ.12
[54] महेंद्र कार्तिकेय, सागर स्पर्श-पृ.21
[55] महेंद्र कार्तिकेय, केंकडों के सिर पर ताज-पृ.16

इन कविताओं में कवि ने टटोलना, छूना, लिपटकर, मुलायम, गर्माया, शीतलता और लिपट शब्दों के माध्यम से स्पर्श बिंब प्रस्तुत किया है।

"रात के अंधेरे में
रजनीगंधा महकती है
हिमालय के माथे पर
रजत शिखर चमकता है।".[56]

इस कविता में महकती शब्द के माध्यम में घ्राण बिंब प्रस्तुत किया गया है।

"सागर सोया मेरे पास
मीठा सागर
नहीं नहीं मीठा नहीं
खारा सागर, खारा सागर।".[57]
"खुल जाती है नींद
राजधानी की गड़गड़ाहट गूंजती है
सागर के स्वाँसों की नमकीन नशीली गंध
फैलती है।".[58]
"चाहे कैसा हो सागर
मीठा हो खारा हो
उथला को गहरा हो।".[59]

---

[56] महेंद्र कार्तिकेय, मोहरे-पृ.61
[57] महेंद्र कार्तिकेय, सागर स्पर्श-पृ. 41
[58] महेंद्र कार्तिकेय, सागर स्पर्श-पृ.55
[59] महेंद्र कार्तिकय, मोहरे-पृ.23

सागर भीतर भी है
खारा खारा
प्यासा ही रहता है मन तन आजीवन।".[60]

इन कविताओं में मीठा, खारा और नमकीन शब्दों के माध्यम से स्वाद बिंब प्रस्तुत किया गया है।

प्रयाग शुक्ल की रचनाओं में भी ऐंद्रिय बिंब की झलक स्पष्ट रूप से दिखाई देता है।

"हवा में काँपती है वह
साड़ी की लाल पाढ़
उस पेड़ पर इकट्ठा है।".[61]

"एक गहरी नीली फटी साड़ी पहने
से बूढ़ी स्त्री एक,
भाग रही थी ट्रेन छूटने
की घबराहट में।".[62]

"कभी-कभी रंग आसमान का
ढलती हुई शाम में
लाल हो जाता है अजब तरीके से-
बादल भी छाए हों
तो भी वह लाती उजास बन
छितराई दिखती है
सब तरफ।".[63]

---

[60] महेंद्र कार्तिकय, केकड़ों के सिर पर ताज-पृ.13
[61] प्रयाग शुक्ल, यह एक दिन है-पृ.26
[62] प्रयाग शुक्ल, अधूरी चीजें तमाम-पृ.55
[63] प्रयाग शुक्ल, बीते कितने बरस-पृ.20

"सूखी नहर पार हुई झटके में,
फिर दिखी
सूरजमुखी! सूरजमुखी!
हरे के ऊपर पीले का
वह गोल मुँह।".[64]

इन कविताओं में प्रयाग शुक्ल ने साड़ी की लाल पाढ़, नीली फटी साड़ी, आसमान का बदलता हुआ रंग और हरे, पीले सूरजमुखी के माध्यम से दृश्य बिंब प्रस्तुत किया है।

"नीचे एक ट्रक घरघराता है
जो दिखाई नहीं पड़ता।".[65]
"हम सुनते लेटे रहते है आवाजें रविवार की
हवा आती है, फड़फड़ाती कमरे में कागज।".[66]
"दूर जाती हुई बस की घरघराहट की अंतिम गूंज
जहाँ खत्म हो जाएगी
वहीं पर उभर आयेगी रात-कुछ करो मेरे लिए।".[67]
"एक और घर की दीवारों को
फड़फड़ाती है वे भी कबूतर
या गोरैया जब भूल जाती है
खिड़की का होना

थोड़ी देर के लिए

[64] प्रयाग शुक्ल, बीते कितने बरस-पृ.58
[65] प्रयाग शुक्ल, यह एक दिन है-पृ.11
[66] प्रयाग शुक्ल, यह एक दिन है-पृ.27
[67] प्रयाग शुक्ल, यह एक दिन है-पृ.54

वे भी करती है 'हुस-हुस'।

***

बंद रहना कई दिनों तक
घर का
दरवाजे पर ठक-ठक।"[68]
"सीढ़ियाँ चढ़कर आता है वह लड़का
धम-धम करता दरवाजा
जगा देता हमें नींद से।"[69]
"एक बहुत पुराने कुएँ
के भीतर
गिरती है एक बाल्टी 'छप्प' से।"[70]
"अकेला मैं अब सुनता हूँ
एक चिड़िया की आवाज
पत्तों की सरसराहट आहट।"[71]
"एक बार लौटा फिर
घर के दरवाजे पर
की 'ठक, ठक
सुन पड़ी पीछे छूटी हुई नदियों की लय।"[72]
"सुन सकूँ छत पर पड़े एक पुराने
अखबार की फरफराइट।"[73]

---

[68] प्रयाग शुक्ल, यह एक दिन है-पृ.66
[69] प्रयाग शुक्ल, यह एक दिन है-पृ.71
[70] प्रयाग शुक्ल, अधूरी चीजें तमाम-पृ.20
[71] प्रयाग शुक्ल, अधूरी चीजें तमाम-पृ.31
[72] प्रयाग शुक्ल, अधूरी चीजें तमाम-पृ.69
[73] प्रयाग शुक्ल, बीते कितने बरस-पृ.32

दूर बस की घरघराहट है

बस, जिससे अक्सर वह

धक्कों में उतरी है।"[74]

इन कविताओं में शुक्त जी ने घरघराता, फड़फड़ाती, हुस-हुस, ठक-ठक, धम-धम, छप्प और सरसराहट के माध्यम से श्राव्य-बिंब प्रस्तुत किया है।

"कपड़े पछीटने की

यह थप- थप

हिल रही है पत्तियों।"[75]

"मंडराती हैं खंड़हरों के कोने-अंतरों में,

सन्नाटे में,

फुर्र से उड़ जाती, पंख फड़फड़ाकर

सुनकर पगचाप।"[76]

"दूर घरघराती है बस

वापस लौट आती है नदी

अपने भीतर

बहती हुई। सुनती है रह-रहकर

छपाक छपाक।"[77]

इन कविताओं में शुक्ल जी ने थपथप, फड़फड़ाकर, घरघराती और छपाक-छपाक शब्दों से श्रवय बिंब प्रस्तुत किया है।

"मैं जब एक पगडंडी पर चला जा रहा होता हूँ

---

[74] प्रयाग शुक्ल, बीते कितने बरस-पृ.41

[75] प्रयाग शुक्ल, समकालीन भारतीय साहित्य, वर्ष-7, अंक-27 जनवरी-मार्च-1987-पृ.77

[76] प्रयाग शुक्ल, साहित्य अमृत, वर्ष-5 अंक 11 जून-2000, पृ.17

[77] प्रयाग शुक्ल, समकालीन भारतीय साहित्य, वर्ष-3, अंक-12 अप्रैल-जून-1983, पृ.74

घास पर-पीली मुरझायो घास पर
धीरे-धीरे माथे को तपा कर धूप,
दिलाती है याद हजार चीजों की।"[78]
"रास्ते में आ गया वह।
तने को हल्के से छूकर
मैं जा रहा था तीर की तरह।"[79]
"मिट्टी की यह छुअन
तुम्हारी, उमड़े।
गंध बने स्मृति की-
व्याकुल, बोलो।".[80]

इन कविताओं में तपा कर धूप, छूकर और छुअन शब्दों के माध्यम से स्पर्श बिंब प्रस्तुत किया गया है।

राजेश जोशी की कविताओं में भी ऐंद्रिय बिंब के दर्शन होते हैं।

"ठंड की इस सुबह की तरह
साँवले और धुँधले-धुँधले हैं
उनके चेहरे
चेहरों के पीछे
उगता हुआ सूरज।".[81]
"तोता तोता है
और खूब हरा है

[78] प्रयाग शुक्ल, यह एक दिन है-पृ.33
[79] प्रयाग शुक्ल, अधूरी चीजे तमाम-पृ.70
[80] प्रयाग शुक्ल, अधूरी चीजे तमाम-पृ.71
[81] राजेश जोशी, धूप घड़ी (एक दिन बोलेंगे पेड़)-पृ.17

जैसे कोई हरा-भरा पेड़
खाता-पीता पेड़।"[82]
"चमकदार हरी आँखों वाली बिल्ली
बिल्ली के सामने
सुरमई बादलों-से रंग का
कबूतर।"[83]
वह हरी-हरी कमीज मैंने पहन ली
जो उसे खूब खूब पसंद थी।"[84]
"हरी पीली लाल बैंजनी
रंग-बिरंगी तितलियाँ
तितलियाँ
जैसे स्वप्न पंखदार।"[85]

राजेश जोशी ने अपनी इन कविताओं में साँवले, धुँधले धुँधले, हरा-भरा, चमकदार आँखों, हरी-हरी और हरी, पीली बैंजनी आदि शब्दों से दृश्य बिंब प्रस्तुत किया है।

"पेंट की जेब के पास आते ही
पिंपियाया मेटल डिटेक्टर
पीं... पी... पीं... पीं....."[86]
"या किसी संकरी-सी गली से
या मैदान के ही किसी कोने से

[82] राजेश जोशी, धूप घड़ी (एक दिन बोलेंगे पेड़)-पृ.84
[83] राजेश जोशी, धूप घड़ी (एक दिन बोलेंगे पेड)- पृ. 105
[84] राजेश जोशी, धूप घडी (मिटटी का चेहरा)- पृ. 127
[85] राजेश जोशी, धूप घडी (मिटटी का चेहरा)- पृ.133
[86] राजेश जोशी, नेपथ्य में हँसी-पृ.38

प्रकट होते हैं
ठुनठुनाते हुए
झुनझुनाते हुए
किसी खोई हुई चाबी के गुच्छे से।".[87]
"आस-पास कहीं दूर तक
कोई खड़खड़िया साइकल भी टिकी नहीं दिखती
मुनीर मियों के पास है एक बाबा आदम के
जमाने की साइकाल
जिसके खड़खड़ाते केरियर पर दबाकर ।"[88]
"जदू
खाली टोकरी से
निकलता है
कबूत्तर
गुटर गुँSS करता"[89]
"चारों ओर घड़ियों है
टिक-टिक करती धड़क रही है
कारीगर की उँगलियाँ लगातार।"[90]
"उन पर पानी छींटत्ता
पानी पड़ते ही खिलखिलाहट में
बदल जाती है उनकी मुस्कराहट
वे हँसते हैं

---

[87] राजेश जोशी, धूप घडी (एक दिन बोलेंगे पेड)- पृ.18
[88] राजेश जोशी, धूप घड़ी (एक दिन बोलेंगे पेड़) पृ.22
[89] राजेश जोशी, धूप घड़ी (एक दिन बोलेंगे पेड़)-पृ.87
[90] राजेश जोशी, धूप घड़ी (एक दिन बोलेंगे पेड़) पृ.98

और झुनझुने खनखनाते हैं

चारों ओर।".[91]

यहाँ कवि ने पीं... पी... पीं..... ठुनठुनाते, शुशुनाते, खड़खड़ाते, गुटर और टिक-टिक के माध्यम से श्रव्य-बिंब उत्पन्न किया है।

"हम पत्थर थे

पहाड़ों से आए थे

कठोर खुरपरे गोले और मूढ़ ।"[92]

यहाँ राजेश जोशी ने खुरदरे शब्द का माध्यम से स्पर्श बिंब प्रस्तुत किया है ।

"पानी की आवाज से जुड़ी भी न जाने कितनी स्मृतियों

पकौड़ों की स्मृति स्वाद बनकर आती थी जबान पर।"[93]

इन पंक्तियों में राजेश जोशी ने पकौड़ों के माध्यम से स्वाद बिंब प्रस्तुत किया है।

अरुण कमल की रचनाओं में ऐंद्रिय बिंब के कुछ तत्व दिखाई देते हैं।

"खेत पीले

हरा पेड़

नीला आकाश

बगुले सफेद ।"[94]

"धो लेने दो

---

[91] राजेश जोशी, धूप घड़ी (मिट्टी का चेहरा)-पृ.135

[92] राजेश जोशी, धूप घड़ी (एक दिन बोलेंगे पेड़-पृ.42

[93] राजेश जोशी, पहलः 63, जनवरी-2000, पृ.64

[94] अरुण कमल, नए इलाके में-पृ.42

मल-मल कर साफ कर लेने दो
नदी की काली मिट्‌टी से।"[95]

"देर तक बैठा रहा
गंगा किनारे
ग्रीष्म का नीला आकाश
कुछ ज्यादा ऊपर उठा हुआ।"[96]

"फिर भी इतनी शांत और स्थिर
जैसे धूल भरे पत्तों के बीच खीरे का पीला फूल
ताकता एकटक आकाश।"[97]

"और तारों भरा आकाश
काले पहाड़-सा जिसके रोम-रोम से फूटा हो
चमचम झरना।"[98]

"बस एक फल दो
सूर्य का लाल फल
अंधकार का काला फल
जिसे बस एक बाट काहूँ और
अमर हो जाऊँ।"[99]

इन कविताओं में अरुण कमल ने पीले, हरा, नीला, सफेद, काली, चमचम आदि शब्दों से दृश्य बिंब प्रस्तुत किया है।

"लगता है कोई दरवाजे के पास है

---

[95] अरुण कमल, अपनी केवल धार-पृ.60

[96] अरुण कमल, अपनी केवल धार-पृ.57

[97] अरुण कमल, अपनी केवल धार-पृ.71

[98] अरुण कमल, सबूत-पृ.38

[99] अरुण कमल, आलोचना, वर्ष-34, अंक-77, अप्रैल-जून-1986-पृ.90

किसी के पाँवों की थप-धप-
फिर वही आवाज पेचों-सी छेदती।"[100]
"खिलखिलाता है जवान लड़का
और उठाकर ले जाता है काँपते हाथों को
ऊपर बहुत ऊपर।".[101]
"मिट्टी उठाता है मुट्ठी में और
मल-मल कर
नहाता है
छपछपाकर पानी में डूब-डूब कर।".[102]
"और चार रोज से खाली अंतड़ियों में
हुक्के की तरह गुड़गुड़ाती
फेफड़ों से आयी एक फफेड़ा हवा की।"[103]
"टप टप देह से चूता है पानी
कल्याणी बैठी है चूल्हे के पास।"[104]

अरुण कमल ने अपनी इन कविताओं ने थप-थप, खिलखिलाता, छपछपाकर, गुड़गुडाती और टप-टप के माध्यम से श्रव्य बिंब प्रस्तुत किया है।

"कोई अंधा बूढ़ा
टो रहा है उस लड़के की देह

---

[100] अरुण कमल, अपनी केवल धार-पृ.26
[101] अरुण कमल, अपनी केवल धार-पृ.55
[102] अरुण कमल, नये इलाके में-पृ.59
[103] अरुण कमल, नये इलाके में-पृ.63
[104] अरुण कमल, नये इलाके में-पृ.71

जिसे बचपन में छू छूकर देखा था उसने।"[105]

यहाँ कवि ने 'टो रहा' शब्द के माध्यम से स्पर्श बिंब प्रस्तुत किया है।

"प्याज की तेज गंध हींग जीरे की कपूर की गंध
मुझे किसी औरत की गंध लग रही है।"[106]

"मेरे घर से सटा सरसों का खेत यह
मेरा नहीं
लेकिन रोज रात मेरी कोठरी में
आती है सरसों के फूलों की कौंधती गंध।"[107]

यहाँ कवि ने प्याज, हींग, कपूर और सरसों के माध्यम से घ्राण बिंब प्रस्तुत किया है।

"बस एक काट काटा अमरूद
कि भर गया इस से सारा शरीर
भीग गयी हड्डी तक।"[108]

"वे सारे खीरे जिनमें तीतापन है
हमारे लिए
वे सब केले जो जुड़वाँ हैं
वे आम जो बाहर से पके पर भीतर खट्टे हैं।"[109]

इन कविताओं में कवि ने अमरूद, तीतापन और खट्टे शब्दों के माध्यम से स्वाद बिंब प्रस्तुत किया है।

---

[105] अरुण कमल, अपनी केवल धार-पृ.55
[106] अरुण कमल, नये इलाके में-पृ.36
[107] अरुण कमल, सबूत-पृ.40
[108] अरुण कमल, सबूत-पृ.15
[109] अरुण कमल, हंस, वर्ष-13, अंक-3, अक्तूबर-1998

मंगलेश डबराल, कुमार अंबुज और कैलाश वाजपेयी की कविताओं में ऐंद्रिय बिंब के कुछ ही तत्व प्राप्त होते हैं।

"आकाश अपनी नीलिमा में
इतना विस्तृत था
कि मैंने अपनी मुक्ति का अहसास किया
लाल गुलाबी रंग का वह बादल
आकाश का इतना बड़ा हृदय था।" [110]

"उजले प्रदेश की भूरी चिड़िया
चक्कर खाते हुए बैठ गई है पीली दीवार पर
जो उस जनपद में है
जहाँ सारे घर पीले होकर चमक रहे हैं।" [111]

"यहाँ जो खड़े हैं ढेर-ढेर दुर्ग
और मंदिर मीनारों
इनके भीतर के चमकीले हरे रत्न लाल
और सोना
मेरा भोजन कभी नहीं रहे।" [112]

इन कविताओं में नीलीमा, लाल गुलाबी, पीली दीवार, लाल-सिंदूरी और चमकीले हरे रत्न लाल शब्दों के माध्यम से दृश्य बिंब उत्पन्न किया गया है।

"एक तेज बौछार ने मुझे बीच नींद से जगाया
दरवाजे खटखटाये खाली वर्तनों को बजाया।" [113]

---

[110] कुमार अंबुज, किवाड़-पृ.56

[111] कुमार अंबुज, अनंतिम-पृ.21

[112] कैलाश वाजपेयी, समकालीन भारतीय साहित्य, वर्ष-19, अंक-80, नवंबर-दिसंबर 1998, पृ.21

[113] मंगलेश डबराल, हम जो देखते हैं-पृ.21

"अम्मा की याद
जैसे भर लेंगे सारी ऑक्सीजन
खड़खड़ाते फैफड़ों में एक साथ।"[114]
"हमारे ही भीतर से अपने भारी और जंग लगे
रूप में निकलती हुई
उनकी खन्-खन् की आवाजें एक समूह को
भर देती थीं खुशी से ।" [115]
"उनके कंधों पर थकान का रंग बैठा है उमंग बनकर
टुनटुन आरती शुरू होने को ही है टेकरी पर।"[116]
"न शरीर, न आत्मा और न ही दुःख जैसा कुछ
बस, दूर तक साँय-साँय

***

जैसे अनगिनत सुरंगों से गुजरती है रेलगाड़ी-
धड़-धड़ धड़-धड़ धड़-धड़।"[117]
"बस चलने को थी
इंजन की घर्र-घर्र से थर्रा रही थी पूरी बस।"[118]
"मेरी नज्जर और अक्षरों
के बीच एकाएक वह गिरा या शायद
कूदा धड़ाम से।"[119]

---

[114] कुमार अंबुज, किवाड़-पृ.85
[115] कुमार अंबुज, अनंतिम-पृ.18
[116] कुमार अंबुज, अनंतिम-पृ.21
[117] कुमार अंबुज, अनंतिम-पृ.42
[118] कुमार अंबुज, अनंतिम-पृ.59
[119] कैलाश वाजपेयी, भविष्य घट रहा है-पृ.51

यहाँ कवि ने खटखटाये, खड़खड़ाते, खन-खन, टुन-टुन, साँय-सौय, धड़-धड़, घर्र-घर्र और धड़ाम शब्द के माध्यम से श्रव्य बिंब प्रस्तुत किया है।

"अंड़े और दूध का प्रोटीन जेब खटखटा रहा था
खली और नमक की खुशबू
पशुओं की भूख में मुँह फाड़ रही थी
आदम इच्छाओं में शामिल हो रहा था
हरे धनिए का रंग और अदरक का स्वाद।"[120]

कुमार अंबुज की इस कविता में जली और नमक की खुशबू के माध्यम से घ्राण बिंब और अदरक के माध्यम से स्वाद बिंब प्रस्तुत किया है।

इस प्रकार हम देखते हैं कि समकालीन कवियों की रचनाओं में ऐंद्रिय बिंब के सारे तत्व प्राप्त होते हैं।

4.2.3 आदिम बिंब :

आदिम बिंब पुराणकालीन वस्तुओं, अनुभूतियों, संस्कारों और प्रवृत्तियों के बिंब हैं। ये बिंब प्रारंभिक युग से अब मनुष्य के सामूहिक मन में संचित है और अनुकूल अवसर पाकर चेतना के स्तर पर प्रतिबिंबित हो उठते हैं। प्रसिद्ध मनोविश्लेषणकर्ता युंग ने फ्राइड के अवचेतन सिद्धांत को संशोधित कर चेतना के तीन स्तर माने जाते हैं। 1, चेतन मन, 2, वैयक्तिक अचेतन मन, 3, सामूहिक अचेतन मन।

[120] कुमार अंबुज, किवाड़-पृ.22

चेतन मन मानव का सर्वोच्च स्तर है, जहाँ मनुष्य का अहं भाव क्रियाशील रहता है। वैयक्तिक अचेतना मन में विशेष के जीवन में तमाम अनुभव राख-चिंगारी की संचित रहते है। इसमें व्यक्ति की विस्तृत या दमित कल्पनाएँ या सपने संचित रहते हैं। सामूहिक अचेतन मन का क्षेत्र सर्वाधिक विस्तृत रहता है। जिसमें वैयक्ति भावना के उदय के पूर्व की भावनाएँ विद्‌यमान रहती हैं।

युग के शब्दों में-"मन के निर्वैयक्तिक स्तर को मैंने सामूहिक अचेतन की संज्ञा दी है, क्योंकि वह व्यक्तिगत उपलब्धि नहीं है बल्कि वह वंशानुगत मस्तिष्क संरचना की क्रिया है, जो मोटे तौर पर सभी मानवों में एक जैसी रहती है।".[121]

युंग ने केवल प्रकृति ही नहीं, बल्कि आदिम बिंब के सारे क्रियाकलाप और मिथकीय विश्वासों को आदिम बिंब के रूप में अपनाया है। इस प्रकार आदिम बिंब में (क) प्रकृति के सारे मूर्त तत्व आ जाते हैं, जो आदिम युग से आज तक विद्‌यमान है, जैसे-नदी, पर्वत, समुद्र, मेघ, विद्‌युत आदि। (ख) देवताओं, राक्षसों एवं अन्य अप्राकृतिक शक्तियों से संबंधित पुरा कथाएँ। (ग) भूत, प्रेत, आत्मा-परमात्मा, स्वर्ग-नरक आदि मान्यताएँ। (घ) आदिम मनोवृत्ति के परिचायक रीति-रिवाज, संस्कार आदि बिंब आदिम बिंब के अंतर्गत आ जाएंगे।

समकालीन कवियों की रचनाओं में आदिम बिंब कहीं-कहीं पर दिखाई पड़ते हैं। चंद्रकांत देवताले के काव्य-संग्रहों में कहीं-कहीं पर ही दिखाई पड़ते हैं। 'आग हर चीज में बताई गई थी'

---

[121] डॉ. गीता अस्थाना, केदारनाथ सिंह के काव्य में बिंब विधान-पृ.11

काव्य-संग्रह में सूरज, समुद्रों, धरती, पारस पत्थर, कल्प-वृक्ष, नदियाँ, नक्षत्रों, सतरंगी किरणें, उल्का-पिण्ड और तितलियों के माध्यम से आदिम-बिंब को प्रस्तुत किया है।

"सूरज को कंधे पर लादकर
जा सकते हैं हम समुद्रों के पार
हम हवा को जेबों में भरकर
पहुँच सकते है
धरती के किसी भी हिस्से में।"[122]
"पारस और कल्पवृक्ष के बारे में मैं नहीं जानता
मेरी आत्मा झाग के थपेड़ों में नहा रही है।
***
जिसे तुम त्वचा कहते हो वह नदी का बसंत है
चाँदनी में बहता हुआ इच्छाओं का झरना।"[123]
"नदियाँ दौड़ती हुई सफेद रात में
सफेद रात में देख रहा मैं
ब्रह्माण में खुलती खिड़की से
चमकते नक्षत्रों के बीच उगा काला सूरज
काले सूरज से विकीर्ण होता
सतरंगी किरणों का समूह
और उनके बीच टूटते-भटकते
उल्का-पिण्ड लगातार
कई बातों के लिए बचन बनती

[122] चंद्रकांत देवताले, आग हर चीज में बताई गई थी-पृ.11
[123] चंद्रकांत देवताले, आग हर चीज में बताई गई थी-पृ.36

तितलियाँ नाजुक बहुत नीचे
चिनगारियों के बीच भी
बेधड़क उड़ती हुई प्रसन्न।"[124]

'पत्थर की बैंच' काव्य-संग्रह में आदिम-बिंब को धूप, आकाश, समुद्र, हंस, जलपाखी, इंद्र और घोड़े के माध्यम से प्रस्तुत किया गया है।

"पत्थर सुड़प रहे थे पानी और धूप चाट रही थी उफनाते झाग को
हम पड़े रहते रेत पर
चुपचाप देखते सूरज और आकाश।" [125]

"हंसध्वनि की लय पर
ठिठक जाता महाकाल
दो जलपाखी गोता लगाते गहरे
और प्रेम की हथेली पर
मोती के एक नन्हें बच्चे सा
चमकने लगता समुद्र।" [126]

"काल की गुहा में नहीं से हो गए हैं
इंद्र, उषस् और सविता के घोड़े
अग्नि के रोहित का पता नहीं कहाँ होगा जीवाशम।" [127]

'पूर्णिमा' शीर्षक कविता में चंद्रकांत देवताले ने घोड़े, चंद्रमा, आकाश और समुद्र के माध्यम से आदिम बिंब प्रस्तुत किया है।

---

[124] चंद्रकांत देवताले, आग हर चीज में बताई गई थी-पृ.43

[125] चंद्रकांत देवताले, पत्थर की बैंच-पृ.30

[126] चंद्रकांत देवताले, पत्थर की बैंच-पृ.42

[127] चंद्रकांत देवताले, पत्थर की बैंच-पृ.59

"बादामी घोड़े की माँसपेशियों पर
फिसलती हुई चाँदनी
गिरफ्तार कर रही है रफ्तार को
दोनों भौंचक होकर देख रहे उड़ते घोड़े का थम जाना।

***

चंद्रमा तो आकाश में सही सलामत
और खण्डन करता हुआ
समुद्र तथा इन दोनों के बीच की खींचतान के
बारे में
अपनी किसी भूमिका का
गहरी नींद में है थका समुद्र ।"[128]

महेंद्र कार्तिकिय के काव्यों में भी आदिम बिंब की झलक स्पष्ट रूप से दिखाई देती है। 'सागर स्पर्श' काव्य संग्रह में घोड़े, ऊँटों, हाथी, आकाश, हवा, ज्वार-भाटे, सागर और अमृत के माध्यम से अदिम बिंब प्रस्तुत किया है।

"इतिहास के अंधेरे में
घोड़ों के टापों पर
ऊँटों के कंधों पर
हाथी के हौदों पर
था अपने पांवों पर
करते थे यात्राएँ।" [129]

"सागर ने धरती को छुआ

---

128 चद्रकांत देवताले, समकालीन भारतीय साहित्य, वर्ष-8, अंक-80, अक्तूबर-दिसंबर, 1987. पृ..151, 152

129 महेंद्र कार्तिकय, सागर स्पर्श- पृ.23

अपने होठों से
धरती के तन हरिया गये
नदियाँ भर आयीं
आकाश हो गया स्वच्छ साफ
हवा में बस गयी माटी की गंध
रेत पर लिखा मैंने सागर का नाम
ज्वार आये
भाटे आये
रात आयी
दिन आये
लहरों के थपेड़ों से
बह गयी रेत।" [130]

"सागर ही देता है अमृत
सागर ने मंद होती रौशनी में
डाल दिया तरह नेह
जी उठी ज्योति
सागर ही देता है अमृत।" [131]

'ठहरी हुई लहर' काव्य संग्रह में घोड़ों, काशी, वर्षा, इंद्रधनुष, चाँद, सागर, सीपियाँ, हवाएँ, पर्वतमालाएँ, किन्नर-किन्नरियाँ, प्रेत, तारे, जुगनू, भूत, हिमालय, नदियाँ और पर्वत के रूप में आदिम-बिंब प्रस्तुत हुआ है।

"काशी के घाटों से उतरकर
आदमी करता है स्नान,

130 महेंद्र कार्तिकय, सागर स्पर्श-पृ.32
131 महेंद्र कार्तिकय, सागर स्पर्श-पृ.38

संस्कृति का इतिहास
घोड़ों के टापों के साथ
गुजरने लगता है अनायास।" [132]
"वर्षा में रुकती नहीं दिशाएँ
कि इंद्रधनुषी तिलस्म बजता है जिस्मों के आर पार
सागर के किनारे
युग्मों का भीगना लिपटना।" [133]
"न बन पाता सूरज,
न चाँद
न तारे
न जुगनू ही।" [134]
"सागर तट पर होती है
रेत, सीपियों
मत्स्य अवशेष
सागर गर्जन
हवाएँ और गूंज ।" [135]
"गंतोक की खिड़की से दिखती है
कंचनजंघा तथा अन्य पर्वतमालाएँ
विराट भव्य शुभ्रता
आसपास
किन्नर-किन्नरियाँ हँसते प्रसन्नवदन,

[132] महेंद्र कार्तिकय, ठहरी हुई लहर-पृ.13
[133] महेंद्र कार्तिकय, ठहरी हुई लहर-पृ.19
[134] महेंद्र कार्तिकेय, ठहरी हुई लहर-पृ.38
[135] महेंद्र कार्तिकय, ठहरी हुई लहर-पृ.59

सड़क पर टहलते हैं प्रेत भूत लप्पट के

***

हिमालय का भाल

कंधे और वक्ष।" [136]

मोहरे' और 'कैंकड़ों के सिर पर ताज' काव्य-संग्रह में आकाश, सूर्य, चांद नक्षत्र, धरती और इंद्रधनुष के माध्यम से आदिम बिंब प्रस्तुत किया गया है।

"उनकी शाश्वता

निहित आकाश

सूर्य, चंद्र

नक्षत्र मडल

निरभ्र आत्मा का दर्पण।" [137]

"आकाश

एक स्लेट है, कैनवास है, सादा कागज है,

जिस पर बनता मिटता रहता है लगातार चित्र,

धरती

एक चादर है, एक बाग है, एक इंद्रधनुष है

जिस पर छाता रहता है रंगों का अंबार।" [138]

प्रयाग शुक्ल के काव्य-संग्रह 'यह एक दिन है अधुरी चीजें तमाम में आदिम-बिंब तितली, चींटी, फूल, कौवा, पेड, पहाड, गिलहरी, आकाश और वनस्पति के माध्यम से प्रस्तुत किया है।

"वे गयी दो तितलियाँ उड़कर, वह चींटी एक पत्ती

---

[136] महेंद्र कार्तिकय, ठहरी हुई लहर-पृ.63

[137] महेंद्र कार्तिकय, मोहरे-पृ.36, 37

[138] महेंद्र कार्तिकेय, कैंकड़ों के सिर पर ताज-पृ.9

पर चढ़ रही है, वे फूल हवा में हिलते हैं
वह पेड़ पत्तियाँ उतार कर खड़ा है निर्वसन
एक बहुत काला कौवा उड़ा जा रहा है।"[139]
"हम यानी मैं कुछ सीढ़ियाँ
कुछ पेड़, पहाड़, लकड़ियाँ, कभी आकाश धूप
छत आवाजें रात की दिन की
जब हम सचमुच मिलते हैं।"[140]
"मैं बैठा एक बेंच पर
वह उतरी बेंच पर
वह उतरी पेड़ से-
***

फिर दौड़तती चकित, गिलहरी।
ठहरी कुछ देर,
फिर भागती दूसरे पेड़ पर चली गयी।"[141]
"पहाड़ियों पर चढ़ी रहती है
एक झीनी परत
धूप की, हवा की, आकाश की।
दूर से बिल्कुल अलग दिखती हैं पहाड़ियाँ
स्थिर, शांत।"[142]
"रात को अंधेरे में डूब जाती है पहाड़ियाँ

[139] प्रयाग शुक्ल, यह एक दिन है-पृ.13
[140] प्रयाग शुक्ल, यह एक दिन है-पृ.21
[141] प्रयाग शुक्ल, अधूरी चीजें तमाम-पृ.31
[142] प्रयाग शुक्ल, अधूरी चीजें तमाम-पृ.74

क्या उस वक्त पहाड़ियाँ
होती हैं गहरी नींद में।

***

लेटे-लेटे वे दुलारती हैं
अपनी वनस्पतियाँ।" [143]

'मछली' और 'पार्क में गिलहरी' कविता में मछली, गिलहरी, चिड़िया और बादल के माध्यम से आदिम बिंब को प्रस्तुत किया गया है।

"इस मछली के मस्तिष्क में
जल नहीं
आकाश भर गया है।

***

छोटी-छोटी मछलियों के बीच से गुजरती
चिंतन-मग्न यह मछली
पूछती है खुद से-
समुद्र कहाँ गया तुम्हारा ओ ?" [144]
"वह, उतरती पेड़ से-
फिर दौड़ती चकित, गिलहरी

***

अकेला मैं अब सुनता हूँ
एक चिड़िया की आवाज

***

---

[143] प्रयाग शुक्ल, अधूरी चीजें तमाम-पृ.75

[144] प्रयाग शुक्ल, समकालीन भारतीय साहित्य, वर्ष-11. अंक-41, जुलाई-सितंबर-1990, पृ.112

छाते हुए घने बादलों की-
गहराती पार्क की घास में।" [145]

राजेश जोशी के काव्य-संग्रह 'नेपथ्य में हँसी' 'एक दिन बोलेंगे पेड़' मिट्टी का चेहरा' में आदिम बिंब राक्षस, कल्पवृक्ष, पहाड़, स्वप्न, बादल, ब्रह्मांड, ग्रह, सूरज, चाँद, तारे, नक्षत्र, उपग्रह, सप्तऋषि और अंतरिक्ष के रूप में प्रस्तुत हुए हैं।

"छोटी छोटी विकृतियाँ और अंतर्विरोध भी दिखें वहाँ
फूली हुई नसों वाले राक्षसों से इतने वीभत्स और दैत्याकार
कि आसानी से की जा सके उनसे घृणा
की जा सके नफ़रत।" [146]

"स्वर्ग में सबसे खतरनाक चीज है
कल्पवृक्ष
कहा जाता है कि मन में उठते ही कोई भी इच्छा
पूरी कर डालता है वह तत्काल।". [147]

"पहाड़ अपनी ऊँचाई में डूबे हुए_
डूबे हुए आसमान में
स्वप्न देखते हैं।
बादल आते हैं
और उनकी पलकों पर
नए-नए स्वप्न चिपका जाते हैं।" [148]

"आशंका से भरी इस दुनिया से

---

[145] प्रयाग शुक्ल, समकालीन भारतीय साहित्य, वर्ष-5. अंक-19, जनवरी-मार्च-1985, पृ.138
[146] राजेश जोशी, नेपथ्य में हँसी-पृ.27
[147] राजेश जोशी, नेपथ्य में हँसी-पृ.49
[148] राजेश जोशी, धूपघड़ी (एक दिन बोलेंगे पेड़)-पृ.33

और भी ढेर तमाम जगह हैं इस ब्रह्मांड में
मैं किसी भी दूसरे ग्रह पर जाकर बस जाऊँगा।"[149]
"सूरज ने स्वप्न देखा कि वह चाँद है
चाँद ने स्वप्न देखा कि वह
करोड़ तारे है।".[150]
"हाथ बँधे खड़े थे सारे नक्षत्र, ग्रह और उपग्रह
सात दिन खड़े थे सात दिनों की आभा
और और चारों मौसमों के सात हज़ार फूलों और फलों से
भारी डालियाँ लिए ऋचाएँ गा रहे थे सप्तऋषि तारे।".[151]
"तुम छुओ और हम उड़ जाएँ
अंतरिक्ष में
लुक जाए किसी नक्षत्र; किसी ग्रह, उपग्रह
या तारे की आड़ में।"[152]

मंगलेश डबराल के काव्य-संग्रह 'हम जो देखते हैं' में आदिम बिंब पृथ्वी सूरज, राक्षस और चाँद के माध्यम से प्रस्तुत किया गया है।

"सपने में हमें पृथ्वी गोल दिखाई देती है
जैसा कि हमने बचपन की किताबों में पढ़ा था
सूरज तेज गर्म महसूस होता है।".[153]
"वह किसी पहेली जैसा बेहद उलझा हुआ
रास्ता है, अक्सर धुएँ से भरा हुआ। उसके

---

[149] राजेश जोशी, धूपघड़ी (मिट्टी का चेहरा)-पृ.111
[150] राजेश जोशी, धूपघड़ी (मिट्टी का चेहरा)-पृ.119
[151] राजेश जोशी, धूपघड़ी (मिट्टी का चेहरा)-पृ.169
[152] राजेश जोशी, धूपघडी (मिट्टी का चेहरा)-पृ. 187
[153] मंगलेश डबराल, हम जो देखते हैं-पृ.35

अंत में एक गुफा है जहाँ एक राक्षस रहता है।"[154]

"चाँद हमारे ठीक सामने चमक रहा होता है आइने की
तरह इतना साफ़ कि हम उसमें अपने चेहरे के गड्ढे और
धब्बे भी करीब-करीब देख सकते हैं

***

चाँद के बारे में अब भी बच्चे कहीं ज्यादा जानते हैं।"[155]

कुमार अंबुज के काव्य-संग्रह 'अनंतिम' में आदिम-बिंब वनस्पति, शनि, मंगल, आकाश गंगा, चंद्रमा, सूर्य, नदी, तारे, बादल और बारिश के रूप में प्रस्तुत किया है।

"आयुर्वेद की महक प्रकृति की महक है
वनस्पतियाँ, तना, छाल, जड़ें, फूल, पत्तियाँ
बीज और बीज के भीतर की गिरियाँ और खनिज
जिनमें प्रकट आयुर्वेद।"[156]

"शनि और मंगल ग्रहों ने नहीं रोके मेरे रास्ते
आकाशगंगा एक सुदूर सुंदर दृश्य की तरह थी
जिसके होने की चेतना की परछाई गिरती थी मेरे ऊपर
सबसे ज्यादा करीबी था चंद्रमा जिसकी रोशनी में
नहाया हुआ खिला-खिला लगता था संसार
सूर्य अपनी मौज में जब चमकता था।"[157]

"होठों की तरह हिल रही है पत्तियाँ

---

[154] मंगलेश डबराल, हम जो देखते हैं-पृ.36
[155] मंगलेश डबराल, हम जो देखते हैं-पृ.37
[156] कुमार अंबुज, अनंतिम-पृ.30
[157] कुमार अंबुज, अनंतिम-पृ.34

नदी, तारे, बादल अपने मद्धिम और सांद्र स्वर में पुकार रहे हैं
जैसे पुकार रही है बारिश।"[158]

कुमार अंबुज की कविता 'पर्यटन' में अंतरिक्ष, ब्लैक होल, यूरेनस, नेप्च्यून, प्लूटों, गंधर्व विवाह, सूर्य और उल्काओं के माध्यम से आदिम बिंब प्रस्तुत किया गया |

"ठीक वहीं से दृष्टि के गवाक्ष से दिखता था
अंतरिक्ष का विशाल कोना
जिसमें सबसे पहले समा कर ओझल होता है समय
ब्लैक होल' में संगठित हुआ एक विशाल घनत्व

***

वहीं याद आए मुझे दुनियादारी घर गृहस्थी के छूटे हुए काम
सो यूरेनस, नेप्ट्यून और प्लूटो की सैर करते हुए स्थगित-

***

कितने गंधर्व विवाह हुए होंगे और कितने स्वयंवर
और यह सूर्य ही-मेरे सबसे निकट एक तारा-

***

सुनता हुआ आश्रव्य ध्वनियों
बचता हुआ उल्काओं से
जब लौटा मैं अपने घर।"[159]

अरुण कमल और कैलाश वाजपेयी के काव्य-संग्रह में आदिम बिंब न के बराबर ही दिखाई पड़ता है फिर भी एकाध स्थान पर आदिम बिंब की झलक दिखाई पड़ती है।

---

[158] कुमार अंबुज, अनंतिम-पृ.40

[159] कुमार अंबुज, साक्षात्कार, (237), सितंबर-99, पृ.910

"तोते का जुठाया अमरूद दो मुझे
जिसके भीतर की लालिमा फूटती हो बाहर
गिलहरी के दाँतों के दागवाला जामुन दो काला।"[160]

"मन होता है
सारा विषपान कर चुप चला जाऊँ
ध्रुव एकांत में
सही नहीं जाती
पृथ्वी-भर मासूम बच्चों
माँओं की बेकल चीख।" [161]

इन कविताओं में तोता, गिलहरी, ध्रुव और पृथ्वी के माध्यम से आदिम बिंब प्रस्तुत किया गया है।

4.2.4 प्रकृति बिंब :

समकालीन कवियों की रचनाओं में भी कहीं-कहीं पर छायावादी कविता के समान अनेक हृदयहारी वर्णन प्राप्त होते हैं, ऐसा प्रतीत होता है कि प्रकृति से विछिन्न करके इन कवियों की रचनाओं का कोई विशेष अर्थ है ही नहीं। कालिदास के प्रकृति चित्रण के बारे में लिखते हुए आचार्य हजारी प्रसाद द्विवेदी ने लिखा है- "कालिदास ने प्रकृति को तटस्थ की भांति नहीं देखा। वह अलंकरण की या मनुष्य को भाव-विह्वल करनेवाले आलंबन का ही काम नहीं करती, वह एक जीवंत संगिनी है। उसे हटा दिया

[160] अरुण कमल, आलोचना, वर्ष-34, अंक-77, अप्रैल-जून-1986, पृ.91

[161] कैलाश वाजपेयी, भविष्य घट रहा है-पृ.9

जाए तो मनुष्य का भावजगत मरुकांतार के समान सूना और नीरस हो जाएगा।"[162]

समकालीन कवियों में छायावादी कवियों सी पकड़ दिखाई नहीं देती फिर भी समकालीन कवियों ने प्रकृति के प्रति अपना लगाव प्रस्तुत किया है जो अलग-अलग रूप से पाठकों के हृदय को छू ही जाता है।

महेंद्र कार्तिकेय के काव्य संग्रह 'ठहरी हुई लहर', 'कैकड़ों के सिर पर ताज में प्रकति बिंब स्पष्ट रूप से दिखाई पड़ता है।

"चाँदनी रात में
बीते हुए दिन
कैसे-कैसे दिन
नहीं लगते बुरे
और यात्रा पहाड़ों, वनों,
और नदियों में जगाती है तिलस्म,
अपने से पार
चाँदनी रात का सफर

***

इसलिए चाँदनी रात में ताजमहल
और हो जाता है भव्य
और विराट।"[163]

यहाँ कवि में रात के समय चाँद और उसकी चाँदनी पहाड़ों, वनों और नदियों में एक प्रकार का जादू उत्पन्न करता है, लेकिन

---

[162] डॉ. माणिक्याम्बा, महादेवी के काव्य में बिंब-विधान-पृ.101

[163] महेंद्र कार्तिकेय, ठहरी हुई लहर-पृ.12

जब यह चाँदनी ताजमहल पर पड़ती है तब तो उसका रूप बदल ही जाता है और प्रकृति-अपने आप में और अधिक सुंदर हो जाती है।

"कभी
पहाड़ों और बर्फी का होता है ढेर
तो कभी
रंगे बिरंगी किरणों का देश
तो कभी
ठोस सागर आश्चर्यजनक चहल कदमी
तो कभी
एक ही वृक्ष में हर किस्म के फल
तो कभी,
फूलों में पटी हुई वादियों।"[164]

यहाँ कवि बताना चाहता है कि प्रकृति कभी भी एक सी नहीं रहती उसमें निरंतर परिवर्तन होता रहता है और हर जगह प्रकृति का अपना ही रूप होता है, उसे पहाड़ों पर बर्फ, रंगबिरंगी किरण, सागर, और वृक्षों पर फल और फूल के रूप में प्रस्तुत किया गया है।

"सागर
जब भी उदास होता है
तो त्यागता है खारापन
हवाओं के पंखों पर भरता है किलकारियाँ
करता है अट्टहास

[164] महेंद्र कार्तिकेय, ठहरी हुई लहर-पृ.10

कड़कती है बिजलियाँ।"[165]

कवि ने यहाँ सागर का मानवीकरण रूप प्रस्तुत किया। जिसमें सागर का उदास होना, अट्टाहास करना आदि विषय स्पष्ट दिखाई पड़ते हैं।

"एक वृक्ष
शायद वट वृक्ष
किस्म-किस्म के फल
आम, अमरूद, चीकू, नारंगी, केला, नारियल,
बेर, बेल, जामुन,
हर डाल से फूटती हैं अनेक डालियों
हर डाल में उगते हैं अलग-अलग किस्म के
पत्ते फूल फल।"[166]

प्रस्तुत पंक्तियों में कवि ने प्रकृति के सबसे सुंदरतम रूप का चित्रण प्रस्तुत किया है जहाँ पेड़ों पर रंग-बिरंगे फूल खिलने के बाद पेड़ अनेक प्रकार के फलों से लद जाते हैं, तब प्रकृति का रूप अपने आप में निराला हो जाता है।

"आकाश
एक स्लेट है, कैनवास है, सादा कागज है
जिस पर बनता मिटता रहता है लगातार चित्र,
धरती
एक चादर है, एक बाग है, एक इंद्रधनुष है
जिस पर छाता रहता है रंगों का अंबार।"[167]

---

[165] महेंद्र कार्तिकेय, ठहरी हुई लहर-पृ.18

[166] महेंद्र कार्तिकय, ठहरी हुई लहर-पृ.25

[167] महेंद्र कार्तिकेय, केकड़ों के सिर पर ताज-पृ.9

इन पंक्तियों में कवि ने आकाश में होनेवाले परिवर्तन को एक चित्र के रूप में प्रस्तुत किया है जिसमें धरती, इंद्रधनुष आदि अलग-अलग रूप में प्रस्तुत होते हैं।

प्रयाग शुक्ल ने अपनी कविताओं में प्रकृति को अधिक सफलता के साथ प्रस्तुत किया है। आपके काव्य-संग्रह 'यह एक दिन है', 'अधूरी चीजें तमाम' और 'बीते कितने बरस में प्रकृति-बिंब का रूप स्पष्ट दिखाई देता है।

"कुछ पेड़ पहाड़ों पर चढ़ते हैं,
कुछ उतर रहे हैं। कुछ इकट्ठा हैं एक जगह
न कहीं आते, न जाते हुए।"[168]

यहाँ शुक्ल जी ने पहाड़ी इलाके में पेड़ों का चित्रण प्रस्तुत किया, जो पहाड़ों पर जगह-जगह दिखाई देते हैं।

"ठंड के दिन छोटे होते हैं, गर्मियों के
लंबे। बारिश में केवल बारिश होती है, दिन
नहीं होते।"[169]

इन पंक्तियों में कवि ने प्रकृति के नियम का चित्रण प्रस्तुत किया है। ठण्ड के दिन छोटे गर्मियों के लंबे और बारिश के दिनों सूर्य का न दिखना प्रकृति के नियम को दर्शाता है।

"सूर्यास्त से पहले
नदी में पेड़ों की छायाएँ
दूसरे किनारे पर खिड़की पर मैं।"[170]

---

[168] प्रयाग शुक्ल, यह एक दिन है-पृ.13
[169] प्रयाग शुक्ल, यह एक दिन है-पृ.14
[170] प्रयाग शुक्ल, अधूरी चीजें तमाम-पृ.37

कवि अपने कमरे की खिड़की पर खड़े होकर सूर्यास्त से पहले नदी में पड़नेवाली पेड़ों की छायाओं को देख रहा है।

"बदल रहे हैं रंग पत्ते
हो रहे हैं हरे से पीले
बादामी
झर जायेंगे फिर
नहीं, नहीं विदा नहीं पतझर
तुम फिर आना।"[171]

इन पंक्तियों में कवि ने पतझर के समय पत्तों का रंग बदलना और फिर झर जाना, पतझड़ ऋतु का दृश्य उत्पन्न करता है।

"फूल हिल रहे थे
कई-कई रंगों में
उनके रंग पहचानने का
समय न था
थोड़ी बदली थी
जो ढक लेती थी धूप
फिर निकलती धूप को
देखने का समय नहीं था।"[172]

कवि बादलों के पीछे धूप और रंग-बिरंगे फूलों का चित्रण प्रस्तुत कर रहा है।

-पेड़ों के पीछे था

---

[171] प्रयाग शुक्ल, अधूरी चीजें तमाम-पृ.48

[172] प्रयाग शुक्ल, अधूरी चीजें तमाम-पृ.54

चंद्रमा
रात थी
याद थी
विलुप्त हुई चीजों की।"[173]
"झड़ी लगी है टूट नहीं रही
झड़ी लगी है
एक है धरती-
आसमान। लगी है झड़ी।"[174]

इन पंक्तियों में कवि ने जहाँ एक ओर रात के समय पेड़ों के पीछे छिपते चाँद का दृश्य प्रस्तुत किया है वहीं दूसरी ओर लगातार होनेवाली वर्षा का चित्रण भी प्रस्तुत किया है।

"उतरते अंधेरे में
पक्षी तैरता हुआ
बादल का टुकड़ा
आकाश पानी चुपचाप
किसी लेटी हुई
नदी का
पेड़ों का घेरा
पत्तों का हिलना
फिर घुलना हवा में।"[175]

---

173 प्रयाग शुक्ल, बीते कितने बरस-पृ.38
174 प्रयाग शुक्ल, बीते कितने बरस-पृ.45
175 प्रयाग शुक्ल, बीते कितने बरस-पृ.50

इन पंक्तियों में कवि ने शाम के समय प्रकृति का चित्रण प्रस्तुत किया है।

"वहाँ किरणें लहरियों पर बह रही है,
घुली जल में मौन ही कुछ कह रही है।
झुकी डालें किनारों पर डोलती है,
हाथ फैला उन्हें रह-रह तह रही है।
नाव होती चित्र में, कुछ दूर जाती
उड़ाकर वह पाल को, उनको बुलाती।"[176]

यहाँ कवि ने लहरों पर पड़ती हुई सूर्य की किरणें, किनारों पर मुके पेड़ों की डालियाँ और बहती हुई नाव के माध्यम से पाठक के आँखों के सामने प्राकृतिक दृश्य प्रस्तुत किया है।

"घटाएँ घनघोर जब घुमड़ आतीं
अंधियारा-सा दिन में
छाने जब लगता है,
उड़तीं मेघमालाएँ दुहरातीं
विहरातीं अपने को
सूरज घर अपने जब
जाने-सा लगता हैः
पड़ती हैं बूंदों की
बौछारें।"[177]

कवि दिन समाप्त होते समय बादलों का छा जाना और फिर बौछारों का पड़ना के माध्यम से प्रकृति बिंब प्रस्तुत कर रहा है।

---

[176] प्रयाग शुक्ल, साहित्य अमृत, वर्ष-6, अंक-12. जुलाई-2001, पृ.29

[177] प्रयाग शुक्ल, वागर्थ, अंक-98, सितंबर, 2003-पृ.20

"चाँदनी में पेड़
पेड़ पर चिड़िया
चिड़ियों की चोंच में
संदेसा ऋतु का
ऋतु में क्या
ऋतु में फूल
फूल पर तितलियों।"[178]

राजेश जोशी ने अपने काव्य संग्रह 'मिट्टी का चेहरा' में 'तितलियाँ' नामक शीर्षक कविता से चांदनी में पेड़, पेड़ पर चिडिया और तितली के माध्यम से प्रकृति रूप प्रस्तुत किया है।

अरुण कमल के काव्य संग्रह 'अपनी केवल धार' और 'सबूत' में प्रकृति-बिंब की छटा दिखाई देती है।

"उड़ी एक चिड़िया
पंख झटकारते उठी
दूर बहुत दूर ऊपर आकाश में
उड़ी एक चिड़िया-सूर्य की ओर।"[179]

"झड़ते तो हैं सभी वृक्ष
झड़ना तो है ही सबको एक न एक दिन
लेकिन झड़ने का भी एक नहीं नियम
कुछ वृक्ष अचानक बहुत तेजी से
छोड़ देते हैं सारे पत्ते।

***

---

[178] राजेश जोशी, धूपघड़ी (मिट्टी का चेहरा)-पृ.132

[179] अरुण कमल, अपनी केवल धार-पृ.64

कुछ वृक्ष पूरा वक्त लेते हैं
एक-एक पत्ता गिरता है बारी-बारी बूंद बूँद।"[180]

यहाँ कवि ने आकाश में उड़ती हुई पक्षी और पतझड़ के समय पत्तों के झड़ने का दृश्य उत्पन्न किया है।

"कितना साफ़ आकाश है
पानी से पोंछा हुआ दूर ऊपर उठा उठता जाता नीला
कहीं-कहीं बादलों के तवक
और इतने पक्षी उठ रहे गिर रहे
हवा बस इतनी कि भरी है सारी जगह
और एक चिड़िया वहाँ अकेली छोटी
बिल्कुल ठहरी हुई
कितना सुंदर है संसार दिन के दो बजे
कितना शांत मनोहर
और यह सब मैं देख रहा हूँ गुलेल के पीछे से।"[181]

इन पंक्तियों में कवि ने दिन को दो बजे साफ सुथरे आकाश में उड़ते हुए पक्षियों के माध्यम से प्रकृति-बिंब प्रस्तुत किया है।

कुमार अंबुज के काव्य-संग्रह 'किवाड़' में भी कहीं-कहीं प्रकृति-बिंब प्राप्त होते हैं।

"आकाश अपनी नीलिमा में
इतना विस्तृत था
कि मैंने अपनी मुक्ति का एहसास किया
लाल-गुलाबी रंग का वह बादल

---

[180] अरुण कमल, सबूत-पृ.27

[181] अरुण कमल, हंस, वर्ष-13, अंक-4. नवंबर-98, पृ.50

आकाश का इतना बड़ा हृदय था
कि मुझे साथ लेकर दूर तक चलता रहा।" [182]
"तांबे के बड़े कलश के रंग और आकार की
यह चट्टान
इस पहाड़ी की हरियाली में
एक द्वीप की तरह चमक रही है।" [183]

यहाँ कवि ने जहाँ एक ओर आकाश में रंगों के परिवर्तन का चित्रण प्रस्तुत किया है, वहीं दूसरी ओर पहाड़ों का द्वीप की तरह चमकने को प्रस्तुत किया है।

कैलाश वाजपेयी के काव्य-संग्रह 'भविष्य घट रहा है' में भी प्रकृति-बिंब की झलक स्पष्ट रूप से देखी जा सकती है।

पेड़ों से, लता, दूर्वा से बतिया
चिड़िया आँगन में आयी है

***

चम्पा खिली है
एक जुगलबंदी चल रही है
तितली के फूलों के बीच।" [184]
"बेला, जुही, गुलाब, चम्पा, शिरीष/लिली
कमल, पारिजात आदि
को मिली
कोयल को गाना उसी ने सिखाया

---

[182] कुमार अंबुज, किवाड़-पृ.56
[183] कुमार अंबुज, किवाड़-पृ.72
[184] कैलाश वाजपेयी, भविष्य घट रहा है-पृ.44

आया नर्तन केका को।"[185]

इन पंक्तियों में कवि ने विभिन्न प्रकार के फूलों के माध्यम से प्रकृति-विय अआँखों के सामने प्रस्तुत कर दिया है।

4.2.5 अन्य बिंब :

समकालीन कवियों के काव्य में बिंब की प्रधानता अधिक दिखाई पड़ती है, जिसमें ऐंद्रिय बिंब, आदिम बिंब, प्राकृतिक बिंब की प्रधानता अधिक दिखाई पड़ी, वहीं इन कवियों के काव्य में कहीं-कहीं पर अन्य बिंबों की भी झलक दिखाई पड़ती है। समकालीन कवियों की रचनाओं में भी कहीं-कहीं पर छायावादी कविता के समान अनेक हृदयहारी वर्णन प्राप्त होते है। समकालीन कवियों के काव्य में कल्पना शक्ति के प्रयोग के कारण अमूर्त भावों को मूर्त रूप प्रदान किया है, अर्थात कवि ने उसका मूर्तिकरण करके कल्पना शक्ति को प्रस्तुत किया है। जिसका प्रयोग छायावादी कवियों की रचनाओं में अधिक दिखाई देता है। जहाँ छायावादी कवियों ने मूर्त उपमेय के लिए अमूर्त उपमान का अत्याधिक प्रयोग किया है वहीं इसका प्रभाव समकालीन कवियों के काव्य पर भी स्पष्ट झलकता है।

"भुरभुरी मिट्‌टी, गीली मिट्‌टी,
अचानक सुनती है कुछ
हम सुन नहीं पाते।" [186]

"मानो उठ कर बैठ जाते हैं शब्द, दौड़ते, होते स्थिर

[185] कैलाश वाजपेयी, भविष्य घट रहा है-पृ.45

[186] प्रयाग शुक्ल, यह एक दिन है-पृ.34

और रहते हैं साथ लेकिन चुप
देखने समझने की कोशिश करते हुए
जैसे कि अब।" [187]
"मैंने बंद किया दरवाजा
मुड़ा।
और पेड़ों की एक कतार ने मुझे देखा
चलते हुए
दुख क्या है।" [188]
"चलती है हवा रात-भर
जिस रात
खिड़कियाँ सोती नहीं।" [189]
"थके हुए कपड़े, उतारे हुए-
नींद में।
सुस्ताते जूते सो गयीं आवाजें।

***

पेड़ हैं अंधेरे में
दूर खड़े सोचते।" [190]
"हवा है तेज
तेज है हवा
जिसे सुना होगा

[187] प्रयाग शुक्ल, यह एक दिन है-पृ.36
[188] प्रयाग शुक्ल, यह एक दिन है-पृ.69
[189] प्रयाग शुक्ल, अधूरी चीजें तमाम-पृ.22
[190] प्रयाग शुक्ल, अधूरी चीजें तमाम-पृ.45

इन पेड़ों ने
न जाने कितनी बार
सुन रहा हूँ।" [191]
"उन्माद सागर का होता है
पर वह भी नहीं रहता
उन्माद में बराबर
सूर्य और चंद में होता ही
नहीं उन्माद।" [192]
"एक घड़े के आधे टूटे हुए
मुंह के भीतर भरा
है दुःख
घास को सिहराती हुई पत्तियाँ।" [193]
धूप की आँखें थीं अधमुंदी,
सहसा वे खुल गई।" [194]

प्रयाग शुक्ल ने अपनी रचनाओं में अमूर्त वस्तुओं में मूर्त भाव प्रस्तुत किया है। मिट्टी का सुनना, शब्दों का दौड़ना, पेड़ों का देखना, खिड़कियों का सोना, थके हुए कपड़े, सुस्ताते जूते, सोचते पेड़, सुनता पेड़, सागर का उन्माद, घड़े का दुःख और धूप की आँखें अमूर्त वस्तुओं में मूर्त भाव प्रस्तुत किया है।

महेंद्र कार्तिकेय की कविताओं में भी मूर्त भाव का चित्रण प्राप्त होता है।

[191] प्रयाग शुक्ल, अधूरी चीजें तमाम-पृ.53
[192] प्रयाग शुक्ल, बीते कितने बरस-पृ. 13
[193] प्रयाग शुक्ल, बीते कितने बरस-पृ.37
[194] प्रयाग शुक्ल, बीते कितने बरस-पृ.44

"कल्पना के पंख नहीं होते
होता है मांस, मज्जा
रक्त, श्वास, धमनियों

***

होते हैं हाथ, पांव,
कान, नाक, आंख।" [195]
"पहाड़ों के भी होते हैं विवेक
देखा मैंने
हिमालय में
विन्ध्य में।

***

पहाड़ों में भी होते हैं प्राण
अच्छे और बुरे

***

पहाड़ों में होता है
श्वास
उश्वास
निःश्वास।" [196]
"मैं नये जन्म की प्रतीक्षा में
कब से घूम रहा हूँ
यहाँ से वहाँ
वहाँ से यहाँ

---

[195] महेंद्र कार्तिकेय, कैंकड़ों के सिर पर ताज-पृ.20
[196] महेंद्र कार्तिकय, कैंकड़ों के सिर पर ताज-पृ.33, 34

नगर नगर
सड़क सड़क
द्‌वार द्‌वार
आवारा हवाओं सा।" [197]

इन कविताओं में महेंद्र कार्तिकेय ने कल्पनाओं में मांस, रक्त, श्वास, धमनियों, हाथ, पाँव, कान, पहाड़ों में विवेक, प्राण, श्वास और आवारा हवाओं द्‌वारा मूर्त रूप प्रस्तुत किया है।

पेड़ की तरह सोचता हूँ
पेड़-भर
ऊँचा उठकर

***

इसी से
जंगल नाराज़ है।" [198]
"एक दिन बोलेंगे पेड़
खोलेंगे भेद
राजा का रात का
फिर एक दिन बोलेंगी चिड़ियाँ।" [199]

राजेश जोशी की रचनाओं में भी पेड़ का सोचना, जंगल का नाराज़ होना और पेड़ों का बोलना आदि अमूर्त वस्तु में मूर्त भाव को उत्पन्न करता है।

अरुण कमल, मंगलेश डबराल और कुमार अंबुज की रचनाओं में भी कहीं-कहीं मूर्त भाव दिखाई देता है।

---

[197] महेंद्र कार्तिकय, केंकड़ों के सिर पर ताज-पृ.40 197
[198] राजेश जोशी, धूप घड़ी (एक दिन बोलेंगे पेड़)-पृ.48
[199] राजेश जोशी, धूप घड़ी (एक दिन बोलेंगे पेड़) पृ.93

"कितना ठंडा घना था कितना जल वह
अभी-अभी धरती की नाभि खोल जो बाहर आया
कौन जानता कितनी सदियों यह पृथ्वी की नस-नाड़ी में घूमा
जीवन के आरंभ ले लेकर आज अभी तक।"[200]

"प्रसव के बाद की यह जमीन
बगल में लेटे शिशु-गट्ठर को देखती हुई
पुलक रही है
चमक रहा है डण्ठलों पर।"[201]

वह शाम इतनी ममतामयी थी
कि मुझे
अपनी स्मृति की पहली गोद याद आयी।"[202]

"खिड़की से अचानक बारिश आयी
उसके फुर्तीले कदम पूरे घर में फैल गये
वह काँपते हुए घर की नींव में भैंसना चाहती थी।"[203]

इन कविताओं में कवियों ने धरती की नाभी, जमीन का प्रसव, ममतामयी शाम और बारिश के कदम के माध्यम से अमूर्त वस्तुओं में मूर्त रूप प्रस्तुत किया गया है। समकालीन कवियों ने अमूर्त वस्तुओं में मूर्त रूप प्रदान कर अपनी रचनाओं में मूर्त बिंब प्रस्तुत किया है।

---

[200] अरुण कमल, अपनी केवल धार-पृ.42

[201] कुमार अंबुज, किवाड़-पृ.48

[202] कुमार अंबुज, किवाड़-पृ.56

[203] मंगलेश डबराल, हम जो देखते हैं-पृ.21

4.2.6 अति कल्पना बिंब :

सौंदर्य शास्त्र में कल्पना का प्रमुख स्थान है और अत्यधिक महत्व है। 'कल्पना' अंग्रेजी शब्द इमेजीनेशन (Imagination) का पर्यायवाची है जिसका शाब्दिक अर्थ है 'सृष्टि करना'। हिंदी साहित्य कोश के अनुसार "पूर्व अनुभूतियों की पुनर्योजना से अपूर्व की अनुभूति उत्पन्न करने की क्रिया या शक्ति को कल्पना कहते हैं।"[204]

"वर्तमान का अवगाहन करने वाला प्रत्यक्ष, अतीत का अवगाहन करनेवाली स्मृति तथा अनागत का अवगाहन करने वाली कल्पना।" [205]

"पं, बलदेव उपाध्याय तथा अन्य मनीषियों की यह स्पष्ट धारणा है कि पाश्चात्य आलोचकों का 'इमेजिनेशन' भारतीय साहित्य शास्त्र की 'प्रतिभा' ही है।" [206]

कॉलरिज ने अपने कल्पना-सिद्धांत का प्रतिपादन 'बाइग्राफिया लिटरारिया' के तेरहवें अध्याय में किया है। कॉलरिज की कल्पना लोकोत्तर निर्माणात्मक शक्ति की पर्याय है। यही कल्पना काव्य में सौंदर्य की सृष्टि करती है। कॉलरिज का कथन है कि आनंद काव्य में कोई स्वतंत्र पदार्थ नहीं है। वह सौंदर्य पर आदि है और सौंदर्य कल्पना शक्ति पर आश्रित है।" [207]

---

[204] हिंदी साहित्य कोश-पृ.205-206

[205] हिंदी साहित्य कोश-पृ.206

[206] बलदेव उपाध्यायः भारतीय साहित्य शाख, प्रथम खण्ड-पृ.423

[207] पं. जगन्नाथ तिवारी अभिनंदन ग्रंथ में आचार्य नंददुलारे वाजपेयी का लेख, पाश्चात्य समीक्षाः सैद्धांतिक विकास-पृ.502

श्याम सुंदर दास ने भी कल्पना विवेचन किया परंतु उससे कोई तात्विक निष्कर्ष नहीं निकलता। उन्होंने लिख है- "विज्ञान में जो बुद्धि है, दर्शन में जो दृष्टि है, वही कविता में कल्पना है।"[208]

आचार्य राम चंद्र शुक्ल ने कल्पना की परिभाषा करते हुए लिखा है - "जो वस्तु हमसे अलग है, हमसे दूर प्रतीत होती है उसकी मूर्ति मन में लाकर उसके सामीप्य का अनुभव करना ही उपासना है। साहित्य वाले इसी को भावना कहते हैं और आजकल के लोग कल्पना।"[209]

कल्पना के संबंध में डॉ, नगेंद्र की मान्यता भी आचार्य शुक्ल जैसी ही है। उन्होंने कल्पना के विषय में लिखा है कि "कल्पना उस शक्ति का नाम है जो पहले कवि को वर्ण्य-विषय का मनसा साक्षात्कार कराती है और फिर भाषा में चित्रात्मकता का समावेश श्रोता के मनः चक्षु के सामने भी उसे प्रत्यक्ष कर देती है।"[210]

समकालीन कवियों की रचनाओं में भी कल्पना के तत्व स्पष्ट रूप से दिखाई देता है।

"हरि पत्तियों का गुच्छा होगा
तब भी दिक्कत आयेगी
सोच-सोचकर
तुम्हारे बच्चों के बच्चे किस तरह
रास्ता बनायेंगे
कैसा पानी कैसी हवा

---

[208] श्याम सुंदर दास, साहित्य लोचन-पृ.78

[209] आचार्य रामचंद्र शुक्ल, चिंतामणि (पहला भाग)-पृ.161

[210] डॉ. नगेंद्र, छायावादी काव्य में सौंदर्य दर्शन, सुरेंद्र त्यागी-पृ.107

ईंधन का पता नहीं क्या करेंगे?
सच मरते वक्त अपने को माफ नहीं
कर पाऊंगा मैं।"[211]

इन पंक्तियों में चंद्रकांत देवताले भविष्य के प्रति अधिक चिंतित हैं, कवि अपने वर्तमान को देखकर अतीत पर अफसोस करते हैं और भविष्य की कल्पना करने लगते है।

"यही कि पुरखे छोड़ गये हैं इस शहर में बिना कुछ बताये हुए
कुछ उनकी धुँधली स्मृतियाँ, कुछ उनका व्यापार
खंडहरों से कितनी दूर मालूम पड़ता था शहर
धीरे-धीरे घट गया बहुत कुछ, कई असफलताएँ कुछ मृत्युएँ
प्रेम विवाह, धीरे-धीरे शहर का रक्त
दौड़ने लगा मेरी भी धमनियों में।"[212]

प्रयाग शुक्ल जी भी अपने पुरखों के न होने के कारण शहरी जीवन किस प्रकार हो जाता है उसकी कल्पना प्रस्तुत कर रहे हैं।

"कौन है
एक बजे, दो बजे
रात को
नींद फुटपाथों की
तोड़ता
कुत्तों को भूकता
छोड़कर
कौन है जो भगाए ले

---

[211] चंद्रकांत देवताले, आग हर चीज में बताई गई है-पृ.16

[212] प्रयाग शुक्ल, यह एक दिन है-पृ.52

जा रहा है
मोटर साइकिल रात को ?
डाक्टर, कवि-
किसकी आवाज यह, सवारी पर,
सुन पड़ती होटल के
कमरे से!
कौन है?"[213]

'होटल के कमरे में रात को' कविता में प्रयाग शुक्ल ने रात के समय जाती हुई मोटर साइकिल के विषय में कई सारी कल्पनाएँ कर डाली और कल्पनाओं के माध्यम से वास्तविकता को जानने का प्रयास किया है।

"हीरे की तरह चमकती हुई दिखें लोगों की
बहुत छोटी छोटी अच्छाईयाँ
कि आत्महत्या करता आदमी पलट कर दौड़ पड़े
जीवन की ओर चिल्लाता हुआ
कुछ नहीं है जीवन से ज्यादा सुंदर
जीवन से ज्यादा प्यारा
जीवन की तरह अमर
मैं चाहता हूँ
कि कविता के भीतर फैली आसमान की टेबिल पर।"[214]

राजेश जोशी की कविता 'प्रजापति' में कवि ने कल्पना की है कि आम आदमी अपनी जीवन की निराशाओं से मुक्त होकर जीवन के वास्तविक आनंद को प्राप्त करे क्योंकि जीवन से ज्यादा

213 प्रयाग शुक्ल, बीते कितने बरस-पृ.12
214 राजेश जोशी, नेपथ्य में हंसी-पृ.28

प्यारी वस्तु इस संसार में है ही नहीं। कवि निराशा से आशा की ओर जाने की कल्पना कर रहा है।

"खत्म हो जाएगा एक दिन मूर्खों का राज
पकवानों का भोग छकता महन्थ
हथगोलों बारूद का ढेर गिनता संत
और माफिया गिरोहों के डॉन
नष्ट हो जायेंगे एक दिन
तब, जिनकी आत्मा सबसे पवित्र है
तब, जो जगे हैं, रात भर बेचैन ओस से भरे
वे ही आयेंगे आगे
और ले चलेंगे सबको प्रकाश की ओर।"[215]

'हमारे युग का नायक' शीर्षक कविता में अरुण कमल ने भविष्य में पूर्ण बदलाव की कल्पना की है। कवि का मानना है कि वर्तमान में जो कुछ भी बुरा है या जो बुराई से जुड़ा है उसका अंत निश्चित है और सच्चा हो शेष रह जाएगा और वहीं फिर पूरे संसार को नए जीवन की ओर ले जाएगा।

"प्यारे बच्चों हम तुम्हारे काम नहीं आ सके। तुम चाहते
थे हमारा कीमती समय तुम्हारे खेलों में व्यतीत हो।
तुम चाहते थे हम तुम्हें अपने खेलों में
शरीक करें। तुम चाहते थे हम तुम्हारी तरह मासूम हो जायें।

***

प्यारे बच्चों जीवन एक उत्सव है जिसमें तुम हँसी की
तरह फैले हो। जीवन एक हरा पेड़ है जिस पर तुम

[215] अरुण कमल, नये इलाके में-पृ.88

चिड़ियों की तरह फड़फड़ाते हों।

प्यारे बच्चों अगर ऐसा नहीं है तो होना चहिए।"[216]

'बच्चों के लिए चिट्ठी' शीर्षक कविता में मंगलेश डबराल में जहाँ एक ओर बच्चों के जीवन में एकांकीपन का चित्रण किया है वहीं दूसरी ओर बच्चों के अच्छे भविष्य की कल्पना भी की है जिससे बच्चों का जीवन खुशियों से भरा रहे।"

"मुझको जो आता है
फिर से आ जाए
बचपन में नानी
पेट पर रखकर मुँह पपोला
गुदगुदाती थी, फिर
गाली लोरी
वह मेरी सुखिया नींद थी
एक दिन गाते-गाते खुद सो गयी
नानी जो गये बोल हमेशा के वास्ते
नानी तो अब भला क्यों कर आएगी
बोल याद आ जाएँ
तभी न आए नींद भी
क्या-क्या न आता था
जो आता था हँसी, नींद, किलकारी
गड़बड़गोल बोल।
ओ मेरी खो गयी याददाश्त।
एक रात के लिए

[216] मंगलेश डबराल, हम जो देखते हैं-पृ.30-31

वह पिंजरा खोल दे
जिसमें सब साथी कैद है
मेरी लरिकाई के।"[217]

'याददाश्त' शीर्षक कविता में कैलाश वाजपेयी ने अपने बीते हुए समय का चित्रण प्रस्तुत किया है। कवि कल्पना करता है कि उसका बीता हुआ समय पुनः एक बार, एक दिन के लिए फिर से उसके जीवन में आए जिससे वह अपनी पुरानी खुशियों को पुनः प्राप्त कर सके।

[217] कैलाश वाजपेयी, भविष्य घट रहा है-पृ.26

पंचम अध्याय

समकालीन कविता : प्रतीक योजना

प्रतीक का अर्थ है-चिह्न। किसी मूर्त के द्वारा अमूर्त की पहचान। प्रतीक अभिव्यक्ति का सशक्त माध्यम है। प्रतीक, स्थूल का पर्यायवाची नहीं वह अनुभूति या अनुभव का प्रत्यक्षीकरण है। अतः प्रतीक प्रतिरूप न होकर आसमान का स्थानापन्न है। कविता अनुभव संसार को ज्यों-का-त्यों शब्दों में नहीं उतार सकती। वह निराकार को साकार करने के लिए किसी न किसी व्यक्त माध्यम को तलाश करती है। शब्द और अनुभव की दूरी को प्रतीक द्वारा पाटने की कोशिश की जाती है। अभिधा को लक्षणा और व्यंजना में परिवर्तित करने के लिए भी प्रतीक की आवश्यकता पड़ती है। प्रारंभमें उपमानों द्वारा सादृश्य की तालाश की जाती थी लेकिन सूक्ष्म और संवेदनात्मक अभिव्यक्ति के लिए सूक्ष्म उपकरणों की आवश्यकता हुई जिसके लिए अनुकूल प्रतीक और बिंबों की रचना की गई। बिंब प्रतीकों से भी सूक्ष्म उपकरण है। कविता के उपकरणों में उपमान, प्रतीक और बिंब आदि का महत्व अनादि काल से बना हुआ है। गहन संवेदना और मार्मिक अनुभूतियों को स्थूल उपकरणों द्वारा नहीं पकड़ा जा सकता क्योंकि अनुभूतियों का

संसार अधिक स्पष्ट और स्थूल नहीं होता। छायावादी कविता में प्रकृति को मुख्य उपकरण के रूप में इस्तेमाल किया गया। अतः समूची प्रकृति मानव जीवन का पर्याय बन गई। प्रगतिवादी आंदोलन के साथ कविता में भी व्यक्ति की सामाजिक सार्थकता और प्रासंगिकता पर विचार किया गया। उसकी रागात्मक प्रवृत्तियों की अपेक्षा सांसारिक जरूरतों, अभाव और अन्याय को भी रेखांकित किया गया। समकालीन कविता में भी परिवेश अनुसार परिवर्तन हुए हैं।

प्रतीक, प्रतिरूप नहीं है। यह मात्र इंगित है। यह सूक्ष्म का स्थूलीकरण नहीं है वरन् सूक्ष्म बिंबों का प्रतिबिंबीकरण है। कोई भी प्रतीक संपूर्ण अनुभूति को व्यक्त नहीं कर सकता, उस प्रतीक के अलावा या उसके आसपास बहुत सी परिकल्पनाएँ पाठक या श्रोता को करनी पड़ती है। समकालीन कविता, स्थिति की पूरी जानकारी नहीं देती वह तो उस स्थिति के प्रति अपनी वैचारिक प्रतिक्रिया व्यक्त करती है। इस प्रतिक्रिया के लिए ही प्रतीक की आवश्यकता पड़ती है। रचनाकार अपने नए प्रतीक विधानों से इस संसार को खड़ा करने के लिए स्थूल रूपों की रचना नहीं करता वरन् दृश्य प्रतीकों के माध्यम से अदृश्य रूपों की स्थापना करता है। प्रतीक, उपमान, रूपक और बिंब सामान्य रूप से एक जैसी आवश्यकता की पूर्ति करते हैं। उपमान में वस्तु या स्थिति से पूर्ण सादृश्य रखनेवाली वस्तु को खोजने की कोशिश की जाती है। जबकि रूपक में तो आरोपण ही कर दिया जाता है। लेकिन प्रतीक किसी वस्तु का नहीं वरन् किसी अमूर्त स्थिति के स्थूलीकरण के

लिए चुना जाता है। निराकार को साकार रूप में परिवर्तित करने के लिए प्रतीक का निर्माण किया जाता है।

5.1 परिभाषा :

प्रतीक का आशय स्पष्ट करते हुए रेनेवेलेक और आस्टिन ने स्पष्ट किया-अनुपालीवाल के अनुसार-"प्रतीक एक ऐसी वस्तु है जो किसी अन्य वस्तु की ओर संकेत करती है, पर एक प्रस्तुतीकरण के रूप में उसके अपने स्वरूप की ओर ध्यान देने की अपेक्षा होती है।".[1]

आर्थर साइमन्स के अनुसार-"काव्य प्रतीक द्वारा जो वस्तु संप्रेषित होती है, वह है तो रूप विधान ही, किंतु इसका लक्ष्य आगे बढ़कर सौंदर्यबोधक और भावबोधनात्मक भी होता है।".[2]

हरद्वारीलाल शर्मा ने प्रतीक को परिभाषित करते हुए स्पष्ट किया है "प्रतीक ही मूर्त को अमूर्त रूप प्रदान करता है। प्रतीक के माध्यम से ही रंगरेखा रहित अव्यक्त वेदना या मानुष अर्थ या आत्मलोक आकार पाता है, व्यक्त होता है।".[3]

शांति स्वरूप गुप्त के अनुसार "प्रतीक' बिंब का सर्वाधिक निकटवर्ती शब्द है। बिंबों से ही प्रतीकों का आविर्भाव सम्भव माना गया है।".[4]

---

[1] रोहिताश्व, समकालीन कविता (1960-80): मार्क्सवादी सौंदर्यशास्त्र के परिप्रेक्ष्य में-पृ.300

[2] रोहिताश्व, समकालीन कविता (1960-80): मार्क्सवादी सौंदर्यशास्त्र के परिप्रेक्ष्य में-पृ.300

[3] 'हरद्वारीलाल शर्मा, काव्य और कला-पृ.37

[4] 'रोहिताश्व, समकालीन कविता (1960-80): मार्क्सवादी सौंदर्यशास्त्र के परिप्रेक्ष्य में-पृ.300

सी,ई, लेविस के अनुसार "एक श्रेष्ठ बिंब, प्रतीक का विपरीत होता है। प्रतीक सांकेतिक होता है और अनिवार्यतः उसी एक वस्तु या विचार का प्रतिनिधित्व करता है, जिसके लिए वह प्रयुक्त किया गया है, बिंब कविता में प्रतीकात्मक अवश्य दे सकते हैं, परंतु वे अपने-अपने संदर्भ के कारण मूलतः भावात्मक होते हैं, जिसे प्रत्येक पाठक अपनी अनुभूतियों के आधार पर ग्रहण करता है।".[5]

वेब्स्टर के अनुसार-"प्रतीक (सिंबल) वह शब्द है, जो संबंध, अनुबंध, रूढ़ि अथवा संयोग के आधार पर किसी अन्य वस्तु के लिए प्रस्तुत होता है या उसकी ओर संकेत करता है।".[6]

कैलाश वाजपेयी के अनुसार "काव्य में प्रतीक एक विशेष वस्तु के लिए प्रयुक्त होता है, जो काव्य में प्रमुख और विशेष अर्थ से संपन्न होता है। कविता में कम से कम शब्दों का प्रयोग और अधिक से अधिक अर्थ भरने की इच्छा और प्रयास ने प्रतीकों को जन्म दिया।".[7]

5.2 सांस्कृतिक प्रतीक :

समकालीन कविता में सांस्कृतिक प्रतीक अधिकांशतः रामायण और महाभारत के कथा-प्रसंगों, पात्रों, विभिन्न पौराणिक गतिविधियों से लिए गए हैं। ये प्रतीक जीवन संघर्ष में जूझने,

[5] 'रोहिताश्व, समकालीन कविता (1960-80): मार्क्सवादी सौंदर्यशास्त्र के परिप्रेक्ष्य में-पृ.300

[6] 'केदारनाथ सिंह के काव्य में बिंब-विधान-गीता अस्थाना, पृ.33

[7] 'डॉ. माणिक्यांबा, महादेवी के काव्य में बिंब-विधान-पृ.23

जीवन चक्रव्यूह से बच निकलने तथा जीवन की उलझी गुत्थियों को सुलझाने में योग देने के उद्‌देश्य से प्रयोग में लाए गए हैं। सांस्कृतिक प्रतीक के अंतर्गत पौराणिक, धार्मिक, ऐतिहासिक और साहित्यिक विषयों से संबंधित प्रतीकों को भी रखा गया है।

“दशानन का दसवां सिर
हर कुर्सी पर उग आया है
एड्स की बिमारी सा।”[8]
“जरासंध से डर कर प्रभु
आये वरुण की शरण
खोज लिया भेंट द्वारिका।

***

समुद्र पर नहीं चलता किसी का बस
चाहे रावण हो या जरासंध
प्रभुता को लाँघती है सागर।”[9]
“जैसे दशहरे में रावण वध के समय
बड़े-बड़े पुतलों के बीच सभा चल रही थी।”[10]
“रावण का पुतला सालाना जशन में जल चुका था
मगर आसमान में बारूद
और आवाजें बाकी थीं।”[11]
“और
एक दिन वे

---

[8] 'महेंद्र कार्तिकेय, मोहरे-पृ.14

[9] 'महेंद्र कार्तिकय, कैंकड़ों के सिर पर ताज-पृ.11

[10] अरुण कमल, नये इलाके में-पृ.90

[11] "कुमार अंबुज, किवाड़-पृ.23

उसके बजरंगबली भये।”[12]
“और भीतर चौपड़ खेली जाती है सिर्फ कौरवों की बीच
असित ने पूछा बोपेगाँव के दगड़ू से
पता है तुम्हें द्रोपदी कौन है-”[13]
“वह राजा राम नहीं होता
वह
ओढे रहता है चेहरा।”[14]
“यहाँ कभी कोई कुछ होकर
नहीं मरा
तब भी इंद्रप्रस्थ में
नौटंकी नगाड़ा।”[15]
“किसके लिए तुम कूद रहे हैं
आज इस अदृश्य महाभारत में।”[16]

प्रस्तुत पंक्तियों में दशानन-स्वार्थी व्यक्ति और मौके की तलाश में रहनेवाला व्यक्ति, जरासंध और रावण-अत्याचार, क्रोध और अहंकार, रावण-वध-बुराई का अंत, बजरंग बली-स्वामी भक्ति और शक्ति, कौरव-अन्याय और अत्याचारियों, द्रौपदी-शोषित वर्ग और सहनशीलता, राम-जन कल्याण हेतु कठिन कार्य करनेवाले साहसी एवं शूरवीर व्यक्ति, इंद्रप्रस्थ-सुख, वैभव और विलासपूर्ण जीवन और महाभारत-युद्ध के प्रतीक के रूप में प्रस्तुत किए गए हैं।

---

[12] "राजेश जोशी, धूप घड़ी (एक दिन बोलेंगे पेड़)-पृ.82

[13] "चंद्रकांत देवताले, आग हर चीज में बतायी गयी थी-पृ.112

[14] "महेंद्र कार्तिकय, सागर स्पर्श-पृ.30

[15] कैलाश वाजपेयी, भविष्य घट रहा है-पृ.81

[16] चंद्रकांत देवताले, आग हर चीज में बतायी गयी थी-पृ.67

5.3 पौराणिक प्रतीक :

जब साहित्यकार अपनी रचनाओं में पुराणों से संबंधित पात्रों, स्थलों एवं घटनाओं से संबंधित प्रतीकों का प्रयोग करते हैं, ऐसे प्रतीक पौराणिक प्रतीक कहे जाते हैं।

"गंगा की धार
फूल, माला, पत्ते
वही गंगा स्थल
देवदर्शन
वही सुबहे बनारस
जमाना नहीं बदलेगा।"[17]
गोल-गोल घूमती रही
पृथ्वी के चारों ओर
जैसे
गणेश ने की थी परिक्रमा
हर हर महादेव की।".[18]
"सागर से आकाश
आकाश से शिव की जटाओं में
जटाओं से धरती तक।" .[19]
"मैं एक अनुसंधान यात्रा पर हूँ
ब्रह्मा की पोथी
का एक पृष्ठ

---

[17] महेंद्र कार्तिकेय, सागर स्पर्श-पृ.16
[18] महेंद्र कार्तिकय, सागर स्पर्श-पृ.36
[19] महेंद्र कार्तिकेय, सागर स्पर्श-पृ.48

धरती पर हँसी सा खिला है।"[20]

"यमराज भूल गये
बनारस की गलियों में
काल पंख।"[21]

"काशी के घाटों पर
अब भी मिल जाते हैं शंकराचार्य
वल्लभाचार्य
खुला विश्वविद्यालय
कि काशी के घाट।"[22]

"कब काटेंगे पाश
कब तक पथराये रहेंगे
अहिल्या से
हाथ पाँव।"[23]

"वैसे ही जैसे
द्रोणाचार्य की अनुपस्थिति में भी
बन गया एकलव्य
महान धनुर्धर
वैसे ही जैसे
राधा से उपजे हैं कृष्ण।"[24]

"डूब गयी द्वारका

---

[20] महेंद्र कार्तिकय, सागर स्पर्श-पृ.54

[21] महेंद्र कार्तिकय, सागर स्पर्श-पृ.74

[22] महेंद्र कार्तिकय, ठहरी हुई लहर-पृ.15

[23] महेंद्र कार्तिकय, मोहरे-पृ.76

[24] महेंद्र कार्तिकय, मोहरे-पृ.79

जलस्थ हुई द्वारका
समुद्र ने उदरस्थ की द्वारका द्वारका थी
द्वारका
आज भी है कलयुग में
श्यामल कृष्ण की बांसुरी के छंद पर नाचती हुई।".[25]
"दोहराया करती थी
कैसे कोई श्रवण-जैसी औलाद
नफ़रत कर सकती या लेती है।".[26]
"अपने हाथों की गिनती से बने
हमारे बनाये पुंजीभूत भस्मासुर
दूसरी तरफ से नष्ट करते हैं वे सारी चीजें।"[27]
"किस तरह होता होगा अश्वमेघ
अग्निकुण्ड में जब टपटकती होगी तुम्हारी वसा।"[28]
"जब जब शुरू करते हो तुम अपना खेल
कहीं बहुत करीब से आती है यम के भैंसों
के खुरों की आवाज़।".[29]

प्रस्तुत पंक्तियों में गंगा-पवित्रता, काशी और द्वारका-जीवन उद्धार का मार्ग, यमराज-मृत्यु, द्रोणाचार्य-स्वार्थ पूर्ण जीवन, एकलव्य-सेवा भाव और त्याग, अहिल्या-शोषित वर्ग और उपेक्षित

[25] महेंद्र कार्तिकय, कैंकड़ों के सिर पर ताज-पृ.17-18
[26] कैलाश वाजपेयी, भविष्य घट रहा है-पृ.29
[27] चंद्रकांत देवताले. आग हर चीज में बताई गई थी-पृ.117
[28] चंद्रकांत देवताले, पत्थर की बैंच-पृ.58
[29] राजेश जोशी, नेपथ्य में हंसी-पृ.13

नारी, श्रवण-समर्पित जीवन, त्याग और बलिदान और भस्मासुर अत्याचार के प्रतीक के रूप में प्रस्तुत किया गया है।

5.4 ऐतिहासिक प्रतीक :

समकालीन कवियों ने ऐतिहासिक प्रतीकों का पर्याप्त प्रयोग किया है। जब इतिहास से संबंधित पात्र, स्थल व घटनाएँ प्रतीक के रूप में आते हैं, वह ऐतिहासिक प्रतीक होते हैं। समकालीन कवियों ने ऐतिहासिक प्रतीकों के माध्यम से वर्तमान जीवन के सभी पक्षों को प्रस्तुत किया गया है।

"यह सब क्यों हो रहा है
क्यों बन रहा है मेरा ही घर
पंजाब
असम
और कश्मीर एक साथ?".[30]
"घट रही हैं एक के बाद एक
शर्मनाक घटनाएँ
आपरेशन ब्लू स्टार
इंदिरा गांधी की हत्या
बोफर्स
राजीव हत्याकाण्ड
शेयर घोटाला
अयोध्या हादसा।".[31]

[30] महेंद्र कार्तिकय, सागर स्पर्श-पृ. 13

[31] महेंद्र कार्तिकय, मोहरे-पृ.14

"न्यू इम्पायर होटल में
नहीं बदला कुछ भी तीस साल बाद,
न कुर्सियाँ, न टेबल
न खुली हवा न विक्टोरिया टर्मिनस की भव्यता का दृश्य।".[32]
"इसी से बन जाता है कहीं कोणार्क
कहीं खजुराहो
कहीं कैलाश।".[33]
"तुम्हारे कालिदास
और कबीर
काव्य के बगीचे के लता द्रुम भी नहीं हैं

***

लेकिन यह जान लो
कि अनपढ़ गंवार भी
कबीर को जीता है
या हिरो या तुलसी का मीता है।".[34]
"कबीर हो
या तुलसी
प्रेमचंद हो
या प्रसाद
बिस्मिल्ला खां हो
या पं, गुदई महाराज

[32] महेंद्र कार्तिकय, मोहरे-पृ.45
[33] महेंद्र कार्तिकय, कैंकड़ों के सिर पर ताज-पृ.9
[34] महेंद्र कार्तिकय, कैंकड़ों के सिर पर ताज-पृ.48

उड़ उड़ कर जाते हैं।"[35]
"वह कोई दिन था मई के महीने का
जब वियतनाम सीढ़ियों पर बैठा
पोंछ रहा था
खून और घावों से पटा शरीर,
कम्बोडिया जकड़ी सिकड़ियाँ खोलता
गृह-प्रवेश की तैयारियों में व्यस्थ था।".[36]
"वे मजदूर मारे गये
वे बच्चे मारे गये
बोकारो पथुड्डा बड़हिया विश्रामपुर
कोई कहीं,
कोई कहीं तानची वे मारे गये।".[37]
"यहीं दिया था उपदेश अहिंसा का महावीर तीर्थंकर ने
यहीं इस तपोवन में।".[38]
"वाह!
जनरल डायर के जूते ऐसे
कि हर शहंशाह के पाँवों में फिट।"[39]
"जहाँ कभी भी जुट जायें दस लोग
वहीं पर चित्रकूट हो
कहना सब को सब को लाना।"[40]

---

[35] महेंद्र कार्तिकेय, केंकड़ों के सिर पर ताज-पृ.78
[36] अरुण कमल, अपनी केवल धार-पृ.19
[37] अरुण कमल, अपनी केवल धार-पृ.26
[38] अरुण कमल, अपनी केवल धार-पृ.43
[39] अरुण कमल, अपनी केवल धार-पृ.78
[40] अरुण कमल, सबूत-पृ.33

"जो लेबनान में बेघर हैं अब
बम गोलों के धुएँ में जिनको नहीं
ईद का चाँद मयस्सर।".[41]
"मंडेला की तपेदिक-बिमारी की खबर से
ध्यानआमेन चौक की हत्याओं से
चाऊसेश्को की कारगुजारियों से
मुझे डर लगा।" .[42]
"नाव कोलम्बस की निशानी है
और हिम्मत की एक लंबी कहानी।".[43]
"उसका अपना पुश्तैनी फ़रेब है
कल तक्षशिला आज पेशावर
इसके बाद भेद-ही-भेद।".[44]
"तृष्णा के भूख के गुलाम
सिकंदर, नैपोलियन, तैमूर
सबको अपने ईश्वर पर
गुमान था
जिस आदमी ने जलाया हिरोशिमा
तबाह किया।".[45]
"इतिहास
पढ़ रक्खा है मैंने

---

41 अरुण कमल, सबूत-पृ.56

42 मार अंबुज, किवाड-पृ.40

43 कुमार अंबुज, किवाड-पृ.68

44 कैलाश वाजपेयी, भविष्य घट रहा है-पृ.9

45 कैलाश वाजपेयी, भविष्य घट रहा है-पृ.17-18

बाप के
आँसू याद आये
राणा प्रताप के
बेटी के हाथ से
घास की रोटी जब था।"[46]
"आधा झूठ बोलकर
युधिष्ठिर
बच कहाँ पाये नरक जाने से।"[47]
"मन करता है पूछें भाई
क्या जयप्रकाश की क्रांति कभी अब भी होगी
इतिहास कभी क्या पूछेगा
फिर से सवाल
लोहिया सरीखे राष्ट्ररत्न
क्या नजरबंद।" [48]
"किस मिट्टी के थे बने तुम
खानखाना
तुम्हें नमन।" [49]
"कि मुझे कण्ठस्थ थे कालिदास या शेक्सपीयर
या रवींद्रनाथ ग्यारह वर्ष की उम्र में ही।" [50]
"बकरों के साथ सलूक के बारे में

[46] कैलाश वाजपेयी, भविष्य घट रहा है-पृ.36
[47] कैलाश वाजपेयी, भविष्य घट रहा है-पृ.63
[48] कैलाश वा जपेयी, भविष्य घट रहा है-पृ.67
[49] कैलाश वाजपेयी. भविष्य घट रहा है-पृ.84
[50] चंद्रकांत देवताले, आग हर चीज में बतायी गई थी-पृ.23

बहुत-सी बातें हो सकती हैं
गाँधीजी ने कई बड़े काम किये।"[51]
"जब भी मौका मिले झूठ के कण्डों पर आग रखने का
याद रखना होगा हमेशा कि नये हिटलर की मूँछे नहीं हैं।"[52]
"बेटहोफन ने रोक दिया था अपना संगीत
सुरीले स्वरों की तलवार।"[53]
"बुलायेगा मेरे बचपन का दोस्त मुझे
और मैं नहीं जा पाऊँगा
पंजाब जाने से घबराऊँगा।"[54]
"कुछ दिनों बाद वहाँ घास उग आएगी
कुछ दिनों बाद मिट्टी कड़ी हो जाएगी वहाँ
नमक और फास्फोरस की मात्रा बढ़ जाएगी
जहाँ दफनाए गए थे
दो दिसम्बर की रात मारे गए लोग।"[55]
"मुझे आज तक कोई नहीं मिला
जिसने कहा हो
मैं हिरोशिमा से आया हूँ
मैं आया हूँ नागासाकी से।"[56]

[51] चंद्रकांत देवताले, आग हर चीज मैं बतायी गई थी-पृ.72
[52] चंद्रकांत देवताले, आग हर चीज मैं बतायी गई थी-पृ.94
[53] चंद्रकांत देवताले, आग हर चीज्ज में बतायी गई थी-पृ.129
[54] राजेश जोशी, नेपथ्य में हँसी-पृ.45
[55] राजेश जोशी, धूप घड़ी (मिट्टी का चेहरा)-पृ.183
[56] राजेश जोशी, धूप घड़ी (मिट्टी का चेहरा)-पृ.190

प्रस्तुत पंक्तियों में पंजाब, असम और कश्मीर-आतंक और दहशत, आपरेशन ब्लू स्टार इंदिरा गांधी हत्याकांड, बोफोर्स, राजीव हत्याकांड, शेयर घोटाला और अयोध्या हादसा-भ्रष्टाचार और राजनीतिक षडयंत्र, कोणार्क, खजुराहो और कैलाश-प्राचीन परंपरा और उसके गौरव, कबीर, तुलसी, कालिदास, प्रेमचंद, शेक्सपीअर, रवींद्रनाथ, रहीम-साहित्यिक गौरव, वियतनाम, कम्बोडिया, लेबनान, हिरोशिमा और नागासाकी-युद्ध की बर्बरता और उसके दुखभरे परिणाम, जनरल डायर, सिकंदर, नैपोलियन, तैमूर-तानाशाह और बर्बरता, कोलम्बस साहस, युधिष्ठिर और गाँधी-सत्य, अहिंसा और धैर्य, जयप्रकाश और लोहिया-लोकशक्ति और क्रांति और मंडेला-निस्वार्थ देशभक्ति और लोक सेवा आदि के प्रतीक के रूप में प्रस्तुत किए गए हैं।

5.5 प्राकृतिक प्रतीक :

समकालीन कविता में प्रकृति के अनेक उपादान प्रतीक बनकर आए हैं। इसमें प्रकृति के मूर्त तथा अमूर्त दोनों ही प्रकार के प्रतीक अपनाए गए हैं। इसके साथ ही अनेक प्राकृतिक प्रतीकों को नया अर्थ भी मिला है। परम्परागत एवं नवीन दोनों ही प्रकार के प्राकृतिक प्रतीकों द्वारा यथार्थ को रूपायित करने का प्रयास किया गया है। प्राकृतिक प्रतीक दृश्य जगत, पशुवर्ग एवं उनके द्वारा मानवीकृत रूपों में नियोजित किया जाता है। डॉ, रामेश्वर खाण्डेलवाल के अनुसार-"ये पदार्थ उपमानों के रूप में ही प्रयुक्त नहीं होते किंतु मानव हृदय में परंपरा से लुप्त हमारे अनेक सूक्ष्म

भावनाओं को भी जगाते हैं। दीप की लौ, चातक, किरण, कमल, चंद्रमा, मीन आदि पदार्थ क्रमशः मूलव्यथा, अतृप्त तृष्णा, आनंद का प्रकाश, पवित्रता, शीतलता, तड़प आदि मानसिक स्थितियों का प्रतीक है।"[57]

सूर्य, तारा, चंद्र मछली, पल्लव, पतंग, दीपक, मरु, बादल, झरना, लहर, नदी, सागर, घास सरोवर, धारा, कमल, साँझ, अंबर, पँखें, फसल, मेघ आदि प्रमुख प्राकृतिक प्रतीक हैं।

"मैं शांत था
सब बोल रहे थे
चिड़ियाँ पेड़ आसमान
घर सड़कें
मैं शांत था।"[58]

प्रस्तुत कविता में प्रयाग शुक्ल ने चिड़ियों, पेड़ और आसमान को प्राकृतिक प्रतीक रूप में प्रस्तुत किया है। कवि ने चिडियों, पेड और आसमान को आम जनता के रूप में चित्रित किया है।

"यहाँ से सबने लिखा है
चिट्ठियों में
जहाँ वे ठहरे हैं, उनके सामने नदी है।
पेड़ है। हरियाली।
सबने लिखा
मैंने भी लिखा है-घर पर, दोस्तों को-'
यहाँ नदी है'

---

[57] अशोक सिंह, समकालीन कविता-एक विश्लेषण-पृ.151

[58] प्रयाग शुल्क, यह एक दिन है-पृ.18

***

हलचल मचाती है मन में।". [59]

यहाँ कवि ने 'नदी' को मन की चंचलता के प्रतीक के रूप में प्रस्तुत किया है।

"दोपहर को देखो एक छत से
दूसरी छतों को
दिखते हैं तारों पर कपड़े
चीजें पुरानी-कुछ कुर्सियाँ
अखबार, बच्चों के जूते,
टुकड़े शीशे के-
ऊपर वायुयान
सर्दियाँ नहीं है।
और अकेली हैं छतें-
दूर तक फैली हुईं।" [60]

कवि ने ऋतुओं के अनुसार मानव जीवन के व्यवहार का चित्रण प्रस्तुत किया है। सर्दियों के समय धूप के लिए मनुष्य अपनी-अपनी छतों पर आता है। गर्मियों में वहीं छतें वीरान हो जाती हैं। ऋतुओं में परिवर्तन मानव जीवन व्यवहार में परिवर्तन का प्रतीक है।

"बनती हैं मिटती हैं
छायाएँ
चलती हैं चलती हुई

---

[59] प्रयाग शुक्ल, अधूरी चीजें तमाम-पृ.33

[60] प्रयाग शुक्ल, बीते कितने बरस-पृ.49

साथ किसी चीज के।

***

होती हैं लुप्त
कभी
होते ही लुप्त किसी चीज के
फिर फिर
उभरती हैं
छायाएँ।
अभी-अभी जन्मी
किसी
छाया के साथ।".[61]

छायाएँ किसी भी वस्तु के होने की पहचान हैं। छायाएँ सच्चे साथी का प्रतीक हैं जो अपने मूल वस्तु का साथ कभी भी नहीं छोड़ती।

"सागर पिता है
धरती है माँ
नदियाँ पुत्र, पुत्रियों।".[62]

महेंद्र कार्तिकय की इस कविता में कवि ने सागर धरती और नदियों को मानव जीवन के प्रतीक रूप में प्रस्तुत किया है जो अपने स्वरूप अनुसार परिवार का पालन-पोषण करता है।

"कठिन
भेड़ियों की सभ्य दुनिया में

[61] प्रयाग शुक्ल, बीते कितने बरस-पृ.61

[62] महेंद्र कार्तिकेय, सागर स्पर्श-पृ.48

अपने को बचाना,
दृश्य
अदृश्य हथियारों की मार से
छिद गई है आत्मा।" [63]

प्रस्तुत कविता में 'भेड़िया' वर्तमान समय में राजनेताओं/स्वार्थी लोगों का प्रतीक है जो हमेशा साधारण जनता के जीवन में दुःख देने का ही काम करता है।

"सागर की विराटता
मेरी लघुता को नहीं करती और लघु
उत्ताल तरंगें भरती हैं उत्साह।" [64]

सागर की लहरें मानव जीवन में उत्साह का प्रतीक रूप में प्रस्तुत की गई है।

"कब तक होगी प्रतीक्षा बसंत की
मौसम नहीं
वह पारस
जो स्पर्श से जगाता है ब्रह्मकाल
मौसम नहीं
वह कुंड
जओ स्नान से करता है निर्मल
मौसम नहीं
वह घर
जो भोजन से कटता है तृप्त।" [65]

---

[63] महेंद्र कार्तिकय, ठहरी हुई लहर-पृ.80

[64] महेंद्र कार्तिकय, मोहरे-पृ.35

[65] महेंद्र कार्तिकय, मोहरे-पृ.68

महेंद्र कार्तिकय की प्रस्तुत कविता में 'बसंत' मानव जीवन में सुख का प्रतीक है। जो अलग-अलग रूप से मानव जीवन को सुखी करता रहता है।

"घोंसला बनाने में जुटे थे कौव्वे
जिसमें सेने थे उन्हें अपने ही नहीं कोयल के भी अण्डे।
हाय! कुत्तों से भरी इस धरती पर
कितना मुश्किल एक साधारण सा घोसला बाँधना!!"[66]

राजेश जोशी की कविता में 'कौव्वे' साधारण मानव का प्रतीक हैं वहीं 'कुत्ता' उच्च वर्ग। पूँजीपति वर्ग के प्रतीक के रूप में प्रस्तुत हुआ है।

"रोटी हिरन होने के स्वप्न में डूबी
जंगल में कुलाँचें भर रही थी
मैं एक कन्दरा से निकला
अपना तीर-कमान लेकर
तभी किसी पेड़ के पीछे से दबे पाँव
आया एक चीता
और उसने दबोच लिया हिरन को।".[67]

प्रस्तुत कविता में राजेश जोशी ने 'चीता' उच्च वर्ग और 'हिरन' साधारण वर्ग के प्रतीक रूप में प्रस्तुत किया है।

"टूट कर गिरने के बाद भी
दूर कुछ जाता हूँ चला लड़खड़ाता
दौड़ते घोड़े के सुम से

---

[66] राजेश जोशी, नेपथ्य में हँसी-पृ.20

[67] राजेश जोशी, धूप घड़ी (मिट्टी का चेहरा)-पृ.118

गिरा हुआ नाल हूँ
सफर के लगभग अंत उस मोड़ पर
जहाँ से घूमते
कौंधी नदी-
पीठ पर बेंत के नीले छाप।"[68]

अरुण कमल ने अपनी कविता में जीवन से लड़ रहे मानव-जीवन का चित्रण और मानव-जीवन में हो रहे अत्याचार का चित्रण किया है। 'घोड़ा' साधारण मानव के प्रतीक के रूप में प्रस्तुत किया है।

"जैसे ही हम चाँद की तरफ़ देखने को होते हैं कहीं पास
से एक कुत्ते की भौंकने की आवाज सुनाई पड़ती है। हम
उसे खोजने लगते हैं जबकि चाँद हमारे ठीक
सामने चमक रहा होता है आईने की तरह।"[69]

मंगलेश डबराल की कविता में जहाँ 'चाँद' मानव जीवन में स्थिरता का प्रतीक है वहीं 'कुत्ता' मानव जीवन में आने वाली कठिन परिस्थितियों का प्रतीक रूप में प्रस्तुत हुआ है।

"चिड़ियाँ फटे हुए कागजों की तरह उड़ती दिखायी
देती हैं। संगीत भी हमें उदार नहीं बना पाता। हमें
हमेशा कुछ बेसुरा बजता हुआ सुनाई देता है। रंगों
में हमें खून के धब्बे और हत्याओं के बाद के दृश्य
दिखते हैं।"[70]

---

[68] अरुण कमल, नये इलाके में-पृ.32

[69] मंगलेश डबराल, हम जो देखते हैं-पृ.37

[70] मंगलेश डबराल, हम जो देखते हैं-पृ.38

प्रस्तुत कविता में 'चिडियों साधारण मानव के जीवन का प्रतीक है और 'रंग' खून के प्रतीक के रूप में प्रस्तुत हुआ है।

"नदी एक आँसू है
पृथ्वी के गाल पर बहता हुआ
मेरी नींद से बाहर की धरती पर
मेरे पूरे जीवन का समय शेष है।"[71]

कुमार अंबुज ने अपनी कविता में 'नदी' मानव जीवन के दुख (आंसू) का प्रतीक है।

5.6 वैज्ञानिक प्रतीक :

आज के वैज्ञानिक युग के प्रभाव के कारण अनेक वैज्ञानिक उपकरणों को साहित्य में 'प्रतीक' रूप में स्थान मिला हुआ है। समकालीन कविताओं में विज्ञान के सिद्धांत, गणित और टेक्नोलोजी को प्रस्तुत किया गया है। समकालीन कविता में वैज्ञानिक बिंबों एवं उपमानों का जिस मात्रा में प्रयोग हुआ है, वैसा वैज्ञानिक प्रतीकों का नहीं। लेकिन फिर भी समकालीन कवियों ने अपनी रचनाओं में वैज्ञानिक प्रतीकों को यथासंभव प्रस्तुत किया है।

समकालीन कविता में मनोविज्ञान एवं रसायन और राजनीति के क्षेत्र से प्रतीकों को प्रस्तुत किया गया है। समकालीन कवियों

---

[71] कुमार अंबुज, किवाड़-पृ.16

ने विज्ञान बोध को भली भांति समझकर अपनी रचनाओं में प्रस्तुत किया है।

"सागर पिता है
धरती है माँ
नदियाँ पुत्र, पुत्रियाँ
गंगा, यमुना, कावेरी, ब्रह्मपुत्र
निरंतर प्यास हरती हैं खेतों की
प्राणों की,
जब भी थक जाती है
पिता की बाहों में मिल जाती है
घर में शांत सो जाती है
और फिर निकलती हैं यात्रा पर
सागर से आकाश।"[72]

'सागर, धरती और नदियों' शीर्षक कविता में महेंद्र कार्तिकय ने वैज्ञानिक सिद्धांत का चित्रण प्रस्तुत किया है जहाँ सागर का जल सूर्य के प्रकाश से बाष्प बन जाता है और बादल का निर्माण करता है।

"सागर
मुझे खींचता है चुबक सा
और तीर सा सीधे पहुँच जाता हूँ सागर तट।".[73]

'सागर आसपास' कविता में चुंबक के माध्यम से वैज्ञानिक प्रतीक प्रस्तुत किया है।

---

[72] कुमार अंबुज, किवाड़-पृ.16
[73] महेंद्र कार्तिकय, मोहरे-पृ.35

"पत्नी बैठी होगी थाली परोसकर
और कौर तोड़ने से
पहले
गिर पड़ेगा
न्यूट्रॉन बम।".[74]
"क्या होता है
न्यूटन की जगह अगर मैं होता
तो क्या होता उस सेब को देखकर ?

***

गुरुत्वाकर्षण का नियम
जाने बगैर ... ?"[75]

राजेश जोशी की कविताओं में न्यूट्रॉन बम, न्यूटन और गुरुत्वाकर्षण के माध्यम से वैज्ञानिक प्रतीक प्रस्तुत किया है।

"एक बहुत बड़ी दुनिया
अपने हवाई जहाजों-बम वर्षक विमानों
टेलीविज्जनों-छापाखाने-थियेटरों
और विश्वविद्यालयों और श्रेष्ठ भोजनालयों सहित।".[76]
"अपने-अपने घरों में बैठे लोग वहीं से कभी-कभार
टेलीफोन के जरिए अड़ोस-पड़ोस की तलाशी लेते रहते हैं
हर चेहरे पर एक मुस्कान चिपकी रहती है।"[77]

[74] राजेश जोशी, धूप घड़ी (मिट्टी का चेहरा)-पृ.123

[75] राजेश जोशी, धूप घड़ी (मिट्टी का चेहरा)-पृ. 165-166

[76] चंद्रकांत देवताले, आग हर चीज में बताई गई थी-पृ.54

[77] चंद्रकांत देवताले, पहल-68, फरवरी-मार्च-अप्रैल-2001. पृ.64

चंद्रकांत देवताले की कविताओं में भी हवाई जहाज, टेलीविजन, टेलीफोन के माध्यम से वैज्ञानिक प्रतीक प्रस्तुत किया गया है।

"लोहे के ऊपर हो गयी है जंग की
वार्निश वार्निश की पपड़ियाँ बताती हैं
खंबे की उम्र और इतिहास
जब नया था वह
चालीस वॉट की रोशनी में
नहीं समाता था फूला।" [78]

"एक अकथ शोर के भीतर भरती हुई असहाय मौन की राख
शून्य के अतल में भटकता कोई पिण्ड
जहाँ न गति
और न ही गुरुत्वाकर्षण के नियम।" [79]

"सूर्य की सतह के छः हजार डिग्री सेल्सियस के तापक्रम में,
और सुदूर परिधि पर चक्कर खा रहे ग्रह के
माइनस एक हजार डिग्री सेल्सियस के शीत में भी

***

जिसमें सबसे पहले समा कर ओझल होता है समय
'ब्लैक होल' में संगठित होता हुआ एक विशाल घनत्व-घनसत्व !!" [80]

---

[78] कुमार अंबुज, किवाड़-पृ.86

[79] कुमार अंबुज, दस्तावेज, वर्ष-21, अंक-34, जुलाई-सितंबर-1999, पृ.76

[80] कुमार अंबुज, साक्षात्कार, सितंबर 1999, पृ-7, 9

कुमार अंबुज की कविताओं में वैज्ञानिक प्रतीक लोहे पर जंग, चालीस वॉट, गुरुत्वाकर्षण, डिग्री सेल्सियस और ब्लैक होल के माध्यम से प्रस्तुत किया गया है।

छठा अध्याय

समकालीन कविता : भाषा

6.1 भाषा का स्वरूप :

काव्य में प्रमुख रूप से दो पक्षों का निरूपण संस्कृत साहित्य में ही चला आ रहा है- विषय और शिल्प। दोनों की काव्य में महत्वपूर्ण भूमिका रही है। शिल्प में भी भाषा का सर्वाधिक महत्व होता है। समकालीन कविता भी इससे परे नहीं है। इस संदर्भ में डॉ, नामवर सिंह का कथन निम्न रूप से भाषा के महत्व को स्पष्ट करता है,

"नयी प्रयोगशील कविता के साथ काव्य-भाषा के निर्माण की दिशा में जो यह मान्यता आयी कि कविता की भाषा का आधार बोलचाल की भाषा होनी चाहिए, वह केवल भाषागत स्वाभाविकता अथवा स्थूल प्रकृतिवादी प्रवृत्ति का ही सूचक नहीं, बल्कि उसके साथ कवि का एक गंभीर नैतिक साहस जुड़ा हुआ है, जिसके अनुसार आसपास की दुनिया में हिस्सा लेते हुए ही

कविता को इस दुनिया के अंदर एक दूसरी दुनिया की रचना करना आवश्यक हो जाता है।".[1]

जब अंतर्बाह्य परिस्थितियों के दबाव से काव्य-प्रवृत्तियाँ बदलती हैं, तब उनमें केवल भावगत परिवर्तन नहीं होता, लेकिन उसका शैल्पिक स्वरूप भी बदलता है और इस बदलाव की पहचान कवियों की प्रयुक्त भाषा और उस भाषा की प्रयोगविधि से होती है। समकालीन कविता ने आचार्य रामचंद्र शुक्ल की भाषा संबंधी उस मान्यता को महत्व दिया है, जिसमें उन्होंने यह कहा है कि-

"भाषा की सबसे बड़ी विशेषता यह होनी चाहिए कि
वह समाज के अधिक से अधिक प्राणियों की
भाषा हो या वे उसे समझ सके।" .[2]

'अज्ञेय' ने भी इसी तथ्य को स्वीकारते हुए समकालीन कविता के जनक 'तीसरा सप्तक की भूमिका में भी इसी तथ्य को अन्य प्रकार से स्वीकार किया है। नयी कविता की एक प्रमुख प्रवृत्ति वाक-शिल्प मानी गयी है। वाक-शिल्पी कहलाना नये कवि के लिए गौरव की बात है।"[3]

अज्ञेय ने काव्य भाषा को भावबोध की अपेक्षा अधिक महत्व दिया और काव्य को महज 'शब्द' तक सीमित कर दिया उन्हीं के शब्दों में-"काव्य सबसे पहले शब्द है और सबसे अंत में भी यही बात बच जाती है कि काव्य एक शब्द है।"[4]

---

[1] डॉ. नामवर सिंह, कविता के नए प्रतिमान, डॉ. नामवर सिंह-पृ.116

[2] 'गोलकोण्डा दर्पण, वर्ष-2, अंक-8, जून-2001, पृ.25

[3] 'अशोक सिंह, समकालीन कविताः एक विश्लेषण-पृ.119

[4] 'कल्याण चंद्र, समकालीन कवि और काव्य-पृ.97

उन्नीसवीं शती के उत्तरार्ध में हिंदी-साहित्य की चेतना लोकोन्मुखी हुई, जिसका परिणाम जन भाषा का महत्व बढ़ा। समकालीन कविता में खड़ी बोली का प्रारूप द्विवेदी युग से ही माना जाता है। भाषा के क्षेत्र में पण्डित महावीर प्रसाद द्विवेदी का योगदान अप्रतिम है। वे व्याकरण की शुद्धता और भाषा की सफाई पर बहुत जोर देते थे। जिसका प्रभाव गद्य-पद्य दोनों पर समान रूप से पड़ा। आचार्य रामचंद्र शुक्ल ने इस पर अपना विचार इस प्रकार व्यक्त किया है-"पहली बात तो यह हुई कि उनके कारण भाषा में बहुत बहुत कुछ सफाई आयी। बहुत से कवियों की भाषा शिथिल और अव्यवस्थित होती थी और बहुत से कवि लोग ब्रज या अवधी आदि का भी मेल कर देते थे। 'सरस्वती' के सम्पादन काल में उनकी प्रेरणा से बहुत से नये कवि खड़ी बोली में कविता करने लगे। उनकी भेजी हुई कविताओं की भाषा आदि दुरस्त करके वे 'सरस्वती' में दिया करते थे। इस प्रकार के संशोधन से धीरे-धीरे बहुत से कवियों की भाषा साफ हो गयी। उन्हीं नमूनों पर लोगों ने भी अपना सुधार किया।".[5]

अज्ञेय के मतानुसार- "भाषा के प्रतिमान निर्धारित करनेवाला चाहे कोई हो, एक अकेला कृतिकार भाषा के रचनाशील व्यवहार से उसे जो व्याप्ति और सर्वदेशिक भान्यता दिला सकता है वह बीसियों शास्त्रविद नियंताओं के सामर्थ्य से परे होता है। मैथिलीशरण गुप्त का प्रभाव कितना गहरा पड़ा, इसका इससे अच्छा और क्या उदाहरण होगा कि उन्होंने जो चलाया वह तो चला ही, जो निषेध किया वह छूटा ही, पर उन्होंने निषेध नहीं

[5] 'रविनाथ सिंह, नयी कविता की भाषा-पृ.63

किया, केवल स्वयं नहीं बरता, उसको बरतना केवल इतने से ही कठिन हो गया कि उन्होंने उसे नहीं अपनाया।"[6]

डॉ, कांति कुमार के शब्दों में हम कह सकते हैं-"नयी कविता खड़ी बोली काव्य भाषा का प्रजातांत्रिकीकरण है।".[7]

समकालीन कविता ने अपने शब्द-भंडार की अभिवृद्धि के लिए विज्ञान, दर्शन, मनोविज्ञान, गांव, गली, कूचे, शहर, फैक्टरियाँ, अस्पताल आदि पर दृष्टिपात ही नहीं किया, बल्कि उनकी शब्द-सामग्री भी ग्रहण की है। वैज्ञानिक और नागरिक शब्दों के अंतर्गत अंग्रेजी शब्दों तथा ग्रामीण शब्दों के अंतर्गत अंग्रेजी शब्दों तथा ग्रामीण शब्दों में आचंलिक तथा विभाषीय शब्दों को भी ग्रहण किया है। समकालीन कविता में अंग्रेजी शब्दों का प्रयोग युगबोध को रूपायित करने के लिए नितांत आवश्यक माना है। समकालीन कवियों ने अंग्रेजी भाषा के शब्दों का प्रयोग अपनी रचनाओं में किया है और इसके द्वारा ही परिभाषित जिंदगी को आधुनिक माना है। यही भाषिक अंतर समकालीन कविता को अपनी पूर्ववर्ती कविताओं से अलग करता है। डॉ, अवस्थी के शब्दों में-"नयी कविता की भाषा कुण्ठित न होकर पैनी है, लज्जाशील न होकर गतिशील है। यह भाषा न तो वैयक्तिक भाषा है और न वैयक्तिक प्रयोगों की भाषा बल्कि वह कवियों की सहज जात भाषा है, जिसमें की मीनाकारी का आग्रह नहीं है। भाव की सबलता और उसकी तीव्रता अकुलाहट की अभिव्यक्ति लालसा उसका प्राण तत्व है।".[8]

---

[6] "रविनाथ सिंह, नयी कविता की भाषा-पृ.64

[7] 'डॉ. ललित अरोडा, नयी कविता कर अनुशीलन-पृ.219

[8] 'डॉ. ललित अरोड़ा, नयी कविता का अनुशीलन-पृ.222

समकालीन कविता की भाषा के संबंध में डॉ, ओमप्रकाश अवस्थी आगे कहते हैं-नयी कविता में आकर भाषा ने विद्रोही रूप अंगीकार किया है। नये विशेषण, नये क्रियापद, जिसमें अकर्मकता और सकर्मकता सभी मिली जुली है, प्रस्तुत किये गये हैं। स्त्रीलिंग को पुल्लिंग, पुल्लिंग को स्त्रीलिंग, हलंत का लोप, इतिवृत्तात्मकता, बोल-चाल, ग्रामीण, देशज, विदेशी, देशी, आंचलिक, अंग्रेजी, उर्दू, फारसी, संस्कृत, तद्भव तत्सम, अपभ्रंश सभी प्रकार के प्रयोगों का बाहुल्य बढ़ा। दीर्घ उच्चारण की विधाएँ लघु, गुरु, बिंदु, डैस, रिक्त स्थान चिन्हों आदि के माध्यम से खोजी गयी है।”.[9]

समकालीन कविताओं में मुहावरों, कहावतों और लोकोक्तियों का भी यथासंभव प्रयोग किया है। जिनमें आंचलित गरिमा के साथ, गावों और विचारों की संप्रेषणीयता बरकरार है।

“आकाश
एक स्लेट है, कैनवास है, सादा कागज है
जिस पर बनता मिटता रहता है लगातार चित्र। “[10]

“कविता
न राईस प्लेट है
न राज्य सभा की कुर्सी है।”.[11]

“कविता
मैं एक रील हूँ रील कभी न खत्म होने
वाली रील कुछ न कुछ दिखता ही है उसमें।” .[12]

---

[9] 'डॉ. ललित अरोड़ा, नयी कविता का अनुशीलन-पृ.221

[10] महेंद्र कार्तिकय, कैंकड़ों के सिर पर ताज-पृ.9

[11] "महेंद्र कार्तिकय, कैंकड़ों के सिर पर ताज-पृ.41

[12] प्रयाग शुक्ल, यह एक दिन है-पृ.68

"क्यों आज वह वोल्ट मीटर के नीड़ल की तरह
धारा के छूने भर से डोल जाता है यहाँ से यहाँ
पूरे पैमाने पर उद्विग्न।". [13]
"चमकी मोड़ पर
गाड़ी की तेज हेडलाइट
और उठे वे
ढोलक कंधे में डाली।" [14]
"पंद्रह साल का एक लड़का
व्हिसिल बजाता
जानता तो हूँ कि बेबी डॉक।" [15]
"अँधेरी सीढ़ियों से अकेला आदमी
अपने तमाम अकेलेपन के साथ धीरे-धीरे उतरता है
लौटता है ब्रेड का एक पैकिट लेकर
सुबह के लिए बचा लेता है चार स्लाईस।" [16]
"ओह! लंच-टाइम हो गया
यह लंबा-चौड़ा ऑफ़िस
बेतरह भर गया है खाली कुर्सियों से।". [17]
"तरंगों से भर गया है आकाश का मैदान
सुनसान का रिसीवर अपनी वेवलेंग्थ पर आवाज़ों को
पकड़ रहा है।" . [18]

---

[13] "अरुण कमल, सबूत-पृ.23
[14] "अरुण कमल, सबूत-पृ.46
[15] "अरुण कमल, सबूत-पृ.72
[16] कुमार अंबुज, किवाड़-पृ.26
[17] "कुमार अंबुज, किवाड़-पृ.80
[18] कुमार अंबुज, अनंतिम-पृ.22

"अल्कोहल की गंध से महकती गरीबों के लिए मुफीद
लग जाए तो चमत्कार की तरह
वरना भटकते रहिए लक्षणों के जंगल में।".[19]
"उसे अपने सारे वाक्य याद थे
जैसे एक ही शो के लिए की हो उसके हजार बार रिहर्सल
मगर उसके चेहरे पर अभिनय नहीं।".[20]
"आज नहीं सही, चीज एक दिन
कैंसर बन जाएगी

***

भीड़ ने यूथ या गिरोह ने कितने तथागत पैदा किये?"[21]
"उठता है हाथ घुमाने से
पहले ही नंबर
शोक ग्रस्त।".[22]
"बेवकूफ'!
बॉस डाँटता दफ्तर में 'यू आर राइट सर'।".[23]
"ठीक दिन ठीक वक़्त पर उपस्थित
आज्ञानुसार-पूरे मनोयोग से
ड्यूटी पूरी करता हुआ।".[24]
"मैं घर जा रहा हूँ
और ड्राइवर पता नहीं क्यों

---

[19] कुमार अंबुज, अनंतिम-पृ.32
[20] कुमार अंबुज, अनंतिम-पृ.59
[21] कैलाश वाजपेयी, भविष्य घट रहा है-पृ.39
[22] कैलाश वाजपेयी, भविष्य घट रहा है-पृ.68
[23] कैलाश वाजपेयी, भविष्य घट रहा है-पृ.75
[24] कैलाश वाजपेयी, भविष्य घट रहा है-पृ.89

इतनी सुस्ती से गाड़ी चला रहा है।"[25]
"और यह एक दूसरी खड़ी
कम्पार्टमेंट का दरवाजा पकड़
अपने मिट्‌टी सने-तड़के।"[26]
"आग लगाई जा रही है
एक्सचेंज
फायर बिग्रेड से जरूरी बात होनी है

***

लपटों से आसमान पर गया है
डिस्टर्बेन्स किसी और चीज का नहीं।"[27]
"टिफिन कैरियर में
प्याज रखना
कभी नहीं भूलती
हमारे घरों की औरतें।"[28]
"एक काली घड़ी है
जिसका पेंडुलम तेजी से हिल रहा है
एक चमकदार सुनहरी घड़ी है।"[29]

प्रस्तुत कविताओं में स्लेट, कैनवास, राईस प्लेट, रील, वोल्टमीटर, नीड़ल, हेडलाइट, व्हिसिल, बेबी डॉक, ब्रेड, पैकिट, लंच-टाइम, ऑफिस, रिसीवर, वेवलेग्ध, अल्कोहल, रिहर्सल, कैंसर,

[25] चंद्रकांत देवताले, आग हर चीज में बतायी गयी थी-पृ.63
[26] चंद्रकांत देवताले, आग हर चीज में बतायी गयी थी-पृ.59
[27] चंद्रकांत देवताले, आग हर चीज में बतायी गयी थी-पृ.65
[28] राजेश जोशी, धूप घड़ी (एक दिन बोलेंगे पेड़)-पृ.49
[29] राजेश जोशी, धूप घड़ी (एक दिन बोलेंगे पेड़)-पृ.97

यूथ, नम्बर, बॉस, यू आर राइट सर, ड्यूटी, ड्राइवर, कम्पार्टमेंट, एक्सचेंज, फायर ब्रिगेड, डिस्टर्बेन्स आदि अंग्रेजी शब्दों का प्रयोग किया गया है।

"कल्पना के पंख नहीं होते
होता है मांस, मज्जा
रक्त, श्वास, धमनियाँ।"[30]
"अनेक मंजिलों के बाद ऊपर सबसे
जो सूनी छत है धूल विष्ठा और झडे पंखों भरी।"[31]
"फहरा रही है पछया हवा में
स्वाधीनता की जर्जर पताका
दुनिया की विधान सभाओं से बहिष्कृत

***

पर आत्मा का एक भी केश सफेद नहीं
अभी भी बचा है वक्ष पर माँस का अंतिम कौर।"[32]
"देखे हैं हमने जो स्वप्न-दृश्य
और सोचा है जिन सुंदरताओं के बारे में।"[33]
"देखे हैं हमने जो स्वप्न-दृश्य
और सोचा है जिन सुंदरताओं के बारे में।"[34]
जो फँसती ही जा रही है
नक्कालों और विक्रेताओं के जाल में

---

[30] महेंद्र कार्तिकय, कैंकड़ों के सिर पर ताज-पृ.20

[31] अरुण कमल, नये इलाके में-पृ.16

[32] अरुण कमल, नये इलाके में-पृ.84-85

[33] कुमार अंबुज, किवाड़-पृ.83

[34] कुमार अंबुज, अनंतिम-पृ.33

समः समं शमयति।". [35]

"अन्न और धनभरे
फल और साग और वृष्टि के बहाने
अगली सदी के लोग।". [36]

"गिड़गिड़ाहट-भरे मुक़ाम पर
किंकर्त्तव्यविमूढ़ हो गये थे।". [37]

"रक्त प्रस्तर का दरवाजा
और झपट्टा मारती एक के बाद दूसरी छाया।"[38]

प्रस्तुत कविताओं में रक्त, श्वास, विष्ठा, पताका, बहिष्कृत, केश, वक्ष, स्वप्न-दृश्य, समः समं शमयति, सः पठति, तौ पठतः, ते पठन्ति वृष्टि, किंकर्तव्यविमूढ, प्रस्तर आदि संस्कृत शब्दों का प्रयोग किया गया है।

"उसका चश्मा घडी और चप्पल जिसका नथना टूटा था
और शुक्रिया कह कर ले ली लौंग।"[39]

"दिन भर धूल, सड़क पर इत्मीनान से चलना भी मुश्किल
हमेशा जान का डर, हमेशा पीछे से कुछ आ रहा है।". [40]

"उतरे लोग
जब प्रतीक्षा में थे असबाब
की मैंने बड़े गौर से पढ़ी कई।". [41]

---

[35] कैलाश वाजपेयी, भविष्य घर रहा है-पृ.71

[36] कैलाश वाजपेयी, भविष्य घर रहा है-पृ.83

[37] चंद्रकांत देवताले, आग हर चीज में बताई गयी थी-पृ.70

[38] चंद्रकांत देवताले, पत्थर की बैंच-पृ.31

[39] अरुण कमल, नये इलाके में-पृ.46

[40] अरुण कमल, सबूत-पृ.87

[41] कैलाश वाजपेयी, भविष्य घट रहा है-पृ.31

"व्यस्त होते हैं ऐसे कामों में
जो फिजूल हैं पूरे घर की निगाह में
पेंशन में बमुश्किल बचाते हुए थोड़ा पैसा।".[42]
"अल्कोहल की गंध से महकती गरीबों के लिए मुफीद
लग जाए तो चमत्कार की तरह।".[43]
"उसे नहीं पता अपनी क़ीमत
क़ीमत उसकी फ़क़त पाँच रुपय्या
और आज शुक्र है।".[44]
"किया दुश्मनों की तबियत नासाज
किया कोई खास बात थी।
सब खेरिअत तो है...?".[45]
"खैरियत मियाँ खैरियत
खुदा की मेहरबानी
अल्लाह का फज्जल है
खैरियत जैसा लफ्ज सुनते ही भड़क जाते हैं।".[46]

प्रस्तुत कविताओं में शुक्रिया, इत्मीनान, असबाब, फिजूल, निगाह, बमुश्किल मुफीद फ़क़त, नासाज, खेरिअत, खुदा, मेहरबानी, फजल, लफ्ज आदि उर्दू भाषा के शब्दों का प्रयोग किया गया है।

"युद्ध नहीं
है बच्चों का खेल,

---

[42] कुमार अंबुज, किवाड़-पृ.84

[43] कुमार अंबुज, अनंतिम-पृ.32

[44] चंद्रकांत देवताले, आग हर चीज में बतायी गयी थी-पृ.69

[45] राजेश जोशी, एक दिन बोलेंगे पेड़-पृ.85

[46] चंद्रकांत देवताले, धूप घड़ी (मिट्टी का चेहरा)-पृ.146

जन के सामने
नहीं गलती है किसी की दाल।".[47]
"चाहे किसी भी दिशा से आयें
सिर्फ गरजते हैं
बरसते हुए कभी किसी ने नहीं देखा

***

हरे हरे नेता
अभिनेता ही हैं
कुछ बिना हल्दी फिट करी के रंग चोखा लाने वाले
हलवाई हैं।".[48]
"घर की दीवारें सब सुनती हैं
कुछ कहती नहीं
दीवारों के भी कान होते हैं।"[49]
"गोरख हर धंधा
हमेशा से बाल की खाल था
आते-न-आते तुम

***

कुछ वैसा है
जैसे हवा दम तोड़ दे।"[50]
"उसे पता नहीं है चोरी होगी
और दाल में काला होगा

---

[47] महेंद्र कार्तिकय, कैंकड़ों के सिर पर ताज-पृ.58
[48] महेंद्र कार्तिकय, कैंकड़ों के सिर पर ताज-पृ.64-65
[49] प्रयाग शुक्ल, यह एक दिन है-पृ.65
[50] कैलाश वाजपेयी, भविष्य घट रहा है-पृ.80

आस्तीन नहीं जातना है वह
पहचान कमीज तक ही सीमित है
साँप काटने से कुछ होता है या
कुछ साँप आस्तीन के भी होते हैं।"[51]
"बतायेंगे एक दिन अदालत में सब कुछ
कैसे सैंध लगायी होगी इनमें
गेहूँ या मक्के के खजाने में।"[52]
"बीस साल में एक भी दिन मैं हंस नहीं बन पाया
शब्दों के कोल्हू के बैल की तरह
खटता रहा आँखों पर सत्य की पट्टी बाँधकर
पर न्याय का तेल नहीं निकला एक भी दिन।"[53]
"जो बचा आधे से कम
सपनों के स्थापत्य में गया
सोता रहा घोडे बेचकर, प्रेम और बचपन में।"[54]
"सारे शहर पर
उनका रौब-दाब चलता है
वे जिसकी चाहें
खाट खड़ी कर सकते हैं
किसी भी वक्त।"[55]
"अपनी ख्वाबगाहों में घोड़े बेचकर सोते हुए

---

[51] चंद्रकांत देवताले, आग हर चीज में बतायी गयी थी-पृ. 45
[52] चंद्रकांत देवताले, आग हर चीज में बतायी गयी थी-पृ.56
[53] चंद्रकांत देवताले, आग हर चीज में बतायी गयी थी-पृ.75
[54] चंद्रकांत देवताले, पत्थर की बैंच-पृ.10
[55] राजेश जोशी, धूप घड़ी (मिट्टी का चेहरा)-पृ.173-174

प्राचार्यों, प्रशासकों और शासकों सुनो।".[56]

समकालीन कवियों की इन कविताओं में दाल न गलना, जो गरजते है, वो बरसते नहीं, बिना हल्दी फिटकरी रंग चोखा आए, दीवारों के भी कान होते हैं, बाल की खाल निकालना, दम तोड़ना, दाल में काला, आस्तीन का साँप, सैंध लगाना, कोल्हू का बैल, घोड़े बेचकर सोना, खाट खड़ी करना, बाल न बाँका करना आदि मुहावरों और लोकोक्तियों का प्रयोग किया है।

"जहाँ-जहाँ कसाई है
वहाँ-वहाँ बकरी है
वहाँ-वहाँ हैं हरी पत्तियाँ।"[57]

"कदम-कदम चलते हैं साथ-साथ
हँसते हैं साथ-साथ
रोते हैं साथ-साथ।

***

जब हो जाता है पूरा-पूरा
ताल मेल
तो फिर हो जाते हैं खंजर
कट-कट गिराते जाते हैं
अंग-अंग
चूर-चूर हो जाता है 'स्व'
टूट जाता है मन।".[58]

"आदमी रुका नहीं रहता

---

[56] राजेश जोशी, धूप घड़ी (मिट्टी का चेहरा)-पृ.176

[57] महेंद्र कार्तिकय, ठहरी हुई लहर-पृ.44

[58] महेंद्र कार्तिकय, ठहरी हुई लहर-पृ.45

या चलता है आगे-आगे
या चलता है पीछे-पीछे

***

मगर ये रास्ते कहाँ-कहाँ जाते हैं
कैसे-कैसे आते हैं लौट-लौट कर

***

चाहे आगे-आगे और आगे
चाहे पीछे-पीछे एक दम पीछे।" [59]

"और सूत्र
टूट-टूट कर जुड़ता है
जुड़-जुड़ कर टूटता ह
अंत में।" [60]

"चाँदनी
सोने नहीं देती
बार-बार जगाती है
खींच-खींच दूर-दूर ले जाती है।"[61]

"लेकिन अच्छी नहीं लगती
उजाले में दिये की रोशनी
हँसती आँखों की अपेक्षा
भ्रमों का बार-बार टूटना
अपनी सार्थकता का चूर-चूर होना।"[62]

---

[59] महेंद्र कार्तिकय, ठहरी हुई लहर-पृ.46-47
[60] महेंद्र कार्तिकय, ठहरी हुई लहर-पृ.48-49
[61] महेंद्र कार्तिकेय, ठहरी हुई लहर-पृ.61
[62] महेंद्र कार्तिकय, ठहरी हुई लहर-पृ.68

"बीत रहा पल-पल
क्षण-क्षण
छीज रहा पल-पल
क्षण-क्षण
कैसे गहे।".[63]

महेंद्र कार्तिकेय की कविताओं में शब्दों को बार-बार प्रयोग कर समकालीन कविता की भाषा को नया रूप प्रदान किया है। इनकी कविताओं में जहाँ-जहाँ, वहाँ-वहाँ, कदम-कदम, साथ-साथ, पूरा-पूरा, कट-कट, अंग-अंग, चूर-चूर, आगे-आगे, पीछे-पीछे, कहाँ-कहाँ, कैसे-कैसे, टूट-टूट, जुड़-जुड़, बार-बार, खींच-खीच, दूर-दूर, पल-पल, क्षण-क्षण जैसे शब्दों का प्रयोग कर काव्य की भाषा को नया रूप प्रदान किया है।

प्रसिद्‌ध भाषा वैज्ञानिक एडवर्ड पीर की भाषा संबंधी यह व्याख्या समकालीन कविता पर पूरी तरह लागू की जा सकती है। "भाषा ही एक ऐसा साधन है जो प्रत्येक युग के परिवर्तन को प्रगति, नवीनता सामाजिक एवं नैतिक मूल्यों एवं अनेक विघटन को दिखाने में समर्थ होता है।

यह (भाषा) स्वयं ही संपूर्ण सर्जनात्मक प्रणाली है। वह रूपात्मक पूर्णता के लिए हमारे अनुभवों को परिभाषित करती है।

6.2 लाक्षणिकता एवं व्यंजकता :

हिंदी काव्य साहित्य में लक्षणा और व्यंजना की पंरपरा को छायावादी युग मे अधिक प्रयोग किया है और धीरे-धीरे इस परंपरा

[63] महेंद्र कार्तिकेय, ठहरी हुई लहर-पृ.75

का पालन बाद के सभी कवियों ने समयानुसार अपनी-अपनी रचनाओं में किया है। जयशंकर प्रसाद ने इस संबंध में लिखा है- "सुक्ष्म आभ्यंतर भावों के लिए व्यवहार में प्रचलित पद-योजना असफल रही। उनके लिए नवीन शैली, नया वाक्य-विन्यास आवश्यक था। हिंदी में नवीन शब्दों की भंगिमा स्पृहणीय आभ्यंतर वर्णन के लिए प्रयुक्त होने लगी। शब्द-विन्यास में ऐसा पानी चढ़ा कि उसमें एक तड़प उत्पन्न करके सूक्ष्म अभिव्यक्ति का प्रयास किया गया है।"[64]

डॉ, नामवर सिंह ने भी इस संबंध में अपेन विचार व्यक्त किये हैं, इनके अनुसार-"बुझे शब्दों में नई ज्योति आ गई। जहाँ केवल 'अर्थ ग्रहण कराते थे, बिंब ग्रहण कराने लगे। भाषा की सूखी नदी उमड़ आई। कवि मुट्ठियाँ खोलकर शब्दों को लुटाने लगा। न भावों की कृपणता न शब्दों में। सर्वत्र मुक्त हस्तदान...। विशेषणों की बाढ़ आ गई। मुद्मस्फीति की तरह शब्द स्फीति के लक्षण दिखाई देने लगे। बाजार शब्दों के नोटों से पट गया।".[65]

लक्षणाः जब किसी वाक्य में किसी शब्द के अर्थ का ग्रहण अभिधा द्वारा न हो या लक्षणा-शक्ति उसे कहते हैं जो शब्द के मुख्य-अर्थ के असंगत होने पर उससे संबंधित अर्थ का बोध कराए वहाँ 'लक्षणा' का व्यापार माना जाता है। लक्षणा से बोध्य शब्द को 'लक्ष्य' अर्थ और लक्ष्यार्थ का बोध करानेवाले शब्द को 'लक्षक' या 'लाक्षणिक' कहा जाता है। लक्षणा के लिए मूल में तीन बातें

---

[64] डॉ. दयानंद शर्मा, आधुनिक कवि और उनके काव्य-पृ.284

[65] डॉ. दयानंद शर्मा, आधुनिक कवि और उनके काव्य-पृ.284-285

होती हैं- (1) मुख्य अर्थ की असंगति। बिना मुख्यार्थ की असंगति हुए लक्षणा की प्रवृत्ति ही होती। (2) मुख्यार्थ से भिन्न अर्थ की प्रतीति। यह मुख्यार्थ की असंगति रूपी कारण का एक प्रकार से कार्य है, क्योंकि मुख्यार्थ की असंगति हो जाने पर ही अन्य अर्थ की प्रतीति रूप कार्य होता है। (3) मुख्यार्थ के साथ अन्य अर्थ का संबंध। इन तीनों के द्वारा ही लक्षणा का अर्थ स्पष्ट होता है। हिंदी में जितने भी मुहावरे हैं वे सभी लक्षणा के उदाहरण समझे जाते हैं।

लक्षणा के संबंध में जो बातें कही गई है उसमें से तीसरी बात में दो आवश्यक कारण बताये गये हैं। जब अति प्रसिद्धि के कारण किसी शब्द का कोई अर्थ हो गया हो, तब वहाँ रूढा लक्षणा होती है और जब किसी प्रयोजन-विशेष के कारण किसी शब्द का कोई भिन्न अर्थ लिया जाता है तब वहाँ प्रयोजनवादी लक्षणा होती है।

समकालीन कवियों ने भी छायावादी कवियों की इस परंपरा को बनाए रखा है और लक्षणा और व्यंजना का प्रयोग अपनी रचनाओं में किया है।

"तो फटाफट आ सकती है शांति
सेना चंद मिनटों में।" [66]

"वसंत सा भी नहीं है
कि सरसों का पीताभ क्षितिज तक फैल जाये
सेमल के फूल सा खिल जाये।" [67]

---

[66] महेंद्र कार्तिकय, सागर स्पर्श-पृ.13

[67] महेंद्र कार्तिकय, सागर स्पर्श-पृ.25

"राजा नया हो या पुराना
वह होता है राजा |
सवा सोलह आना राजा।"[68]
"सागर भी उदास होता है
तो उसके चेहरे का रंग
बड़ी तेजी से बदलने लगता है।"[69]
"तुम नहीं आयी
चाय की प्याली उदास है
कुर्सी में भर गया है खालीपन
हवा बेजान है।"[70]
"वहीं पर पड़ा है
गंगा के घाट पर
संकट मोचन में।"[71]
"पेड़ उतारते रहते हैं अपने वस्त्र
पेड़ बदलते रहते हैं वस्त्र।"[72]
"बरसात आयेगी
झमाझम पानी बरसेगा
धुलेगा जहर।"[73]
"दशानन का दसवां सिर

---

[68] महेंद्र कार्तिकय, सागर स्पर्श-पृ.29
[69] महेंद्र कार्तिकय, सागर स्पर्श-पृ.47
[70] महेंद्र कार्तिकय, सागर स्पर्श-पृ.51
[71] महेंद्र कार्तिकय, सागर स्पर्श-पृ.74
[72] महेंद्र कार्तिकय, ठहरी हुई लहर-पृ.16
[73] महेंद्र कार्तिकय, ठहरी हुई लहर-पृ.53

हर कुर्सी पर उग आया है।" [74]
"पहाड़ क्षणभर हो जाता है
भौंचक्का और
फिर खिलने देगा है फूल को।" [75]
"दबे पांव बिल्ली सी, सती साध्वी सी
फिर शिकार मिलते ही।" [76]
"एक झलमलाता नीला तंबू
फैला है दिशांत तक।" [77]
"युद्‌ध नहीं
है बच्चों का खेल,
जन के सामने
नहीं गलती है किसी की दाल।" [78]
"चाहे किसी भी दिशा से आयें
सिर्फ गरजते हैं
बरसते हुए भी किसी ने नहीं देखा
***
हरे हरे नेता
अभिनेता ही है
कुछ बिना हल्दी फिरकरी के रंग चोखा लाने वाले
हलवाई हैं।" [79]

---

[74] महेंद्र कार्तिकय, मोहरें-पृ.14
[75] महेंद्र कार्तिकय, मोहरें-पृ.41
[76] महेंद्र कार्तिकय, मोहरें-पृ.47
[77] महेंद्र कार्तिकय, कैंकड़ों के सिर पर ताज-पृ.27
[78] महेंद्र कार्तिकय, कैंकड़ों के सिर पर ताज-पृ.58
[79] महेंद्र कार्तिकेय, केकड़ों के सिर पर ताज-पृ.64-65

"दोस्त मेरे
घासाहारी कहकर
चिढ़ाते मुझे।"[80]
"घटकर जाए भी तो कहाँ जाए विराट
वह निरंकार, वह दिगंबर, निरपेक्ष,
वह भला क्या कहता क्यों पूछता।"[81]
"गोरख हर धंधा
हमेशा से बाल की खाल था
आते-न-आते तुम

***

कुछ वैसा है
जैसा हवा दम तोड़ दे।"[82]
"इसके विरोध में
अभी-अभी करना है हस्तक्षेप।"[83]
"निर्दोष मारे गए उस गली में जहाँ हुए वे अल्पसंख्य
यह एक बस्ती अभी-अभी उजड़ी है जहरीली शराब में।"[84]
"समय पर उसे पार किए जाने के निशान हैं
और कड़वे तेल की रोशनी से पहले
यह डूबते सूरज की परछाई है।"[85]
"इस तरह इतना शोकाकुल हूँ इतना थका हुआ

---

[80] कैलाश वाजपेयी, भविष्य घट रहा है-पृ.36
[81] कैलाश वाजपेयी, भविष्य घट रहा है-पृ.40
[82] कैलाश वाजपेयी, भविष्य घट रहा है-पृ.80
[83] कैलाश वाजपेयी, भविष्य घट रहा है-पृ.83
[84] कुमार अंबुज, अनंतिम-पृ.9
[85] कुमार अंबुज, अनंतिम-पृ.22

कि खड़ा हूँ हाँफता हुआ यहाँ कमीज की बाँह से पोंछता पसीना।"[86]

"हिसंक गुर्राहट एक शिकार के लिए चौकनी
एक हँसी जिसमें प्रकट होने की सामर्थ्य नहीं।".[87]

"नहाते हैं ठंठे पानी से
बिना दाँत किटकिटाये करते हैं
भजन।" .[88]

"पत्थर डूबे तो आवाज होती है
आदमी इस दुनिया में बेआवाज डूब जाता है।"[89]

"धूप में काफी देर तक बैठे रहने के बाद
मैंने मन ही मन कहा-चौकन्नी सर्दियी।"[90]

"घर की दीवारें सब सुनती है
कुछ कहती नहीं
दीवारों के भी कान होते हैं।".[91]

"उसे पता नहीं है चोरी होगी
और दाल में काला होगा
आस्तीन नहीं जातना है वह
पहचान कमीज तक ही सीमित है
साँप काटने से कुछ होता है या
कुछ साँप आस्तीन के भी होते हैं।".[92]

---

[86] कुमार अंबुज, अनंतिम-पृ.39
[87] कुमार अंबुज, अनंतिम-पृ.59
[88] कुमार अंबुज, किवाड़-पृ.84
[89] अरुण कमल, सबूत-पृ.44
[90] प्रयाग शुक्ल, यह एक दिन है-पृ.40
[91] प्रयाग शुक्ल, यह एक दिन है-पृ.65
[92] चंद्रकांत देवताले, आग हर चीज में बतायी गई थी-पृ.45

"बतायेंगे एक दिन अदालत में सब कुछ
कैसे सैंध लगायी होगी इनने
गेहूँ या मक्के के खजाने में।".[93]
"बीस साल में एक भी दिन मैं हंस नहीं बन पाया
शब्दों के कोल्हू के बैल की तरह
खटता रहा आँखों पर सत्य की पट्टी बाँधकर
पर न्याय का तेल नहीं निकला एक भी दिन।".[94]
"जो बचा आधे से कम
सपनों के स्थापत्य में गया
सोता रहा घोडे बेचकर, प्रेम और बचपन में।"[95]
"सारे शहर पर
उनका रौब-दाब चलता है
वे जिसकी चाहे
खाट खड़ी कर सकते हैं
किसी भी वक्त।".[96]
"सारे सोने के अनार चुराकर ले जाऊँगा मैं,
और तुम्हारी तो औकात क्या
तुम्हारे बचे-खुचे राजा और राजकुमार भी
बाल तक बाँका नहीं कर पाएँगे मेरा।".[97]
"अपनी ख्वाबगाहों में घोड़े बेचकर सोते हुए

---

[93] चंद्रकांत देवताले, आग हर चीज में बतायी गई थी-पृ.56
[94] चंद्रकांत देवताले, आग हर चीज में बतायी गई थी-पृ.75
[95] चंद्रकांत देवताले, पत्थर की बैंच-पृ.10
[96] चंद्रकांत देवताले, धूप घड़ी (एक दिन बोलेंगे पेड़)-पृ.80
[97] चंद्रकांत देवताले, धूप घड़ी (मिट्टी का चेहरा)-पृ. 173-174

प्राचार्यों, प्रशासकों और शासकों सुनो।".[98]

उपर्युक्त पंक्तियों में क्रमशः चंद मिनट जल्द और तुरंत, सरसों का पीताभ-पीले रंग, सवा सोलह आना-शत प्रतिशत, उदास-शांत, बेजान-शांत, संकट-मोचन-हनुमान, वस्त्र-पत्ते, झमाझम-मूसलाधार वर्षा, दशानन-रावण, भौचक्का-आश्चर्य, घासाहारी-शाकाहारी, निरंकार और दिगंबर-ईश्वर, हस्तक्षेप दखल देना, अल्प संख्यक-निम्न वर्ग, कड़वे तेल-सरसों के तेल, शोकाकुल-दुखी हृदय, चौकन्नी-सावधान और बेआवाज-शांतिपूर्वक अर्थों में प्रयोग किए गए हैं और दाल न गलना, जो गरजते हैं, वो बरसते नहीं, हल्दी लगे न फिरटकरी, रंग चोखा आए, बाल की खाल निकालना, दम तोड़ना, दीवारों के भी कान होते हैं, आस्तीन का साँप, सैंध लगाना, कोल्हू का बैल, घोडे बेचकर सोना, खाट खड़ी करना, और बाल न बाँका करना जैसे मुहावरों द्वारा लक्षणा अर्थ प्रस्तुत किया गया है।

व्यंजनाः जब अभिधा और लक्षणा नामक व्यापारों से अभीष्ठ अर्थ की प्राप्ति न हो तथा इन दोनों से भिन्न किसी विशेष अथवा गूढ़ अर्थ की उपलब्धि हो उसे 'व्यंजना' कहा जाता है। व्यंजना से उपलब्ध अर्थ को 'व्यंग्यार्थ' और उसे प्रकट करने वाले शब्द को 'व्यंजक' कहते हैं।

वास्तव में अभिधा और लक्षणा की शक्ति सीमित है। अभिधा केवल प्रसिद्ध अर्थ का ही ज्ञान करा सकती है एवं लक्षणा का प्रयोग तभी होता है जब मुख्यार्थ असंगत हो जाए। फिर, ये दोनों शक्तियाँ एक-एक अर्थ का ही ज्ञान करा सकती हैं। इसके

[98] चंद्रकांत देवताले, धूप घड़ी (मिट्टी का चेहरा)-पृ.176

विपरीत व्यंजना की शक्ति असीम है। उसके द्वारा एक वाक्य से अनेक अर्थों की प्रतीति भी हो सकती है।

समकालीन कवियों की रचनाओं में कहीं-कहीं पर व्यंजना शक्ति का भी प्रयोग दिखाई पड़ता है।

"अंधेर नगरी का
अंधा राजा
बेच रहा हर चीज
बजा बजा बाजा।"[99]

"भोंपू बजते ही
कसाई निकल पड़ते हैं तलाश में
हाथ में लेकर हरी-भरी पत्तियाँ
और बकरियों के सामने
जा-जाकर ललचाते हैं।" [100]

"भेड़ियों की सभ्य दुनिया में
अपने को बचाना
दृश्य
दृश्य हथियारों की मार से।"[101]

"शतरंज पर बिछे
हाथी, घोड़े, पैदल
सिर्फ मोहरे हैं प्राणहीन
जरूरतन राजनेता
चलते हैं चालें

---

[99] महेंद्र कार्तिकेय, ठहरी हुई लहर-पृ.32

[100] महेंद्र कार्तिकेय, ठहरी हुई लहर-पृ.42

[101] महेंद्र कार्तिकय, ठहरी हुई लहर-पृ.80

कभी घोड़ा मरता है
कभी हाथी
कभी पैदल।" [102]
"पर वह शैतान
उसके नाखून... भयानक जबड़े
वह शहरों-गाँवों पर मंडरा रहा है।" [103]
"मुझे उससे सवाल करना चाहिए था
मैं मक्खी तो नहीं
जो मकड़ी के जाल में अटक जाऊँ।" [104]
"वह राजा राम नहीं होता
वह
ओढ़े रहता है चेहरा।" [105]
"क्यों बने खिलौने सोच रहे
तोड़ रहे एक-दूसरों को
खिलौने
लड़ रहे भूख।" [106]
"दो भेड़ियों के
बीच
मिमियाता
बकरी का बच्चा।" [107]

---

[102] महेंद्र कार्तिकय, मोहरे-पृ.7

[103] चंद्रकांत देवताले, आग हर चीज में बताई गयी थी-पृ.16

[104] चंद्रकांत देवताले, आग हर चीज में बताई गयी थी-पृ.41

[105] महेंद्र कार्तिकय, सागर स्पर्श-पृ.30

[106] कैलाश वाजपेयी, भविष्य घट रहा है-पृ.32

[107] कैलाश वाजपेयी, भविष्य घट रहा है-पृ.74

प्रस्तुत पंक्तियों में अंधेर नगरी-साधारण भोली भाली जनता, अंधा राजा, कसाई, भेड़िया, शैतान, मकड़ी आदि स्वार्थ पूर्ण राजनेता, उच्च वर्ग, शोषक वर्ग के लिए प्रयोग किया गया है और वहीं बकरियों, हाथी, घोड़ा, पैदल, मक्खी और खिलौने आदि साधारण भोली भाली जनता, निम्नवर्ग, शोषित वर्ग के अर्थ में प्रस्तुत किए गए हैं।

6.3 छंद योजना :

कविता के शिल्प-विधान में उसके ढाँचे का बहुत महत्व है। पूर्ववर्ती कविता का ढाँचा मुख्यतः छंदों पर आधारित था इसलिए कविता को छंद या पद्य से भिन्न नहीं किया जा सकता। हिंदी कविता में सर्वप्रथम छायावाद युग में बंधे बधाये छंद-विधान के विरुद्ध विद्रोह हुआ। छायावादी कविता साहित्यिक दृष्टि से एक क्रांतिकारी परिवर्तन को लेकर अवतरित हुई। इसके कवियों में अपनी कविताओं की भाषा के अनुसार छंदो में इस प्रकार परिवर्तन स्वाभाविक होने के साथ-साथ आवश्यक भी है। क्योंकि भाव के अनुरूप ही कविता के अंतर्गत लय की उत्पत्ति होती है। डब्लू,एच, हडसन के अनुसार-"छंद कविता का परंपरागत एवं अतिरिक्त अलंकार मात्र न होकर काव्यात्मक की महत्वपूर्ण सृष्टि है तथा समय-समय पर दृष्टिगत होने वाले अपवादों के बावजूद, छंद को कविता नामक कलारूप की विशिष्ट एवं आधारभूत विशेषता सिद्ध करनेवाली प्रचलित लोक-मान्यता असंगत नहीं है।"[108]

[108] कल्याण चंद्र, आधुनिक कवि और उसका काव्य-पृ.315

तात्पर्य यह है कि कविता के साथ छंद का संबंध उसकी अंतश्चेतना से होता है। छंद द्वारा कवि अपने भावों के आवेग को व्यवस्थित करता है। छायावादी कवियों ने छंद को बंधी हई रूढ़ि के बंधन का विरोध करते हुए उन्हें अपने भावों का अनुगामी बनाकर ही ग्रहण किया है। पंत के अनुसार "नवीन युग अपने लिए नवीन वाणी, नवीन जीवन, नवीन रहस्य, नवीन स्पंदन, कंपन तथा नया साहित्य ले आता है और पुराना जीर्ण पतझर इस नवजात बसंत के लिए बीज तथा खाद स्वरूप बन जाता है। नूतन युग संसार की शब्द तंत्री में नूतन ठाठ जमा देता है, उसका विन्यास बदल जाता है, नवीन युग की नवीन आकांक्षाओं, क्रियाओं, नवीन इच्छाओं, आशाओं के अनुसार उसकी वीणा से नये गीत, नये छंद, नये राग, नई रागिनियाँ, नई कल्पनाएँ तथा नई भावनाएँ फूटने लगती हैं।". [109]

इससे स्पष्ट है कि इन कवियों ने नवीन युग की नवीन कल्पना, नवीन भाव योजना तथा नवीन सौंदर्य चेतना की किरणों से प्रेरित होकर अपनी रुचि के अनुसार पुरातन छंदों की मात्राओं को कहीं कम करके तथा कहीं बढ़ाकर, कहीं दो छंदों को एक साथ मिलाकर और कहीं मुक्त छंदों का प्रयोग कर अपनी स्वच्छंदता-प्रवृत्ति का परिचय दिया।

समकालीन कविता में व्यक्त आधुनिक भाव-बोध के कारण उसका कथ्य नया हो गया है। नये कथ्य को नियमित छंद विधान में अभिव्यक्त करना संभव नहीं था। समकालीन कवि के लिए काव्य-सामग्री को जन साधारण तक पहुँचाने के लिए नये-नये

---

[109] कल्याण चंद्र, आधुनिक कवि और उसका काव्य-पृ.315

प्रयोग आवश्यक हो गए। कुँवर नारायण ने इस संबंध में अपने विचार प्रस्तुत किए हैं। इनके अनुसार "छंद कविता का व्याकरण है। कविता के विकास में किस प्रकार व्याकरण के कुछ नियम टूटते और बनते चलते हैं, उसी प्रकार छंद भी है।"[110]

जगदीश गुप्त के शब्दों में "नयी कविता मुक्त छंद में रची जाने पर नितांत छंद मुक्त नहीं है। छंद की आत्मा लय है। लय, गति और मति के पारंपरिक संघात से निष्पत्र होती है। छंद उसी का नियोजित रूप है।"[111]

अज्ञेय ने भी लिखा है-"छंद का बाह्य रूप वाक्य-रचना, योजना या अन्वित पर निर्भर करता है और आंतरिक रूप लय पर। लय के दो रूप हैं-कविता की लय और गद्‍य की लय। कविता की लय के लिए तुक-ताल का बंधन अनात्यान्तिक है। कविता का सर्वाङ्ग सौंदर्य मात्रा, वर्ण, लघु-गुरु के बंधनों में गढ़े हुए छंदों की नींव पर नहीं वरन् लय की बुनियाद पर टिक पाता है। कविता की बुनियादी माँग लय है।"[112]

डॉ, नगेंद्र के अनुसार-"वह प्रायः मुक्त छंद को ही ग्रहण करता है और उसमें वर्णिक और मात्रिक छंदों की भिन्न-भिन्न संयोजनाओं के अतिरिक्त पदांश और स्वरपात आदि की भी व्यवस्था करता है।"... वह तुकांत शब्दों का प्रयोग अंत में न कर प्रायः पंक्ति के बीच में करता है-और उनके द्‍वारा लय को समृद्‍ध करता है। इसके अतिरिक्त अर्थ से स्वतंत्र संगीत को भी अपने

---

[110] डॉ. ललित अरोड़ा, नयी कविता का अनुशीलन-पृ.225

[111] डॉ. ललित अरोड़ा, नयी कविता का अनुशीलन-पृ.225

[112] डॉ. ललित अरोड़ा, नयी कविता का अनुशीलन-पृ.225

माध्यम से अनुकूल नहीं पाता और उसका सतर्कता से बहिष्कार करता है।"[113]

समकालीन कवियों ने अपनी रचनाओं के लिए प्रायः छंद आदि के बंधनों को स्वीकार न करके मुक्त परंपरा में विश्वास रखा है और उसी का प्रयोग किया। कहीं-कहीं पर इन्होंने इस क्षेत्र में अपने प्रयोग किये हैं। कुछ समकालीन कविताएँ ऐसी भी हैं, जिसमें लय है और न गति, उनमें गद्‌य की गति, उनमें गद्‌य की सी नीरसता और शुष्कता दिखाई पड़ती है।

समकालीन कवि ने शैली के भी विविध प्रयोग किये हैं। जिससे उनकी रचना अन्य रचनाओं की तुलना में अलग दिखाई पड़ती है। यही इन कवियों की विशेषता है। समकालीन कवियों की रचनाओं में छंदों के नियमानुसार छंदों के कुछ भी लक्षण प्राप्त नहीं होते लेकिन इन कवियों ने लय के माध्यम से छंदों की परंपरा को कायम रखा है।

"चाहे आकाश फट जाये
चाहे धरती ज्वाला बन दहके
चाहे हवा हो जाये बागी
चाहे कुछ भी हो जाये।"[114]

"कुर्सी ईमान है
कुर्सी ही धर्म है
कुर्सी ही कर्म है
कुर्सी ही ईश्वर है।"[115]

---

[113] रविनाथ सिंह, नयी कविता की भाषा-पृ.70
[114] महेंद्र कार्तिकय, ठहरी हुई लहर-पृ.26
[115] महेंद्र कार्तिकय, ठहरी हुई लहर-पृ.33

"वह चाहे तो मन को आकाश सा तान दे
वह चाहे तो लुंजपुंज कर दे चेतनता को
वह चाहे तो खुशियों से भर जाएँ हवाएँ
वह चाहे तो दिन में ही दिख जाएँ तारें।"[116]

"हम तसवीरें देखते हैं
हम घास पर बैठते हैं
हम किताबें पढ़ते हैं
हम रात को जागते हैं
हम चिट्ठी लिखते हैं।"[117]

"कहीं के विमान पर
कहीं के यात्री
कहीं जा रहे थे
कहीं की भाषा में किन्हीं होठों ने।"[118]

"एक बच्चा पालने में पड़ा है चुपचाप
एक औरत पलंग पर औंधे मुँह लेटी
एक बढ़ा बीच आँगन में
एक और आदमी दरवाजे के पास
एक बच्चा
एक बच्चा सोफे पर गाँव की तरह उमेठा हुआ।"[119]

"झूठ का रोजगार था झूठ का सत्य
झूठ की रोशनी थी जिसमें चमक रहे थे चेहरे

[116] महेंद्र कार्तिकेय, ठहरी हुई लहर-पृ.72
[117] प्रयाग शुक्ल, यह एक दिन है-पृ.41
[118] कैलाश वाजपेयी, भविष्य घट रहा है-पृ.65
[119] अरुण कमल, सबूत-पृ.85

झूठ ने संसार को बना दिया था खुशहाल
झूठ का धर्म था झूठ का युद्ध।"[120]
"हवा खड़े-खड़े सो रही है
हवा की खिड़की
हवा का दरवाजा
हवा का चौकोर कमरा
हवा का आयताकार आँगन
हवा के आयताकार आँगन
हवा के आयतन और आकार की हवा
हवा खड़े-खड़े सो रही है
हवा में एक औरत।" [121]
"पहले दर्जे की बोगी में बैठेगा कौन,
पहले दर्जे की बोगी में?
पहले दर्जे में बैठेंगे गायक
पहले दर्जे में बैठेंगे वादक
पहले दर्जे में बैठेंगे चित्रकार।" [122]
"अमेरिका में आगे देखिए बढ़िए दौडिए
अमेरिका में ज्यादा मत सोचिए
अमेरिका में मुस्कराना याद रखिए
अमेरिका में अपना खयाल रखना मत भूलना।". [123]

---

[120] कुमार अंबुज, अनंतिम-पृ.72
[121] चंद्रकांत देवताले, धूप घड़ी (एक दिन बोलेंगे पेड़) पृ.54
[122] चंद्रकांत देवताले, धूप घड़ी (मिट्टी का चेहरा)-पृ.160
[123] मंगलेश डबराल, हम जो देखते हैं-पृ.76

प्रस्तुत कविताओं में कवियों ने पहले शब्दों का बार-बार प्रयोग कर अपनी कविता में एकरूपता प्रस्तुत की है। इन कवियों ने अपनी कुछ कविताओं के अंत में एक-जैसे शब्दों को प्रस्तुत कर लय प्रस्तुत किया है।

"पानी नहीं
तो दोष इंद्र भगवान का
खाना नहीं
तो दोष किसान का
पढ़ाई नहीं
तो दोष माँ-बाप का
घर नहीं
तो दोष पुराने राजा का।"[124]

"ताजा खिला सेमल पुष्प,
गौरांग चिड़िया के वक्ष
रुई का मुलायम कक्ष,
गौरांग चिड़िया की बाँहें
सागर की लहरों की चाहें,
गौरांग चिड़िया की जंघाएँ
आकाश गंगा की दिशाएँ।"[125]

"वह मूक था
और सह रहा था
वह मूक था

---

[124] महेंद्र कार्तिकय, सागर स्पर्श-पृ.30
[125] महेंद्र कार्तिकय, सागर स्पर्श-पृ.73

और कह रहा था।"[126]

"देखो हत्यारों को मिलता राजपार सम्मान
जिनके मुँह में कौर मांस की उनको मगही पान
प्राइवेट बंदूकों में अब है सरकारी गोली
गली-गली फगुआ गाती है हत्यारों की टोली
देखो घेरा बाँध खड़े हैं जमींदार के गुंडे
उन के कंधे हाथ धरे नेता बनिया मुंछमुण्डे
गाँव-गाँव दौड़ाते घोड़े उड़ा रहे हैं धूर
नक्सल कह-कह काटे जाते संग्रामी मजदूर
दिन दुपहर चलती है गोली रात कहीं पर धावा
धधक रहा है प्रांत समूचा ज्यों कुम्हार का आवा
हत्या-हत्या केवल हत्या-हत्या का ही राज
अघा गये जो मांस चबाते फैंक रहे हैं गाज।".[127]

प्रस्तुत कविताओं में अंत में एकरूपता प्रस्तुत कर लय की छठा प्रस्तुत की गई है।

"सिर्फ बजायेगा बाजा
सिर्फ खायेगा खाना
सिर्फ गायेगा गाना।"[128]

"मैं संभाल रहा हूँ कुछ
मैं बरत रहा हूँ कुछ
मैं बोल रहा हूँ कुछ
मैं सोच रहा हूँ कुछ

---

[126] प्रयाग शुक्ल, बीते कितने बरस-पृ.70

[127] अरुण कमल, सबूत-पृ.62

[128] महेंद्र कार्तिकय, सागर स्पर्श-पृ.30

मैं खो रहा हूँ कुछ
मैं पा रहा हूँ कुछ
मैं बना रहा हूँ कुछ
मैं बिगाड़ रहा हूँ कुछ
मैं याद कर रहा हूँ कुछ
मैं खत्म कर रहा हूँ कुछ" [129]

कुछ कविताओं में इन कवियों ने आरंभ और अंत में एक जैसे शब्दों के माध्यम से लयात्मकता को प्रस्तुत किया है।

समकालीन कवियों की कुछ कविताएँ इतनी छोटी रह गई हैं कि न तो उनमें लय है और न ही छंद का कोई स्वरूप।

"तुम भी खूब रहे
रहे यहाँ
तो भी कहाँ रहे?" [130]

"जब रोशनी हुई
परछाई दिखी
अपने से बड़ा दिखा
अपना अंधकार।" [131]

"वे नींद के पहाड़ है
फैले हुए निमग्न
पहाड़ों पर
आती है नींद।" [132]

---

[129] प्रयाग शुक्ल, बीते कितने बरस-पृ.71
[130] कैलाश वाजपेयी, भविष्य घट रहा है-पृ.58
[131] मंगलेश डबराल, हम जो देखते हैं-पृ.63
[132] मंगलेश डबराल, हम जो देखते हैं-पृ.67

समकालीन कवियों की कुछ कविताएँ तो पद्य की पूरी सीमाएँ तोड़ कर गद्य की शैली में प्रस्तुत की गई हैं जिनमें छंद और लय तो न के बराबर है। मंगलेश डबराल ने अपनी अधिकांश कविताएँ गद्य शैली में लिखी हैं। बच्चों के लिए चिट्ठी, कागज की कविता, नींद की कविता, सपने की कविता, बचपन की कविता, चाँद की कविता, निराशा की कविता, आँसुओं की कविता, हाशिये की कविता, कालातीत कवि, नृत्य में खाँसी, आईने, दिल्लीः एक, दिल्लीः दो, लिखे चले जाता था, परिभाषा की कविता, खोई हुई चीज, पिता की स्मृति में, शेष जीवन, सभ्यता, तस्वीर, शीर्षक कविता केवल गद्य शैली में लिखी गई हैं।

उपसंहार

छायावाद में प्रगतिवाद के समांतर हिंदी कवित्ता में व्यक्तिवाद की परिणति घोर अहमवादी, स्वार्थप्रेरित, असामाजिक उच्छृंखला और असंतुलित मनोवृत्ति के रूप में हुई है। यही एक विशेष कारण रहा है कि शायद अभी तक कविता के इस विद्रूप रूप का अंतिम रूप से नामकरण नहीं हो पाया। यही कारण है कि इसे अनेक नाम से अभिहित किया गया है। प्रयोगवाद, प्रतीकवाद, प्रपद्यवाद, रूपवाद और नई कविता या समकालीन कविता इसके विविध नाम हैं। 1943 से 1953 तक साहित्य में जो प्रयोग हुए हैं उन्हीं का विकसित परिणाम है समकालीन कविता। प्रयोगवाद समकालीन कविता की पूर्णपीठिका है, भूमिका है अथवा प्रारंभिक अवस्था है। प्रयोगवादी कविता का मूल तत्व परंपरा से विद्रोह एवं काव्यगत नूतन प्रयोग तथा अन्वेषण है।

तीसरे तार सप्तक के बाद आधुनिक हिंदी साहित्य में कविता का एक नया रूप उभरा, जिसे साठोत्तर हिंदी कविता या समकालीन कविता या नई कविता की संज्ञा से अभिहित किया गया है। प्रयोगवाद के जो उन्नायक है वे ही समकालीन कविता के कर्णधार है और साथ ही साथ इन दोनों की काव्यगत प्रवृत्तियाँ भी समान है। समकालीन कविता नाम स्वतंत्रता के बाद लिखी उन कविताओं के लिए रूढ हो गया, जो अपनी वस्तु छवि और रूप-छवि दोनों

में पूर्ववर्ती प्रगतिवाद और प्रयोगवाद का विकास होकर भी विशिष्ट है।

1943 से शुरू इस समकालीन काव्य इतिहास में प्रवृत्तियों में कुछ हद तक समानता देखी गई है, फिर भी हर दशक में इन प्रवृत्तियों में कुछ विशेष विषयों को देखा गया है। अपने इस शोधकार्य में 1980-2000 के दो दशक की विशेष प्रवृत्तियों को आधार बनाकर समकालीन कविता के विशेष रूप का परिचय प्रस्तुत किया गया है। जिसमें समकालीन कविता का संक्षिप्त परिचय प्रस्तुत करने के लिए समकालीन कविता की भूमिका, समकालीन कविता की प्रगतिशील चेतना, जनवादी चेतना, दलित चेतना और स्त्री चेतना का सहारा लिया गया है। समकालीन कविताः राजनीति के संदर्भ में विचारधारा और प्रतिबद्धता, संप्रेषण के संदर्भ और यथार्थ और आधुनिकता के माध्यम से समकालीन कविता का परिदृश्य प्रस्तुत किया गया है।

समकालीन कविता की संवेदना (वस्तु) के विषय में भी हमें विषयों में विविधता प्राप्त होती है। लेकिन 1980-2000 के दो दशक की संवेदनाओं (वस्तु) के अलग-अलग रूप से ध्यान से परखने के पश्चात् कुछ महत्वपूर्ण संवेदनाओं को कवियों के संदर्भ में प्रस्तुत किया गया है। मानव हमेशा से ही कवियों की रचनाओं का मुख्य विषय रहा, मानव जीवन को आधार बनाकर साहित्यकारों ने अपने विचारों की अभिव्यक्ति की है। समकालीन कवियों ने भी मानव जीवन को केंद्र बिंदु बनाकर अपनी रचनाओं में प्रस्तुत किया है, वहीं इन्हीं कवियों ने मानव जीवन में होनेवाले परिवर्तन, परिस्थितियों आदि विषयों की अभिव्यक्ति के लिए

समसामयिक वास्तविकता का चित्रण किया है। हिंदी साहित्य में छठे दशक के मध्य से ही आधुनिकता का प्रारंभ माना जाता है, जिसका प्रभाव धीरे-धीरे सभी दशकों के कवियों पर भी पड़ा। समकालीन कवियों ने भी अपनी रचनाओं में भी आधुनिकता के स्वरूप का चित्रण स्पष्ट रूप से दिखाई पड़ता है। समकालीन कवियों ने आधुनिकता का सिद्धांत व्यक्तिवादियों के यथार्थवाद के मुकाबले प्रस्तुत किया है। समकालीन कवि भी अन्य युग के कवियों के समान सजग और सचेत रहा है और इन्होंने सामाजिक और आर्थिक जीवन में बढ़ती हुई विषमताओं के माध्यम से सामाजिक और आर्थिक विषमताओं पर करारा व्यंग्य किया है। समकालीन कवि हमेशा से ही मानव और समाज से जुड़ा हुआ है, यही कारण है कि जहाँ समकालीन कवियों ने अपने रचनाओं में शोषित वर्ग के प्रति अपनी सहृदयता प्रकट की है, वहाँ दूसरी ओर पूंजीपति (शोषक) वर्ग के प्रति अपनी घृणा व्यक्त की है। शोषक वर्ग के द्वारा हो रहे सामाजिक जीवन में परिवर्तन की भर्त्सना की है और शोषित वर्गों के प्रति अपनी सहानुभुति भी व्यक्त की है। समकालीन कविताओं में प्रकृति का स्वरूप छायावाद के समान नहीं रहा है, लेकिन फिर भी इस युग के कवियों ने प्रकृति के संबंध में एक नवीन दृष्टि प्रस्तुत की है। जिसमें प्रकृति का चित्रण व्यक्तिगत और समसामयिक संदर्भों के साथ प्रस्तुत किया गया है। समकालीन कवियों ने ही अपनी रचनाओं में नवीन दृष्टि (विचारधारा) द्वारा प्रकृति को जितने संदर्भों में प्रस्तुत किया है, वैसा कभी प्राप्त नहीं होता। इन सभी संदर्भों के माध्यम से

समकालीन कवियों ने 1980-2000 के दो दशक की रचनाओं में अपनी संवेदनाओं को व्यक्त किया है।

हिंदी काव्य जगत में शिल्प हमेशा से ही एक महत्वपूर्ण भूमिका निभाता चला आ रहा है, और काव्य के हर दशक में शिल्प में नवीनता तथा विविधता दिखाई पड़ी है। कवि ने अपनी आंतरिक अनुभूति, विचारधारा और सौंदर्य बोध का परिचय अपनी शिल्प के माध्यम से प्रस्तुत किया गया है। 1980-2000 के दशक की कविताओं में शिल्प प्रस्तुत करने के लिए इन कवियों ने बिंब, प्रतीक आदि का सहारा लिया है। बिंब प्रस्तुत करने के लिए अधिकांश रूप में प्रयोग होनेवाले बिंब जैसेः ऐंद्रिय, आदिम, प्रकृति बिंब का प्रयोग किया है साथ ही कवि की कल्पना शक्ति का सुंदर परिचय भी प्राप्त होता है। प्रतीक योजना के प्रस्तुत करने के लिए सांस्कृतिक, प्राकृतिक, वैज्ञानिक, ऐतिहासिक और पौराणिक प्रतीक जैसे प्रतीकों का सहारा लिया गया है।

साहित्यकारों ने अपने विचारों को प्रस्तुत करने के लिए भाषा जैसे सशक्त साधन का प्रयोग किया, जिसके बिना किसी भी प्रकार के साहित्य को समझ पाना बिल्कुल असंभव ही था। भाषा के माध्यम से साहित्यकारों ने अपने विचारों को जनसाधारण तक पहुँचाया। अपनी भाषा को और अधिक आकर्षक बनाने के लिए कहीं भाषा भी विभिन्न शक्तियाँ, अभिधा, व्यंजना और लक्षणा का यथासंभव प्रयोग किया है। समकालीन कविता की छंद योजना पुरानी परंपरा के अनुसार नहीं रही है। हिंदी काव्य में छठे और सातवें दशक से ही छंद के बंधन नहीं देखे गए, वैसा ही रूप समकालीन कवियों की रचनाओं के छंद के संबंध में रहा है।

लेकिन समकालीन कवियों ने छंद की प्रतिबद्धता को कायम रखने के लिए लय का सहारा लिया है, जिससे समकालीन कवियों की रचनाओं में कहीं-कहीं छंद की छठा दिखाई पड़ती है।

काव्य में प्रमुख रूप से दो पक्षों का ही चित्रण होता चला आ रहा है-संवेदना (विषय) और शिल्प। दोनों की हमेशा काव्य में महत्वपूर्ण भूमिका रही है। 1980-2000 की समकालीन कविता में दो दशक में हिंदी साहित्य जगत के प्रारंभ से ही प्रयुक्त होने वाली सभी मुख्य विषय प्राप्त होते हैं। इन्हीं विशेषताओं को ध्यान में रखकर 1980-2000 के दशक की रचनाओं में संवेदना और शिल्प से संबंधित संपूर्ण विषय का प्रस्तुतीकरण किया है।

आधार ग्रंथ-सूची

कवि	रचनाएँ/प्रकाशन
1. चंद्रकांत देवताले	
	1. लकडबग्घा हँस रहा है (1980) (वाणी प्रकाशन, नई दिल्ली-2)
	2. रोशनीसे मैदान की तरफ (1982) (वाणी प्रकाशन, नई दिल्ली-2)
	3. भूखण्ड तप रहा है (1982) (वाणी प्रकाशन, नई दिल्ली-2)
	4. आग हर चीज में बताई गई थी (1987) (राजकमल प्रकाशन प्राइवेट लिमिटेड, नई दिल्ली-2)
	5. पत्थर की बैंच (1992) (राधाकृष्ण प्रकाशन प्राइवेट लिमिटेड, नई दिल्ली-2)
	6. उसके सपने (1997) (वाणी प्रकाशन, नई दिल्ली-2)
2.महेंद्रकार्तिकय	
	1 .सागर स्पर्श (1982) (शुभकामना प्रकाशन, नई दिल्ली-32)
	2. ठहरी हुई लहर (1993) (शुभकामना प्रकाशन, नई दिल्ली-32)
	3. मोहरें (1996) (कला प्रकाशन, नई दिल्ली-32)

4. केंकड़ों के सिर पर ताज (1998)
(पुस्तक सदन, नई दिल्ली-32)

3. प्रयाग शुक्ल

1. यह एक दिन है (1980)
(प्रकाशन संस्थान, दिल्ली-32)
2. अधूरी चीजें तमाम (1987)
(राजकमल प्रकाशन, नई दिल्ली-2)
3. बीते कितने बरस (1992)
(वाणी प्रकाशन, नई दिल्ली-3)

4. राजेश जोशी

1. मिट्‌टी का चेहरा (1985)
(राजकमल प्रकाशन, नई दिल्ली-2)
2. नेपथ्य में हँसी (1994)
(राजकमल प्रकाशन, नई दिल्ली-2)
3. एक दिन बोलेंगे पेड़
(राजकमल प्रकाशन, नई दिल्ली-2)
4. धूप घडी (2002)
(राजकमल प्रकाशन, नई दिल्ली-2)

5. अरुण कमल

1. नए इलाके में (1996)
(वाणी प्रकाशन, नई दिल्ली-2)
2. अपनी केवल धार (1980)
(वाणी प्रकाशन, नई दिल्ली-7)
3. सबूत (1988)
(वाणी प्रकाशन, नई दिल्ली-7)

6. मंगलेश डबराल

1. हम जो देखते हैं (1995)
(राधाकृष्ण प्रकाशन प्रा, लिमिटेड, नई दिल्ली-2)

2. पहाड़ पर लालटेन (1981)
(राधाकृष्ण प्रकाशन प्रा, लिमिटेड, नई दिल्ली-2)

7. कुमार अंबुज

1,किवाड़ (1992)
(आधार प्रकाशन, हरियाणा)

2, अनंतिम (1998)
(राधाकृष्ण प्रकाशन प्रा, लिमिटेड, नई दिल्ली-2)

3, क्रूरता (1996)

8. कैलाश वाजपेयी

1. भविष्य घट रहा है (1999)
(भारतीय ज्ञानपीठ, नई दिल्ली-3)

2. महास्वप्न का मध्यान्तर (1980)
(नेशनल पब्लिशिंग हाउस, नई दिल्ली-)

3. सूफीनामा (1992)
(गाँधी स्मृति एवं दर्शन समिति, नई दिल्ली-11)

संदर्भ ग्रंथ-सूची

1. समकालीन कविता और सौंदर्य बोध, रोहिताश्व, वाणी प्रकाशन, नई दिल्ली-2
2. नयी कविता की भाषा, रविंद्रनाथ सिंह, हिंदी साहित्य संसद, दिल्ली
3. नयी कविता के चार अध्याय, देवेश ठाकुर, संकल्प प्रकाशन, बंबई
4. समकालीन कविता (1960-80) मार्क्सवादी सौंदर्य शास्त्र के परिप्रेक्ष्य में, रोहिताश्व, प्रभा प्रकाशन, इलाहाबाद
5. आधुनिक हिंदी काव्य में बिंब विधान, केदारनाथ सिंह, भारतीय ज्ञानपीठ प्रकाशन, दिल्ली
6. महादेवी के काव्य में बिंब विधान, डॉ. पी. माणिक्यांबा, सौरभ प्रकाशन, हैदराबाद
7. पंत के काव्य में बिंब योजना, डॉ. कुट्टन पिल्लै, दक्षिण प्रकाशन, हैदराबाद
8. बिहारी का नया मूल्यांकन, डॉ. बच्चन सिंह, हिंदी प्रचारक संस्थान, वाराणसी
9. केदारनाथ सिंह के काव्य में बिंब विधान, डॉ. गीता, आस्थाना, अन्नपूर्णा प्रकाशन, कानपुर
10. भारतीय साहित्य शास्त्र, बलदेव उपाध्याय, प्रसाद परिषद, काशी, उत्तर प्रदेश
11. चिंतामणि (भाग-1), आचार्य रामचंद्र शुक्ल, इण्डियन प्रेस, इलाहाबाद
12. साहित्य लोचन, श्याम सुंदर दास, इण्डियन प्रेस, इलाहाबाद
13. छायावादी काव्य में सौंदर्य दर्शन, सुरेश चंद्र त्यागी, अनुराधा प्रकाशन, मेरठ, उत्तर प्रदेश

14. समकालीन कविताः एक विश्लेषण, अशोक सिंह, लोक भारती प्रकाशन, इलाहाबाद
15. कविता के नए प्रतिमान, डॉ. नामवर सिंह, राजकमल प्रकाशन प्राश्वेट लिमिटेड, नई दिल्ली-2
16. समकालीन कवि और काव्य, कल्याण चंद्र, चिंतन प्रकाशन, नौबस्ता, कानपुर
17. नई कविता का अनुशीलन, डॉ. ललित अरोड़ा, भारतीय ग्रंथ निकेतन, दिल्ली
18. आधुनिक कवि और उनके काव्य, डॉ. दयानंद शर्मा, अन्नपूर्णा प्रकाशन, कानपुर
19. हिंदी साहित्य कोश, ज्ञान मण्डल लिमिटेड, बनारस

सहायक ग्रंथ-सूची

1. समकालीन कविता (1960-80), मार्क्सवादी सौंदर्यशास्त्र के परिप्रेक्ष्य में, रोहिताश्व, प्रभा प्रकाशन, उत्तर प्रदेश
2. आधुनिक गीति काव्य का शिल्प विधान, डॉ. मंजु गुप्ता, मीनाक्षी प्रकाशन, मेरठ, उत्तर प्रदेश
3. आधुनिक कवि और उनके काव्य, डॉ. दयानंद शर्मा, अन्नपूर्णा प्रकाशन, उत्तर प्रदेश
4. नई कविता का सामाजिक पक्ष, डॉ. ललित सक्सेना, विवेक पब्लिशिंग हाउस, जयपुर
5. समकालीन हिंदी कविता की संवेदना, डॉ. गोविंद रजनीश, साहित्य सागर, जयपुर
6. समकालीन कविता का परिप्रेक्ष्य, डॉ. रेवती रमण, नवनीत प्रकाशन, उत्तर प्रदेश
7. नई कविता में राष्ट्रीय चेतना, डॉ. देवेश पथिक, कादंबरी प्रकाशन
8. नई कविताः मूल्य मीमांसा, डॉ. बैजनाथ सिंह, मंथन पब्लिकेशन, रोहतक
9. नया काव्य नये मूल्य, ललित शुक्ल, द मैक मिलन कंपनी ऑफ इंडिया लिमिटेड
10. नई कविता, डॉ. कांति कुमार, हिंदी ग्रंथ अकादमी, मध्यप्रदेश
11. कविता और मानवीय संवेदना, डॉ. रेवती रमण, राजेश प्रकाशन, कृष्ण नगर, दिल्ली-51
12. तार सप्तक के कवियों की समाज चेतना, डॉ. राजेश प्रसाद, वाणी प्रकाशन, नई दिल्ली-2

पत्र-पत्रिकाएँ

1. वार्थ (मासिक पत्रिका), संपादक-हिमांशु जोशी, भारतीय भाषा परिषद, कोलकत्ता
2. भाषा (द्विमासिक पत्रिका), संपादक-नंद किशोर मिश्र, केंद्रीय हिंदी निदेशालय, नई दिल्ली-66
3. वर्तमान साहित्य (साहित्य, कला और सोच की पत्रिका), संपादक-लीलाधर मण्डलोई, शिल्पायन, दिल्ली-32
4. नया मानदण्ड (त्रैमासिक पत्रिका), संपादक-कुसुम चतुर्वेदी आचार्य रामचंद्र शुक्ल साहित्य शोध संस्थान, वाराणसी
5. युद्धरत-आम आदमी (त्रैमासिक पत्रिका), संपादक, रमणिका गुप्त, नवलेखन प्रकाशन, झरखण्ड
6. पश्यंती (त्रैमासिक पत्रिका), संपादक-प्रवण कुमार वंद्योपाध्याय, जनकपुरी, नई दिल्ली
7. गगनाञ्चल (त्रैमासिक पत्रिका), संपादक-कन्हैयालाल नंदन, भारतीय सांस्कृतिक संबंध परिषद, नई दिल्ली
8. गोलकोंडा दर्पण (मासिक पत्रिका), संपादक-गोविंद अक्षय, हैदराबाद, आंध्र प्रदेश
9. समकालीन भारतीय साहित्य (त्रैमासिक पत्रिका), संपादक-शानी, साहित्य हिंदी अकादमी, नई दिल्ली-1
10. वीणा (मासिक पत्रिका), संपादक-डॉ. श्याम सुंदर दास, म.भ. हिंदी साहित्य समिति, इंदौर, मध्य प्रदेश

11. दस्तावेज (त्रैमासिक पत्रिका), संपादक-विश्वनाथ प्रसाद तिवारी, जयहनुमान प्रिंटिंग प्रेस, इलाहाबाद, उत्तर प्रदेश
12. साहित्य अमृत (मासिक पत्रिका), संपादक-विद्यानिवास मिश्र, नई दिल्ली
13. आलोचना (त्रैमासिक पत्रिका), संपादक-नामवर सिंह, राजकमल प्रकाशन प्राइवेट लिमिटेड, नई दिल्ली-2
14. पहल (मासिक पत्रिका), संपादक-ज्ञानरंजन, पहल प्रकाशन, जबलपुर, मध्य प्रदेश
15. हंस (मासिक पत्रिका), संपादक-राजेंद्र यादव, अक्षर प्रकाशन प्राइवेट लिमिटेड, नई दिल्ली-2
16. साक्षात्कार (मासिक पत्रिका), संपादकः भगवत रावत, मध्यप्रदेश साहित्य परिषद, भोपाल, मध्य प्रदेश-3
17. मधुमती (मासिक पत्रिका), संपादक-लक्ष्मी नारायण नंदवाना, राजस्थान साहित्य अकादमी, उदयपुर, राजस्थान-2
18. अक्षरा (त्रैमासिक पत्रिका), संपादक-गोविंद मिश्र, मध्य प्रदेश राष्ट्रभाषा प्रचार समिति प्रकाशन, भोपाल, मध्य प्रदेश
19. संकल्य (त्रैमासिक पत्रिका), संपादक-डॉ. वसंत चक्रवर्ती, हिंदी अकादमी, हैदराबाद, आंध्र प्रदेश
20. अभिव्यक्ति (शोध पत्रिका), संपादिका-डॉ. लीला ज्योति, हिंदी विभाग, उस्मानिया विश्वविद्यालय, हैदराबाद, आंध्र प्रदेश-(1999)

लेखक परिचय

नाम डॉ. अश्विनी कुमार ओझा

जन्म आगरा, उत्तर प्रदेश, 28 नवंबर 1974

माता-पिता स्वर्गीय श्रीमती माया देवी तथा स्वर्गीय श्री लालता प्रसाद ओझा

शिक्षा

- हाईस्कूल - केंद्रीय विद्यालय - चंडीगढ़ , पंजाब
- इंटरमीडिएट - केंद्रीय विद्यालय - चंडीगढ़ , पंजाब
- बी.ए -उस्मानिया विश्वविद्यालय, हैदराबाद,तेलंगाना
- एम.ए. (हिंदी) – उस्मानिया विश्वविद्यालय, हैदराबाद, तेलंगाना
- एम.फिल - उस्मानिया विश्वविद्यालय, हैदराबाद, तेलंगाना
- पीएच.डी - उस्मानिया विश्वविद्यालय, हैदराबाद, तेलंगाना
- पोस्ट ग्रेजुएट डिप्लोमा इन फंक्शनल हिंदी एंड ट्रांसलेशन (PGDFH&T) - उस्मानिया विश्वविद्यालय, हैदराबाद, तेलंगाना

लेखक परिचय

- एम.ए. (इंग्लिश)- उस्मानिया विश्वविद्यालय, हैदराबाद, तेलंगाना
- जर्मन भाषा में जूनियर, सीनियर एवं एडवांस्ड डिप्लोमा - उस्मानिया विश्वविद्यालय, हैदराबाद, तेलंगाना

शिक्षण अनुभव

- डिग्री एवं इंटर कॉलेजों में हिंदी भाषा का लगभग 27 वर्षों का शिक्षण अनुभव।
- अंग्रेजी एवं जर्मन भाषा के शिक्षण का भी अनुभव ।

योगदान

- सांस्कृतिक गतिविधियों में भी सक्रिय भागीदारी। महाविद्यालय स्तर पर विभिन्न सांस्कृतिक कार्यक्रमों के आयोजन, विद्यार्थियों के मार्गदर्शन एवं उनकी तैयारी में महत्वपूर्ण योगदान ।
- खेलकूद प्रतियोगिताओं के सफल संचालन का भी अनुभव है।

विशेष रुचियाँ कविता लेखन, साहित्यिक पत्रिकाओं का अध्ययन, चित्रकला एवं खेलकूद।

मूलनिवासी उत्तर प्रदेश, जिला - इटावा

निवास स्थान तेलंगाना, हैदराबाद

डॉ. अश्विनी कुमार ओझा
Mobile : 7981952182
Email : akojha281174@gmail.com

www.ingramcontent.com/pod-product-compliance
Lightning Source LLC
La Vergne TN
LVHW032059041026
849518LV00010B/2914